牛市的理由

[美] 马丁·弗里德森（Martin S. Fridson）◎著
阎 佳◎译

IT WAS A VERY GOOD YEAR
Extraordinary Moments in Stock Market History

中国人民大学出版社
·北京·

图书在版编目（CIP）数据

牛市的理由/（美）马丁·弗里德森（Martin S. Fridson）著；间佳译.--北京：中国人民大学出版社，2024.1
ISBN 978-7-300-31696-3

Ⅰ.①牛… Ⅱ.①马… ②间… Ⅲ.①股票—资本市场—研究—美国 Ⅳ.①F837.125

中国国家版本馆 CIP 数据核字（2023）第 081243 号

牛市的理由
［美］马丁·弗里德森（Martin S. Fridson） 著
间 佳 译
Niushi de Liyou

出版发行	中国人民大学出版社		
社　　址	北京中关村大街 31 号	邮政编码	100080
电　　话	010-62511242（总编室）	010-62511770（质管部）	
	010-82501766（邮购部）	010-62514148（门市部）	
	010-62515195（发行公司）	010-62515275（盗版举报）	
网　　址	http://www.crup.com.cn		
经　　销	新华书店		
印　　刷	北京联兴盛业印刷股份有限公司		
开　　本	890 mm×1240 mm 1/32	版　次	2024 年 1 月第 1 版
印　　张	9.875 插页 2	印　次	2024 年 1 月第 1 次印刷
字　　数	216 000	定　价	118.00 元

版权所有　侵权必究　印装差错　负责调换

前　言

是什么导致了大牛市？

那些好年头

每隔一段时间，股市投资者就会享受到一个好得惊人的年份。例如，1933年，标准普尔500指数创造了20世纪最高的总回报率（包括股息收入增加和价格上升）——53.97%。1995年，回报率也相当令人满意：36.89%。自1900年以来，美国股市有8次年回报率在这两个数字之间。

想想看，要是你能提前知道新一轮的景气即将来临，投资会变得多么简单！你再也不用担心选什么类型、选哪一只股票了；再也不用在股市里蹦来跳去，盼望着从小幅波动中获利了。你可以直接购买指数基金，并在随后的12个月把你的投资策略切换成"自动巡航"，便可稳稳当当地收获丰硕的果实。

遗憾的是，绝对准确地预见市场前景并不现实。但考察过去，或许能为判断股市何时再次爆发提供宝贵的线索。本书便是对这些线索的一次探寻。一开始，在为写作本书做研究准备的时候，我并没有什么先入为主的概念。然而，事实证明，有些特征的确是这一个多世纪以来的大牛市所共有的。

我的研究并没有集中于经济或金融统计数据。相反，我仔细关注了那些身处大牛市年份的知情评论员的观察。《巴伦周刊》《商业周刊》《福布斯》《财富》《华尔街日报》的过刊陈旧发霉的页面上，浮现出了宝贵的见解。还有些刊物，如今基本上被人遗忘了，比如《读者文摘》《蒙西杂志》《华尔街杂志》，同样深藏着真知灼见。一些经济学家和历史学家借助后见之明研究了那些了不起的年头，他们的观察同样让我受益匪浅。

在试图解释优异市场表现的过程中，我还为其他投资传说找到了有用的证据。原来，人们并不是一直都认为战争对商业有利。大萧条时期好莱坞的繁荣，并非源于公众逃离现实的渴望。约瑟夫·肯尼迪（Joseph Kennedy）从擦鞋匠那里提前察觉到大崩盘的迹象，也纯属虚构。然而，这些说法仍然存在，就像人们认为所有既定的估值标准都已失效的"新时代"已经到来的错觉一样，始终未曾消失。

我预料到可能有人会提出批评，认为日历纪年并不是分析投资回报唯一有效的时间单位。我完全承认这一点。只涵盖一年当中的部分时段，以及连续两年的精彩牛市的作品，尚有待撰写。此外，虽然我努力把美国经验放到全球背景下进行评估，但更全面的跨国比较有着无法衡量的价值。如果进行大范围比较，可能会让本书的篇幅长达数千页，所以我放弃了广度选择了深度。我聚焦于一个国家的股票市场，并用一个简单的标准，把重点放在选出来的区区几年上。我心里只有一个小目标：用有趣的方式讲述大牛市时期的故事。

前 言

如果不用些笔墨来描述少许人物，故事就会变得不完整，也很乏味。我希望那些一心只顾着追求财富的读者，能原谅我通过描写人物来展现一些时代气息。这些人物不仅包括金融家、记者和政治家，还包括来自其他领域却误入华尔街视野的知名人士。本书收录了罗杰·巴布森（Roger Babson）、露西尔·鲍尔（Lucille Ball）、威廉·詹宁斯·布莱恩（William Jennings Bryan）、菲利普·卡雷特（Philip Carret）、查理·卓别林（Charlie Chaplin）、本杰明·格雷厄姆（Benjamin Graham）、约翰·拉斯科布（John Raskob）、沃尔特·温切尔（Walter Winchell）和塞西莉亚·威科夫（Cecelia Wyckoff）的故事。我知道，用不着花太多功夫就能找出比他们对市场的影响更深远的人。但这样吹毛求疵毫无意义，因为我从未想过要在本书收录完整的历史出演阵容。

我真诚地相信，通过研究几个特定的时间片段，我为观察股市搭建起了一个新的视角。出于记录的目的，以下按总回报率的高低列出了 20 世纪最棒的 10 年：

1933 年　53.97%

1954 年　52.62%

1915 年　50.54%

1935 年　47.66%

1908 年　45.78%

1928 年　43.61%

1958 年　43.37%

1927 年　37.48%

1975 年　37.21%

1995年　36.89％

在1908年和1915年，标准普尔500指数尚未推出，我引用的回报率来自考尔斯委员会指数。该指数最初是在一台原始的霍列瑞斯计算器上汇编的，很像格雷厄姆在20世纪最了不起的一场股市大戏里没能利用的那类设备。我想感谢阿贝尔交易集团的吉姆·比安科（Jim Bianco），是他帮我整理了这些回报率的数据。

牛市的理由

一些读者从研究历史中获得内在的乐趣，但投资者有着实际的动机。未来机会或许就藏在曾为过去带来丰富回报的类似条件当中。例如，如果理解了为什么股市的年回报率偶尔会高达35％以上，投资者兴许能学会判断这样的好年头什么时候将再度出现。

为预测大繁荣，有必要过滤掉与此无关的大量信息。问题在于，人们很难忽视那些被市场专家和财经记者赋予了极大重要性的无关事实。公平地说，有些事实对解释大牛市没什么意义，但在判断市场较为平淡的波动方面相当有用。

我们来看看下面这些是不是产生大牛市的条件。

候选条件

任何忠实的财经读者都可以就大牛市的出现提出几种可能的解释。下面是一些最常见的解释，而且它们相互之间并不互相排斥。

前言

企业利润上涨预期

市场根据当前收益或未来预期收益来评估普通股的价值。由于投资者天然具有前瞻性，他们会在企业利润总体水平上升之前就开始推高股价。

心理转变

股价是由情绪驱动的。时不时地，悲观情绪就会莫名其妙地让位于乐观情绪。突然间，市盈率似乎很低，促使投资者争相逢低买进。抢购行为会在低价位消失之后持续很长时间。因此，不论股票的内在价值如何，价格都会不断攀升，直到癫狂再度让位于绝望。

超长周期

资本主义结构中根植着一种趋势，即每隔几年就会出现重大停滞。这兴许是技术动荡的结果，海量新财富是被断断续续创造出来的。

行动-反应

股票遵循着一种有规律的积累和分配周期。股价对这些市场技术因素做出回应，可预见地涨涨跌跌。根据这一理论，大跌之后必然会出现大涨。

宽松信贷

美联储放松对货币供给的控制时，股价会从几个不同的方面受益。首先，企业盈利前景改善。降低利率使企业能够增加存货，提升对客户的信贷额度。在某种程度上，市盈率决定了股票的价值，收益的跃升必然导致指数的跃升。其次，对股价更直接的影响来自为购买证券提供资金的贷款增加。最后，相对股票而言，利率下降会降低固定收益投资的吸引力，于是投资资本从债券转向股票。

哪些条件符合事实

对任何希望在下一个大牛年开始时就做好准备的人来说，关键的问题是：哪些条件与前文各章研究的年份相符？让我们根据证据来逐一考虑各候选条件。

"企业利润上涨预期"是股市上涨的一个看似合理的理由。然而，对于涨幅最大的年度，记录好坏参半。例如，1958年，道琼斯工业平均指数成分股的每股收益下降了22.5%。而且，市场也并不曾预期一年后会出现利润激增。直到1962年，道琼斯工业平均指数成分股才重新达到1957年的收益峰值。类似地，1975年企业收益下降，1978年之前都低于1974年的水平。当然，也有相反的情况：1954年，每股收益上升了3%，1955年又上升了27%。但如果这一增长导致了1954年股市的精彩表现，为什么1984年前后（当时，每股收益增长了57%）却没有出现类似的局面呢？

利润上涨预期假说存在的另一个问题在于，它不清楚"市场"怎样得知未来收益会是多少。投资者通常把股价趋势看作未来经济趋势的先兆，并假设比自己更聪明的人掌握更充分的信息。一位逻辑学家可能会寻找一种更简单的解释。例如，股价只是在对另一件事立刻做出反应，而那件事恰巧也会导致企业利润上涨，只是滞后时间更长。而对于这样的一件事，人们立刻会想到利率降低。

不可否认的是，股市最佳表现有时与企业收益上涨同时出现。但周期性利润上涨的频率，远高于标准普尔 500 指数一年上涨 35% 以上的频率。如此少见的收益显然取决于其他条件。

"心理转变"和所谓的利润上涨预期一样，从因果关系的角度看也模棱两可。损失很多钱会让投资者感到沮丧，赚很多钱会让他们感到快乐。但怎样证明从沮丧到快乐的自发转变会导致市场上涨？就算能够证明这一命题，预测这些神秘的情绪波动也仍然是一项艰巨的任务。

投资大师们喜欢把股市拟人化，讨论市场情绪。但让它躺在沙发上接受精神分析，那就完全是另一回事了。绝不能把预见心理转变视为预测大牛市的基础，因为这是不切实际的。

"超长周期"也与我们讨论的大牛市无关，尽管它可能对其他类型的市场分析有用。1908 年、1915 年、1927 年、1928 年、1933 年、1935 年、1954 年、1958 年、1975 年和 1995 年，这些股市涨幅超过 35% 的年份彼此间隔的时长并不规律。这表明，如果这种现象反映了某种周期，那么它既不是一个特别长的周期，也不是一个可预测的重复周期。

"行动-反应"至少包含了一个有效的内核。如果只从算术的角度看，如果市场在年初时处于低迷状态，那么至少它具备了实现超大涨幅的潜力。就我们的目的而言，股价波动是否真正由积累和分配交替驱动并不重要。虽然大跌之后并不必然在短期内出现大涨，但大牛市总是在糟糕的市场条件之后出现。

总的来看，记录已证实股市处在低位是大牛市的良好起点。

- 1908年的上涨发生在1907年的恐慌之后。
- 1914年的战争恐慌发生在1915年的战争繁荣之前。
- 1929年的大崩盘之后出现了幅度更大的价格下跌，从而产生了巨大的上涨潜力。即便这一潜力在20世纪涨幅最大的年份（1933年）部分实现了，股市仍处于低位，因而足以在1935年再次大幅上涨。
- 1954年伊始，经济前景惨淡，一些分析师甚至预测会出现全面萧条。1953年，道琼斯工业平均指数下跌了11％。
- 1957年道琼斯工业平均指数下跌了13％。消费、资本品、汽车和国防部门都显得了无生气。
- 1975年牛市之前的情况，乍一看就像是大灾一般。经济衰退和通货膨胀的合力将道琼斯工业平均指数的市盈率拖至自1929年以来的最低水平。
- 1994年，尽管道琼斯工业平均指数小幅走高，但到年底，美联储出人意料地收紧货币政策，让投资者心情黯淡地进入1995年。

反弹模式的两个明显例外是连续的两个大牛市，即1927年和1928年。往最坏的情况说，1926年市场持平，表明1924—1925年的繁荣已经走到尽头。但多亏了柯立芝繁荣，美国并没有陷入绝望，而是保持了乐观。鉴于"新时代"的反例，"行动-反应"主张本身无法解释20世纪最大的年度回报。除此之外，道琼斯工业平均指数还曾在另外13个年头下跌了15％以上，而这些年头也并未出现在20世纪任何一个大牛市之前。显然，除了"反弹时买入"这一简单策略，故事里一定还有别的奥妙。

前　言

"宽松信贷"条件最有说服力。在总回报率最高的年份里，它一贯存在，且经常带有通胀的色彩，只是信贷宽松的形式各有不同。在不同的时期，发挥主导作用的分别是银行家、政府部门或联邦储备系统。

1907年，如果皮尔庞特·摩根没能解决银行危机，当年的恐慌就不会结束，股市也不会反弹。第一次世界大战从熊市事件变成牛市事件，在很大程度上是因为伍德罗·威尔逊终于允许美国为交战双方提供资金。当时的观察人士认为，1927—1928年的牛市与本杰明·斯特朗扩大信贷的决心存在着明确无误的联系。在他看来，最重要的目标是把英国从回归金本位制的灾难性行动中拯救出来。商业贷款需求过于温和而无法适应流动性大幅增加的事实，并未阻碍斯特朗的意志。最终结果是，保证金贷款激增，股价飙升至1954年之前都未能恢复的高位。1929—1932年的大崩盘表明，斯特朗的确用了一剂猛药，而且药效之猛，让20世纪产生了仅有的两个连续大牛市，启动时甚至无须市场萧条助力。

尽管货币贬值的前景在1932年被视为不利于股市，但通胀热是1933年的反弹口号。富兰克林·罗斯福放松了美元与黄金的联系，同时也依赖美联储维持稳健的货币扩张政策。对于1935年股市的上涨，人们认为原因之一在于黄金流入，美国银行储备增长。同年，最高法院支持废除黄金支付条款，削弱了通缩的威胁。最后，货币扩张主义者马瑞纳·伊寇斯任美联储主席时，正值《1935年银行法》扩大了联邦公开市场委员会的权力。

威廉·麦克切斯尼·马丁以非教条主义的态度对待货币政策，这带来了1954年中期的宽松政策，推动了当年的反弹。1957年11月，马丁又突然改变路线，出人意料地下调贴现率，

9

这一举动震惊了市场，从而帮助启动了1958年的上涨势头。进一步降息维持了人们普遍感觉先于商业复苏出现的股市看涨趋势。

美联储的宽松政策也引发了1975年的股价飙升。当时，美国刚刚遭遇了截至当时最严重的银行倒闭事件。与1957年一样，美联储的方向变化来得很突然。1995年，货币政策又出现了一次出人意料的类似逆转，这让投资者措手不及。美联储持续提高利率，直到1995年2月1日。2月还没结束，格林斯潘暗示经济正在减速，令许多专家感到困惑。（威胁要蔓延到其他新兴市场的墨西哥金融危机，或许是背景中的一个偶然因素。）就全球范围而言，信贷宽松是日本大幅降低利率率先推动的。

获胜公式

展望未来，最有可能预见下一轮大牛市的公式，应该是两件事相继发生：低迷的价格＋突然的信贷宽松。股价处于低迷水平，这反映出外界担忧对通胀敏感的央行官员将施加更多痛苦。突然间，一场金融危机到来，让价格水平变成公共政策的次要考虑因素。随着美联储对金融系统进行流动性调整，股市迅速而彻底地适应了变化的环境。由于急于预防崩溃，货币当局不可避免地给股票投资者带来了一笔意外之财。

当大量信贷突然进入美国金融系统（不管是来自美联储的行动，还是其他国家中央银行的政策导致），它必须找到一个出口。在20世纪，资本市场有几次提供了这一出口。在这些情况下，发生通胀的是金融资产，而非商品和服务。著名利率观察家詹姆斯·格兰特对这一现象进行了详细的记录，并将相关的理论见解归功于奥地利经济学派。

一如最高法院的大法官，美联储理事可以解读选举结果，这为危机诱发的信贷宽松所扮演的角色增添了可信度。央行官员虽然也是政治体系的一部分，但这对他们的诚信没有任何损害。经济学家丹尼尔·温施尔（Daniel Vencill）在对威廉·麦克切斯尼·马丁的描述中，赞同性地引用了西摩·哈里斯的评论，即"存在一定的独立性"。哈里斯还指出"为满足对独立委员会的要求，特别是金融界人士对此方面的要求，美联储必须要给人留下独立的印象，虽然事实上这种独立性并不普遍"。温施尔说，美联储并不面临支持或反对政府政策的严酷选择，因为美联储的声明有助于该政策的制定。

总而言之，一旦出现某个压倒性的经济问题，美联储主席会认为有理由暂缓价格稳定之战。倘若在股价低迷时察觉到这种压倒性的经济问题，便有很大希望在股市上准确预测一轮大牛市。

在监测常规指标的精明预言家中，没人能一以贯之地预测到35％以上的年回报率。（读者可以自己判断，因为每章都记录了权威人士的成绩。）这并不是说跟踪企业利润和常规经济数据对投资者没有价值。这样的分析在普通年份可能是判断市场的关键；而在市场表现最佳的两个年份之间，最长有可能隔着20个普通年份。

出于同样的原因，为提供同等回报率的大牛市再次降临做好准备是非常值得一试的。在这样的一年里投身股市，可以抵消其他时期的许多糟糕的股票选择。令人振奋的消息是，虽然两个大牛市出现相隔多少年并无规律可循，但前提条件显示出相当强的一致性。兴许，投资者最终真能从经验中获利。

目　录

第一章　1908 年 /1

全面崩溃 /2

摩根出手 /6

11 岁的格雷厄姆 /8

《蒙西杂志》创始人 /8

曙光初现 /10

1908 年的哈里曼 /12

老罗斯福让华尔街战战兢兢 /14

看涨还是看跌 /18

两党候选人 /19

汽车行业的合并 /23

违规操作 /25

投资可口可乐的富翁 /27

选举恐慌 /29

恐慌后的反弹 /31

战争恐慌 /32

民主党落败 /35

最后一天创当年最高点 /36

蒙西的先见之明 /37
1908年：反弹式上涨 /38

第二章　1915年 /40
战争来了 /41
隔岸观火 /42
打开信贷窗口 /44
对威尔逊的态度 /44
悲观消退 /46
给交战方递弹药 /47
证券分析之父入行了 /49
春天的反弹 /50
5月里的打击 /51
格雷厄姆的职业生涯开始了 /53
谁会付出代价？/54
飙升 /56
报价与股息 /56
争夺通用汽车控制权 /57
疯狂趋缓 /60
历史重演 /62
不同的预言 /63
一战第一年 /64

第三章　1927年 /67
柯立芝繁荣 /68
开年的意见分歧 /71
高估值 /73

目 录

估值的争论 /75

毛姆笔下的股票经纪人 /77

财务虚报 /79

经济疲软，股市上涨 /81

柯立芝：最幸运的混蛋 /83

牛市大功臣 /85

格雷厄姆开课了 /86

该归功于信贷吗 /87

第四章 1928 年 /89

一致预期：生意会很好 /90

信贷的力量 /90

公开观点和私人观点 /92

人人加入股票投机 /93

通用汽车创始人化身华尔街大赢家 /94

棒球手们的表现 /96

牛市猛冲 /97

文学家旁观暴涨 /97

未曾满足的金钱饥渴 /98

非法操盘手更新手法 /99

联储行长之死未能削弱市场 /100

进入投票季 /101

交易量创纪录 /103

悲情结局的预演 /103

提前卖出的巴鲁克 /104

乐观的女记者 /106

格雷厄姆的观点 /108

不同意见 /109

上涨结束 /110

肯尼迪也抛出了 /110

卓别林保住了财富 /111

小说家的预言 /115

著名的经济预言家 /116

清醒的约翰·肯尼迪 /118

清仓后又买入的杜兰特 /118

格雷厄姆看到了危险 /119

崩盘前的赞歌：人人都应发家致富 /120

第五章 1933 年 /124

令人绝望的泥沼 /125

福布斯的预测 /127

不看好小罗斯福 /129

大萧条的印象 /131

从当选到就职期间 /133

小罗斯福的行动 /136

股市反应积极 /138

外交举措 /141

通胀来了 /141

各路政策建议 /144

电影行业无法独善其身 /146

产业政策之辩 /148

失望的下半年 /150

20世纪最好的一年 /152

第六章　1935 年 /154
　　政府和商界决裂 /155
　　复苏迹象 /157
　　小罗斯福挣扎着让美国摆脱困境 /158
　　市场的金窟窿 /159
　　缓慢启动 /160
　　合同还有效吗？/160
　　成交低迷 /161
　　牛市开始骚动 /162
　　横生枝节 /163
　　汽车行业推动复苏 /164
　　夏天生意红火 /165
　　任用前操盘手打击投机 /167
　　年末动荡 /169
　　战争并不全是坏事 /170
　　证券化和存货减少 /171
　　额外的信用 /171
　　为上涨提供资金 /172
　　盘点上涨情况 /173
　　给预测人士打打分 /174
　　预言家与《华尔街日报》/176
　　下次大牛市要等 20 年 /177

第七章　1954 年 /179
　　新股发行热潮 /180

慢舞 /181
美联储主席马丁 /181
谁会买？/183
预测人士眼中的1954年 /184
香烟股 /186
悲观态度 /187
3D热潮 /187
生意如何 /189
市场走向繁荣 /189
艾森豪威尔当选 /189
"华尔街最知名的女性"/190
小小快乐圣诞节 /191
后见之明 /192
电台评论员开始荐股 /193
25年重回高点 /195
市场为什么跑起来 /195
预期不高，收益不错 /196

第八章　1958年 /198
航空航天技术落后 /199
火箭发射失败重创股市 /199
消费者物价指数上涨 /201
福特汽车公司 /201
错综复杂的高速公路网 /203
烟草行业的恢复 /204
奋力脱困 /204

股市反弹，创业惨淡 /205

市场热起来了 /206

烟草公司大战 /207

跟着钱走 /208

老方法失效了 /209

上涨与急跌 /210

美国重返赛场 /211

大丰收 /212

平衡预算 /213

奇特的铁路运营方式 /213

"征服重力" /214

大涨的一年 /215

"孤儿寡母"股变身成长股 /215

新股热 /216

股价何以起飞 /218

新的"新时代" /220

"新时代"部分得以证实 /221

谁预测对了 /224

第九章　1975 年 /227

蓄势待涨 /228

一个普通人 /229

暴雨将至 /230

阳光普照 /232

恪尽职守直到檀香山时间 12：01 /234

纽约深陷泥潭 /235

快乐的五月 /238

股市看涨 /239

福特总统 /240

格雷厄姆的投资手法 /241

夏日时光 /243

败给标题党 /243

结束 /244

专家们的年初展望 /245

第十章　1995年 /247

收紧利率 /248

衍生品风险 /250

委屈的经济学家 /251

克林顿 /251

格林斯潘 /254

达成交易 /255

钱都到哪儿去了？/256

年初的货币形势 /258

买烟人的集体诉讼 /259

格林斯潘松开了螺丝 /259

IBM收购莲花公司 /261

流氓交易员 /261

越来越高 /262

幸运的小镇青年 /263

市场惩罚做空者 /267

日本的衰退 /268

新瓶装旧酒 /269

美联储转向 /276

股市一路上涨 /277

百岁基金经理 /278

美国政府会违约吗？/280

"违约"风声 /283

爆发力为什么小了？/283

预言家们的表现 /285

故事结束 /289

第一章　1908年

　　我们不能指望工业会很快反弹到前不久崩盘时的危险高度。如果仅仅是为了让人就业，为我们的工厂、商人和运输线提供良好的业务，它们没有必要冲到这个高压点。

——弗兰克·蒙西（Frank Munsey），《蒙西杂志》

　　又一次，一如1901年和1906年的"繁荣时期"，华尔街开始流传有一群富可敌国的金融家在进行大规模的投机活动，也流传有一些不知名的投机者突然发了大财。

——《国家》杂志

　　在过去的一年里，市场信心逐渐恢复，第一个迹象自然是股市的不断反弹。但这是结果，而非原因，尽管一些观察人士似乎认为股票的上涨可以充当创造真正财富的工具。不必说，你没法靠加热温度计底部的水银球来创造夏天。

——《华尔街日报》

全面崩溃

按照市场总是在两个极端之间来回摆荡的理论，投资者在一个大跌的年份后买进股票，就可能逮住大牛市。可惜历史并不支持此种策略。例如，在大萧条开始的1929年，道琼斯工业平均指数下跌了17%，1930年又下跌了34%，1931年再度下跌53%。经历了连续3年的熊市之后，如果投资者认为怎么都该涨起来了，那么就会再度遭到市场的惩罚：1932年，市场继续大跌了23%。上涨之前不一定会有暴跌。例如，1928年是20世纪最好的10个年头之一，但1927年也是。和所有简单的交易规则一样，逢低买进并非万无一失。

话虽这么说，价格彻底崩溃的确能够创造很大的上行空间。如果1907年没有发生金融大恐慌，1908年对股市来说兴许会是个好年头（但也不是特别好的那种）。然而，从1906年12月31日到1907年12月31日，道琼斯工业平均指数损失了38%的价值。铁路公司（相较于后来的年代，当时在投资者活动中占有更突出的地位）的股价则下跌了32%。1908年，严重低迷的股价拉开了牛市的序幕，带来了一笔丰厚的潜在业绩红利。

实际上，1907年的大规模下跌涉及两件截然不同的事情。3月份股市崩盘之后，10月份紧接着发生了货币恐慌，恐慌情绪蔓延开来，导致股价进一步下跌。这两起事件并未对美国经济的长期增长造成根本性损害。商人和实业家对3月份的事情不屑一顾，认为那只是华尔街的问题，跟一般性商业活动没什么关系。精明的市场观察家正确地察觉到，10月份危机的影响只是暂时的。"这次恐慌并不来自大量制成品的冗余，这一点跟以往的经济衰退不同。"弗兰克·蒙西在《蒙西杂志》上写道，"我们并没有出现生产过剩。我们的仓库里没有堆满卖不出去的东西。恰恰相反，大多数制造商都在让工人加班加点，满负荷生产产品，但即便如此也无法满足需求。"然而，1907年的股市动荡带来了一个无可争议的后果：降低了股市的高估值，为1908年轰轰烈烈的大牛市铺平了道路。

3月和10月的事件归根结底源于世界性的信贷短缺。那是金本位制的全盛时期，并持续到1914年。在该体系下，世界货币供应的扩张受到黄金实际供应量的限制。19世纪90年代，新发现的金矿使黄金的年产量大幅增长，但在世纪之交，产量开始趋于平稳。与此同时，信贷需求强劲增长。日益繁荣的经济刺激了对交通运输和制造业产能的狂热投资。大企业合并（如1901年美国钢铁公司成立）后，合并方需要支付庞大的资金给那些把自己的企业卖掉的企业家。此外，布尔战争*和日俄战争（1904—1905年）导致大规模的政府借贷。有限的信贷供应不光要面对所有这些竞争者的竞相争夺，随着全球股市的蓬勃发展，投机者还贷款购买证券。一如弗兰克·蒙西所说，"今天的世界没有足够的钱来完成这个世界要做的工作"。

到1906年，压力已经很明显了。由股市抵押品支撑的贷款成本（"短期同业拆借"）波动很大。有时，年化利率会飙升至20%、30%，偶尔甚至会达到100%。头脑冷静的分析师认为，以20%或更高的利率去借款购买股息率仅为2%或3%的股票非

---

* 布尔战争发生在1899—1902年，指的是英国人和布尔人之间为了争夺南非殖民地而进行的战争。布尔人多为17世纪后到非洲定居的荷兰、法国、葡萄牙等国的白人后裔。——译者注

常愚蠢。但投机者指望通过股价的持续上涨来弥补这一"负利差",再赚到更多的钱。面对资本利得居高不下,《华尔街日报》指出,当时的局面与导致1857年恐慌的情况类似。

第一道裂缝出现在优质的美国铁路公司中。它们逐渐发现,自己不可能在欧洲发行新的长期债券。如果到期债务不能延缓支付,它们将面临破产。一些铁路公司只得以高昂的利率来获取国内短期资金。《蒙西杂志》提到了另外一些例子,这些公司明智地选择了申请破产,不再支付银行索要的任何利息。

股票价格在1907年3月13日出现了下跌。道琼斯铁路指数从112.53点跌至107.52点,14日再度跌至99.71点。道琼斯工业平均指数在这两天也下跌了12%。这轮下跌并没有以什么惊悚的事件作为开端,只是引发了大范围的保证金追缴和券商倒闭。崩溃来得急,去得也急,转眼之间,它便结束了。股票价格没有完全恢复到2月份的高点,但道琼斯铁路指数到4月底,市场比3月25日的低点高出了12%。

只要跳出当时的价格行情略做观察,投资者便可发现,金融紧张的局面并没有消失。1907年的春季和夏季发生了一连串的冲击事件:

• 旧金山市未能在纽约发行一笔贷款,表明信贷仍然紧张。

• 埃及亚历山大证券交易所崩盘。伦敦运送了价值300万美元的黄金加以救援,英格兰银行随之陷入脆弱境地。随后,英镑遭到挤兑。

• 东京交易所的股票大幅下跌,日本遭受了银行倒闭潮的冲击。

• 恐慌的法国投资者开始购买黄金,从美国吸走大量黄金。

第一章 1908年

- 西奥多·罗斯福（Theodore Roosevelt，老罗斯福）政府加强了反垄断活动。政府指控新泽西州标准石油公司几乎垄断了石油业务，披露了有意解散该公司的计划。
- 波士顿和纽约市的债券发行，西屋电气的股票发行认购不足。
- 大都会电车公司是美国第一家控股公司，它曾控制纽约市的有轨电车线路，此刻宣告破产。
- 纽约货币中心银行因资金按惯例季节性地转移到美国农业领域而承受压力。这是一种具有周期性的模式，但美国财政部从未弄清楚应怎样利用其庞大的黄金储备来抵消这一影响。结果，利率总是在秋季猛烈上涨。

1907年10月15日，一项做空联合铜业公司股票的计划宣告失败，引发了恐慌。历史学家罗伯特·索贝尔（Robert Sobel）曾对1907年的危机做过精彩的描述。他写道，人们普遍怀疑是标准石油利益集团破坏了对联合铜业公司股票的做空企图。做空计划的幕后设计师之一是弗雷德里克·奥古斯都·海因策（Frederick Augustus Heinze），几年前他曾与该公司发生冲突，当时，后者正在创建一家铜业托拉斯。

联合铜业公司的股价从60美元暴跌至10美元，搞垮了海因策及其合伙人查尔斯·莫尔斯（Charles Morse）的金融帝国。投资者知道，他们利用了自己控制下的储蓄机构，为这轮失败的做空提供资金。一时之间，商业国家银行遭遇挤兑，无奈关门。莫尔斯旗下的公司股价暴跌，引发了市场的广泛担忧。

西屋电气虽然并未跟海因策和莫尔斯的公司捆绑在一起，但股票发行失败后，也摇摇欲坠。该电气设备公司的股价于10月

18由103美元狂跌到79.875美元，不得不暂停交易，翌日在场外以35美元开盘。其直接结果是两家经纪公司倒闭，数百名投机者破产。人们持续提款加剧了银行危机。至此，这场危机的严重性超出了美国财政部的控制。是时候把这件事提交给更高权威，也就是皮尔庞特·摩根（Pierpont Morgan）了。

摩根出手

摩根是当时最杰出的银行家，策划了美国钢铁公司和其他主要工业企业的组建。他还在东部的铁路线业务占据主导地位，与在西部称首的对头爱德华·哈里曼（Edward Harriman）存在冲突。然而，在国家遭遇黑暗的时刻，摩根把哈里曼这头华尔街雄狮也召唤了出来。

在摩根的领导下，这群人着手决定哪些金融机构仍有获救的可能、哪些机构可以甩在一旁坐视不理。正濒临危险的是信托公司。这些储蓄机构（日后被宣布为非法）利用纽约州法律的漏洞，在没有实质性储备的条件下运营。纽约银行将其视为竞争对手，并有效地将大多数信托公司逐出了清算所——清算所通常是在银行业危机期间提供流动资金的机构。由于纽约清算所没有监管信托公司的财务状况，在1907年恐慌来袭之时，它无法迅速判断向这些信托公司发放信贷是否谨慎。（在芝加哥，信托公司一直受到清算所的监管，在这轮大恐慌期间没有信托公司或银行倒闭。）

摩根很快得出结论：拯救海因策和莫尔斯的尼克博克信托公司毫无意义。对当时纽约第三大信托公司做出这种判断的是本杰明·斯特朗（Benjamin Strong），日后，他将为1929年的大崩盘承担大部分责任。尼克博克信托公司在渎职的指控中破产，恐慌扼住了其他信托公司储户的喉咙。

当时，同事向摩根保证，海因策和莫尔斯的另一家实体——美国信托公司有足够的抵押品。摩根回答："那么，麻烦就在这儿打住吧。"

奇怪的是，相关的抵押品包括美国钢铁公司主要竞争对手田纳西煤铁公司的控股权。股市开始暴跌时，摩尔施莱投资银行将这些股票作为贷款担保。摩根趁此机会，用债券帮助美国钢铁公司收购了田纳西煤铁公司，而这些债券的价格比摩尔施莱投资银行一直试图保持的本就低迷的价格还要低。

这一收购交易要求时任总统的老罗斯福默许一项合并。尽管基于自身的反托拉斯立场，老罗斯福本来是反对这一合并的，但总统已经预见到一场金融灾难即将全面爆发，摩根也知道自己不可或缺。摩根想让自己的辛劳换得回报。据他的同事说，他发誓："我不会忍受这一切，除非……"随即，他做了一个手势，众人认为那个手势的意思是"除非我得到我想要的"。为了让总统相信形势依然严峻，摩根扣下了伦敦准备运送黄金以帮忙缓解危机的消息。最终，老罗斯福同意美国钢铁公司收购全美成本最低的钢铁厂和 5 亿吨铁矿石储备。

与此同时，一项典型的摩根式策略拯救了美国信托公司。美国财政部愿意提供帮助，但无权往该信托公司存入款项。因此，摩根诱使财政部长乔治·科特柳（George Cortelyou）安排向纽约的银行存入 3 500 万美元，银行立即把这笔钱借给了濒临破产的美国信托公司。更多的英雄举动随之而来。在短短 5 分钟内，摩根就安排了一笔 2 700 万美元的紧急银行贷款来拯救纽约证券交易所。在货币供应紧缩的情况迟迟没有缓解的背景下，他说服银行接受代币——到恐慌结束时可以用真正的货币兑现赎回。在此过程中，摩根将纽约市政府从破产的边缘解救出来，甚至说服市政府的主要神职人员进行看涨牛市的布道。

11月6日，价值700万美元的黄金自伦敦运抵。与此同时，有消息称，还有一批价值1 000万美元的黄金正搭乘皇家邮轮卢西塔尼亚号运往美国。摩根结束了恐慌，同时廉价收购了极有价值的资产。大多数其他投资者不得不等到1908年才一飞冲天，这一年的总回报率为45.78％。

11岁的格雷厄姆

1907年的大恐慌使许多小投资者的保证金账户余额归零，纽约的多萝西·格罗斯鲍姆（Dorothy Grossbaum）就是其中之一。雪上加霜的是，她存钱的银行也倒闭了。

在她已故丈夫留下的小古董店连同他的人寿保险收益一并告吹后，这位年轻的寡妇开始经营一家旅馆，并最终参与投机。她的小规模账户在综合证券交易所下属的一家成员机构开设，在这里只需10股就可凑成整数股，在纽约证券交易所则需要100股。

1907年，格罗斯鲍姆的儿子本杰明·格雷厄姆年仅11岁。每一天，他都会浏览报纸的金融版面，看他母亲最喜欢的股票"美国钢铁"是涨还是跌。这便是这位华尔街教父辉煌职业生涯不起眼的开端——日后，他成为金融界大名鼎鼎的人物。

《蒙西杂志》创始人

大多数当代读者都不认识本章多次提及的"弗兰克·蒙西"。

然而，在他的一生（1854—1925）中，这位缅因州前电报员取得过好几项成就。

第一项成就是他将自己的旗舰月刊《蒙西杂志》从售价 25 美分降至 1 美分，彻底改变了杂志出版行业。这一创新在 1893 年开启了大规模发行的时代。蒙西把从杂志上赚到的钱用在了房地产和杂货店上。他还成功地进行了股票投机，一度成为美国钢铁公司的最大股东。

蒙西的第二项"成就"是被人称为"可能是有史以来最令人讨厌的出版商"，因为他会找些反复无常的理由解雇记者和编辑，借口是对方太年轻、太胖、是左撇子。大概是由于他离谱的管理风格，蒙西的日报出现亏损。于是，他旗下的《太阳报》《先驱报》《论坛报》《环球报》《邮报》等要么关闭、要么合并，他因此又获得了"报业刽子手"的外号。蒙西在把需要排版的通知交到《先驱报》的编辑乔治·林肯（George Lincoln）的手里之前，都不曾告诉对方报纸马上要合并。蒙西事后才想起请林肯留下并管理《先驱论坛报》。林肯拒绝了这一提议，说自己后悔为蒙西工作的每一刻。

去世前四年，这位打了一辈子光棍的单身汉立了一份新遗嘱。在划去了约占蒙西总财产 1/6 的遗赠之后，他的律师问剩下的财产应该给谁。"嗯，交给大都会艺术博物馆吧。"蒙西漫不经心地回答。

虽然蒙西从 1916 年开始就是纽约大都会艺术博物馆的会员，但他一辈子是否真的踏足过该博物馆，目前尚不清楚。然而，向这家机构提供大笔遗赠会带来极大的声望。此外，据报道，虽然蒙西不是艺术爱好者，可他的律师是。博物馆分得的财产最终约为 1 000 万美元，这暗示蒙西留下 4 000 万美元遗产的说法言过其实。可不管怎么说，这个讨人嫌的出版商的遗产，是当时所有博物馆收到的最大一笔现金馈赠。

曙光初现

11 月 15 日，道琼斯工业平均指数触及 1907 年的低点。根据《国家》杂志的报道，11 月 23 日星期六，信贷恢复的迹象首次出现。在货币市场复苏的助力下，股票价格在恐慌年的最后一个半月里回升了 11％。随着新一年的开始，信贷条件进一步放宽，乘着典型的恐慌后的东风，这一有利趋势备受鼓舞。1908 年的第一个工作日，英格兰银行将其关键贷款利率自 7％（这是一个世纪以来的最高位，是因 1906 年信贷条件紧张而产生的）调低。

尽管此刻还看不出商业环境有任何改善，但道琼斯工业平均指数在这一年的头两个星期攀升了 12％。铁路股在 1907 年以 88.77 点收盘，到 1908 年 1 月 19 日便创下了 95.75 的短期高点。但此时熊市还没结束，把普通投资者暂时吓出了市场。涨势一时停滞不前。2 月 17 日，铁路股跌至 86.04 点。

不过，股市保持了 1907 年最后几个星期实现的涨幅。1908 年 2 月 13 日，道琼斯工业平均指数触及 58.62 的低点，与 1907 年底的 58.75 点相比，跌幅可忽略不计。随后，经历了一心想要压低价格的人士长达一个月的打压，市场再次复苏。

这一回，一丝乐观的情绪又回来了。一个星期又一个星期，商品、库存不断减少甚至为零，工厂零零散散地恢复了部分或全时工作安排。美国钢铁公司执行董事会主席埃尔伯特·加里（Elbert Gary）报告说，公司的业务正在迅速增长。1 月 7 日的预

第一章　1908年

订量比前一个月（这是该公司7年历史上增长最慢的一个月）增长了20%以上。截至2月下旬，加里估计整个月的销量将再上升40%。（尽管美国钢铁公司在1908年的头两个月大幅反弹，但其工厂的开工率仍不到额定产能的一半，足以证明1907年大恐慌的严重性。）

制造业对钢铁的需求复苏比铁路行业更为明显，这被视为一个看涨的信号。前者意味着工业产出正在上升，而后者可能仅表明已生产的货物运输量激增。

弗兰克·蒙西在《蒙西杂志》上表示，铁路行业很快也将出现起色。佛罗里达柑橘类水果和早期蔬菜的季节性运输造福了铁路行业。运输公司虽说等待着更普遍的提升，但客运和邮件运输已带来了相当稳定的收入。总的来说，股东们有充分的理由对铁路公司的长期前景感到乐观。因此，蒙西预测，为了保持道路和车辆的良好状态，这些公司将削减股息，以节省现金。这一观察有助于解释为什么1908年的牛市并没有因为普遍的削减和不发股息而气馁。

事实上，从某种角度来看，投资者甚至可能把削减股息看成好消息。根据蒙西的说法，在1907年大恐慌之前，几家铁路公司的控股股东为了一己私利过度提高股息。一种典型的伎俩是，董事们积攒大量股票，接着增加派息。股价由此迅速上涨，可公司却缺少现金来维持运营。

蒙西特别提到爱德华·哈里曼在1906年8月将联合太平洋铁路公司的股息率从面值的6%提高到10%，此举使得该公司的股票在短短两天内暴涨了14%。用蒙西的话说，"这是近年来发生的用合法企业进行股票赌博的一桩最严重的案件"，但它绝非

牛市的理由

孤例。

或许，随着股息回落到更加谨慎的水平，投资者会将对铁路行业的投资视为真正的改善性投资。又或者，他们认为，减少股息给了聪明的操盘手一个再次买入相同股票的机会。如果是这样，他们的直觉并没有完全遭到误导。1908年末，《商业与金融纪事报》对金融家哈里曼的职业生涯进行评估时坚称："追随哈里曼先生的领导，没有人遭受过任何损失。"

股息和现金留存保持怎样的比例最为合适，在过去是一个存在争议的问题，现在依然如此。从1926—1928年格雷厄姆与北方管道公司的代理权之争，到1995年柯克·科克里安（Kirk Kerkorian）对克莱斯勒的敌意收购，搅局者经常指责管理层囤积现金，因为将这些钱分配给股东本来会更有用。同样，20世纪80年代杠杆收购的批评者也呼应了《蒙西杂志》对爱德华·哈里曼的指责（《蒙西杂志》认为哈里曼以牺牲必要支出为代价，从联合太平洋铁路公司抽走了现金）。也许，一些杠杆收购的发起人的确捞取了油水，甚至伤及了企业的筋骨，但人们不应该因他们琢磨出这个点子而指责他们。

1908年的哈里曼

在本书涉及的各个年头里，爱德华·哈里曼及其直系亲属均在历史事件中扮演过角色。这位大投机商在1869年的黑色星期五恐慌中从股市捞到了他的第一桶金。他的儿媳妇曾在比尔·克林顿（Bill Clinton）任总统期间担任美国驻法国大使。

尽管爱德华·哈里曼的生活不如此前和此后的许多金融家那么多姿多彩，但在1908年，他是个大名人。"他的一举一动，都

第一章 1908年

吸引着记者，"据《国家》杂志报道，"数百万美国同胞全神贯注地读着有关他的新闻和谣言。他是他所属阶级的主要象征之一——爱德华·哈里曼，这是一个可以随意戏谑的名字，人们对他的调侃多于崇拜，但他始终是权力的代名词。他可能是个危险人物，但毫无疑问在社会和政治上举足轻重。"

根据《国家》杂志的评价，哈里曼是上一代强盗大亨的翻版。"他经常采用的专横无情的手段，放在昔日范德比尔特、菲斯克或古尔德的身上或许人们可以忍受，但到哈里曼先生这一代，这么做早已过时。"

但即便是考虑到1906年的联合太平洋铁路公司事件，哈里曼仍因为投入巨资以维护和提升自己资产而受到称赞。"人们公认他投资铁路行业就跟操纵股票一样能干。"《国家》杂志表示。一名佩服哈里曼智力的记者这样评价道："如果他有一颗心的话，他会是个了不起的人物。"

当然，无情是人们普遍认为哈里曼所具备的一个特点。《国家》杂志以几项具体的指控来支持这一判断：

- 踏着别人的残骸，无情地走向权力之路。
- 冷漠地忽视金融中的人性疯癫。
- 对批评毫无容忍之心。

《国家》杂志反对哈里曼"攫取并利用政治影响力来实现自己的商业抱负"，但又试图公平地对待这件事。"我们对他的慈善事业从不发表意见，"《国家》杂志补充说，"因为它们的规模可能比公众所知的要大得多。"

事实上，除了向男孩俱乐部捐赠等广受认可的慈善事业外，哈里曼还非常关心他在纽约奥兰治县7 863英亩的庄园里的每一

牛市的理由

个人的福利。每年圣诞节，哈里曼都会给庄园上上下下的男女老少送上一份合适的礼物。有一年，圣诞礼物的清单无意中漏掉了一个孤苦的男孩汤姆——他跟自己酗酒的父亲住在离大宅六七英里远的一个窝棚里。哈里曼在自己的儿子、日后成为纽约州州长的埃夫里尔（Averell）的陪同下，亲自"带着一辆雪橇车来到了树林里的小窝棚。那是一辆精美结实的雪橇车，所有的男孩都想要"。哈里曼的传记作者乔治·凯南（George Kennan）认为，这感人的插曲只是一个例子，说明那些只在商业环境中观察哈里曼的人对这位铁路巨头的误判有多么严重。

顺便提一句，哈里曼家族两代人有着非同寻常的持久影响力，这源于一种相当不寻常的情况。在1869年的黑色星期五那天，爱德华·哈里曼还不到21岁。他43岁时，他的儿子埃夫里尔出生；80年后，埃夫里尔娶了一个比自己小30岁的女人。埃夫里尔的遗孀不仅是爱德华·哈里曼的儿媳，早些时候还曾是温斯顿·丘吉尔的儿媳。她当上驻法国大使，是在她漫长而忙碌的一生即将结束的时候。这位女士的全名是帕梅拉·迪格比·丘吉尔·海沃德·哈里曼（Pamela Digby Churchill Hayward Harriman），她有过许多著名的恋人，其中包括演唱过《这是个大好年头》（*It Was a Very Good Year*）等热门单曲的歌手弗兰克·辛纳屈（Frank Sinatra）。

老罗斯福让华尔街战战兢兢

"华尔街深陷紧张和非理性状态，"1908年2月25日弗兰克·蒙西写道，"如果总统说了些什么，华尔街会瑟瑟发抖，并把他的话转化为一场新的灾难。如果他有一阵子什么也没说，华

第一章　1908年

尔街就会认为他的沉默是不祥之兆，双腿打起哆嗦来。"根据蒙西的说法，华尔街甚至将1907年的大恐慌归咎于老罗斯福。蒙西毫不掩饰地崇拜老罗斯福这位圣胡安山战役*的英雄，他认为，"这种说法毫无道理"。

当然，回过头来看，老罗斯福在1907年加强了对托拉斯的打击，但相较于信贷体系日益沉重的压力，这似乎只是一个微不足道的因素。信托公司没有充足的储备，本身就不稳定，因而无助于解决问题。反过来说，前美军上校老罗斯福的过激言辞招来了华尔街的攻击。

老罗斯福坚持认为，没有什么是比"让纯粹的富人决定美国人的命运"更糟糕的事情了，"对这种人来说，股市就是一切，而且，他们短视至只能看到物质繁荣"。这位前美军上校从这些人身上发现了许多性格缺陷，其中之一就是缺乏爱国精神，这让人感觉可悲又可叹。在老罗斯福看来，当富人们质疑1898年与西班牙开战是否明智时，这种缺陷表现得分外明显。"大金融家和那些金钱神经过分敏感的人、那些对国家荣誉毫不在乎的人，异口同声地反对战争，哪怕国家荣誉与商业繁荣只存在暂时性的冲突。"日后，老罗斯福这样回忆说。难道一如许多人的看法，这在某种程度上代表了反对帝国主义的原则立场吗？不，老罗斯福解释说，那都是由于"拜金主义者懦弱的担心和残酷的自私"。

在老罗斯福看来，美国对国防过于自满。那么，为什么战争对美国会是件好事呢？"我有时候很怀疑，"他向一位之后的德国驻美国大使透露，"除了一场巨大的军事灾难，再也没有什么别

---

* 圣胡安山战役也称为圣胡安高地之战，是19世纪末美西战争中美军与西班牙军队之间的一场重大战役。——译者注

15

的事情能让我们感受到自己的责任和可能存在的危险。"至于是哪个国家（包括德国）提供了这样一项关于战争的宝贵教训，并不重要。"坦率地说，我不知道该不该为看到与德国发生的少许争执而感到遗憾，"1889年，他说，"纽约和其他几座沿海大城市被烧毁能生动地说明我们需要建立恰当的海岸防御系统。"1895年，老罗斯福完全支持就委内瑞拉和英属圭亚那之间的边界争端而向英国宣战："如果必须打，那就让战争到来吧。我不在乎我们的沿海城市会不会遭到轰炸；我们会拿下加拿大。"次年，老罗斯福选择的敌人又变了："我很难不乐于见到与西班牙开战，因为来上一场这样的战争，立刻就能带来一支合适的海军。"到1897年，他觉得随便挑任何一个对手都行。"一定要绝对保密，"他在写给一名军官的信中说道，"我几乎欢迎任何战争，因为我认为这个国家需要打上一仗。"

老罗斯福无疑是最好战的一位诺贝尔和平奖获奖者。"他最想做的就是跟人开战，"1885年，他的一个大学朋友这样形容，"他随时想着杀人。"他甚至还羞辱不这么想的人。"贵格会教徒可能跟决斗者一样，是不受欢迎的公民，"次年，老罗斯福断言，"一个不愿意携带武器、不愿意为自己的权利而战的人……不应享受生活在自由社会的特权。"

14年后，他到贵格会教徒中为竞选副总统做宣传，免不得稍做让步：贵格会教徒的"社会和工业美德"使他们有权得到"所有人的尊重"，没有他们，美国人民"将永远无法让合众国变成它现在的样子、变成它应该有的样子"。事实上，老罗斯福变得越来越柔和。到1913年出版回忆录时，他承认，不是所有主张裁军和强制仲裁国际争端的人都是社会秩序的恶毒敌人：

第一章 1908年

一些交易员将1907年的恐慌归咎于西奥多·罗斯福的反商业言论,但这似乎并没有妨碍1908年股市大涨。这是1898年9月24日刊登在《哈珀斯周刊》封面上的老罗斯福的照片。

他们许多人在日常生活中都是良好公民。正如有人相信应该强制推行全民素食计划；也有人认为，反对接种疫苗可治愈一切疾病。跟这些人一样，他们都是良好公民。

然而，在他担任总统期间，老罗斯福把不同意见视为亵渎。共和党前内政部长卡尔·舒尔茨（Carl Schurz）对他的描绘毫不夸张："他认为所有反对自己连任的人都是邪恶的，因此，那些决定投票反对他的人（也就是大约一半的美国选民）是不爱国的公民，是劣等美国人。"英国记者乔治·斯莫利（George Smalley）补充说："他诚实地相信，与他持不同意见的人，必定是不诚实的。"他把自己在参议院的对手痛斥为"煽动家"和"骗子"，嘲笑意见跟他不同的人"精神视野狭隘"，这跟把市场暴跌归咎于他的华尔街人士一样，既有失公平，也毫不克制。

看涨还是看跌

1908年5月21日，《国家》杂志警告说，1908年标志商业复苏的第二波股市反弹实际上并没有实现。事实上，一些商业统计数据则表明经济正在恶化。美国钢铁公司3月31日的期货订单规模低于1907年12月31日的水平。美国4月份铁矿石产量下降，而闲置列车车厢的数量在3月份有望减少后再度增加。

"这显然是一幅连续萧条的景象，"《国家》杂志宣称，"然而，证券交易所却在4月底开始了第二轮上涨，并一直持续到了现在，涨势越来越快，也越来越猛。"自1906年8月的"哈里曼市场"（当时，人称"小巨人"的小个子金融家大举购入铁路证券，大幅提高联合太平洋铁路公司的股息）以来，还没有出现过类似的投机水平。股市不仅反弹至1907年10月货币恐慌发生之前的高度，还朝着1907年3月市场崩盘之前的高度攀升。

看涨的理由是，银行已恢复支付，信贷也已恢复。如果削减贷款，投资者不仅无法购买，还要被迫清算股票以偿还债务。看涨人士指出，随着银行恢复支付，股市在恐慌过后反弹是一种很典型的情况。此外，这一次恐慌过后的环境包括不典型的有利条件：美元稳健、美国财政部资金充足，以及东部金融中心以外的地区欣欣向荣。纽约的银行将信托公司排除在清算所的常规监管之外，在某种程度上把问题孤立了出去。最乐观的投机者表示，因1907年的大恐慌而被打断的繁荣将立即复苏。

主张保持谨慎的一方认为，欧洲人对美国股市反弹持怀疑态度。不仅欧洲的大银行拒绝为任何新的美国铁路贷款提供资金，纽约还刚刚遭受了大量黄金外流的打击。虽然最初的股价飙升可能代表了对信贷恢复后的正常恐慌反应，但《国家》杂志认为，没有先例可证明商业将随股市的持续高涨而迅速反弹。该杂志还指出，市场将不得不应对即将到来的总统选举这一"传统的商业不安因素"。

两党候选人

1908年7月，共和党人毫无争议地选择威廉·霍华德·塔夫脱（William Howard Taft）作为1908年的总统候选人，这给人们带来了希望，希望这次选举不像往常那样令人不安。战争部长塔夫脱此前曾任菲律宾总督，日后则担任最高法院首席大法官，他是老罗斯福选中的接班人。尽管外界对本届"义勇骑兵"式的总统老罗斯福存在猛烈抨击，但华尔街对共和党继续占领白宫仍持乐观态度。

除去其他，塔夫脱将以自己的腰围为后人所铭记。"他是我们伟大的人类同胞，因为他有更多的人性，"朴实的幽默大师威尔·罗杰斯（Will Rogers）在塔夫脱去世时说，"我们正在与重达130多千克的扎扎实实的慈善赈济人告别。"塔夫脱本人对自己的体重看得并不怎么重。他讲过这样一个笑话：

> 护士警告男孩，他要是不停止咬指甲，就会像气球一样膨胀并爆裂。男孩相信了护士的话，改掉了坏习惯。过了一个来月，这个男孩遇到了塔夫脱，他用十分严厉的眼光看着塔夫脱，并指责地说："你竟然还在咬指甲！？"

如果说对共和党总统候选人的意见出现了什么大的变化，那就是在塔夫脱入主白宫前后，老罗斯福的看法有了很大变化。1901年，老罗斯福以非凡的先见之明写道：

> 一年前，一个对美国公共生活和公众人物都很熟悉的人说，菲律宾的第一任总督应该把能造就美国一流总统的素质和一流首席大法官的素质结合起来，而他所知道的唯一具备这些素质的人是俄亥俄州的威廉·霍华德·塔夫脱法官。这个说法完全正确。

老罗斯福接着热情地赞扬塔夫脱在履行公共职责的每一个节点上都表现出绝对坚定的正直态度，以及毫不畏惧的勇气和承担责任的意愿。而在1912年的大选过后，老罗斯福为了反对塔夫脱，竟退出了自己的政党，在一场三方角逐中，把总统之位最终交给了伍德罗·威尔逊（Woodrow Wilson）。*

老罗斯福说，塔夫脱对总统的角色做了狭隘的法律阐释，让自己沦为跟可悲的詹姆斯·布坎南（James Buchanan，美国第15任总统）一样的档次。而按老罗斯福的估计，据自己对待这项工作的态度，自己足可与安德鲁·杰克逊（Andrew Jackson，美国第7任总统）和亚伯拉罕·林肯（Abraham Lincoln，美国第16任总统）并驾齐驱。

然而，在1908年，老罗斯福热心支持塔夫脱，投资者也支持他的选择。鉴于民主党选择了威廉·詹宁斯·布莱恩，共和党的胜利显得更加志在必得。尽管之前曾两次在总统选举中落败，但人称"内布拉斯加州旋风"的布莱恩并没有失去热情。金融界认为此时他的威胁不亚于1896年，当时布莱恩反对一直让美国蒙受重大损失的金本位制和华尔街集团。"巧舌如簧的演说家"布莱恩还给塔夫脱起了其他形形色色的绰号：

- "货币兑换商，大托拉斯和大企业的律师"。
- "抢钱大组合"。
- "闲置资本的闲置持有人"。

---

* 因1908年距今已有一个多世纪，这里介绍一下相关史实。威廉·霍华德·塔夫脱是美国历史上唯一担任过美国总统和美国首席大法官两项职务的人，也是美国第一任菲律宾总督。他于1909—1913年当选美国第27任总统，1921—1930年当选第10任首席大法官。1908年，他作为老罗斯福挑选的继任者当上总统。入主白宫后，他对东亚事务的关注超过欧洲，还多次出手支持或推翻拉美国家的政府。他倾向支持共和党保守派，但老罗斯福支持进步派。老罗斯福在1912年与塔夫脱争夺总统候选人提名，塔夫脱利用党派政治机器控制权以微弱多数拿下提名，于是老罗斯福愤而退党，通过组建美国进步党参选。共和党的分裂导致塔夫脱连任的希望渺茫，最终民主党的候选人威尔逊胜出。——译者注

- "拥有金钱、以金钱交易、靠让人们变穷而让自己致富的阶级"。

这一次,布莱恩问道:"我们能不能实现民治?"在某种程度上,他的回答是,只要企业能够操纵选举,我们就做不到。他提议强制披露超过 100 美元的竞选捐款,并禁止超过 1 万美元的竞选捐款。这位"西部骑士"谴责新泽西州标准石油公司是美国最臭名昭著的违法者。他主张对公司实行许可审批程序,以防止垄断的产生。简言之,布莱恩所持的立场让华尔街毫不犹豫地认为,必须选择塔夫脱。

然而,这给布莱恩带来了很多潜在的选票。这位"伟大的平民"对胜利充满信心,因为他与小镇和农场中不满的民众有着不容否认的亲密关系。"在小镇广场上,与贫苦的农民和工人站在一起,他从不觉得有什么不舒服。"1987 年,布莱恩的传记作者勒罗伊·阿什比(LeRoy Ashby)写道,"他能丝毫无碍地……认同哪怕是最贫困的美国乡村居民。"

H. L. 门肯(H. L. Mencken)对威廉·詹宁斯·布莱恩这方面的性格就不那么友善了。"他喜欢挥汗如雨的人,从不讲究洗手间的装潢,"这位著名编辑和评论家言及布莱恩之死时说,"他的事业使他接触到了那个时代第一流的人;但他却喜欢与愚昧无知的乡巴佬为伍。"按照门肯的判断,倒也不必因布莱恩忠于原则(不管他的原则有多么愚昧)这一点而尊重他:"如果这家伙是真诚的,那么 P. T. 巴纳姆(P. T. Barnum)* 同样真诚。用'真诚'来形容这种人,简直是对'真诚'的玷污。事实上,

---

* 巴纳姆(1810—1891),美国当时知名的马戏团经纪人兼演出者,是极富争议的营销高手,经常被人视为大骗子。——译者注

他是个江湖骗子、一个没有理智和尊严的小丑。"

传记作者阿什比不曾就布莱恩否认黑人选举权、捍卫南方种族歧视法规的行为为他开脱,但却从积极的角度来看待这位"普拉特青年演说家"发起的反达尔文运动。阿什比认为,布莱恩坚定地支持没有权力的弱者,他把达尔文理论看作强者为剥削弱者而进行开脱的教条,出于本能地加以反对。门肯再一次表达了不同的看法。

在1925年著名的斯科普斯"猴子审判"中*,门肯这样形容布莱恩:"他煽动造谣、蛊惑人心到了这般下流的程度,连他在审判桌上的同伴都脸红了。他唯一渴望的就是让他的乡巴佬支持者们热血沸腾——借此带领他那群绝望的低能暴民抵抗敌人。"

汽车行业的合并

1908年春,4家主要汽车制造商的代表在底特律佩诺布斯科特大厦会晤,讨论一项大胆的计划,意图仿照美国钢铁公司的模式成立一家汽车托拉斯。4家公司的年产量合计为2.2万辆,成立托拉斯后,将主导汽车行业,以便在这一竞争激烈、不稳定的行业中承担一定的风险。合并所需资金将由7年前促成美国钢铁公司交易的皮尔庞特·摩根安排。

遗憾的是,4位发起提议的负责人各自打着不同的算盘。没

---

* 1925年,美国田纳西州颁布法令,禁止在课堂上讲授"进化论"。美国公民自由联盟寻求一位自愿在法庭上验证这条法律规定的田纳西教师,于是制造了轰动整个美国乃至整个世界的历史事件——猴子审判(Monkey Trial)。因涉案的教师名叫约翰·汤姆斯·斯科普斯(John Thomas Scopes),所以该案也叫"斯科普斯案"(Scopes Case)。——译者注

过多久，就有两人退出了——亨利·福特（Henry Ford）和兰森·奥兹（Ransom Olds）。留下的是别克汽车公司——由过去的马车制造商威廉·克拉波·杜兰特（William Crapo Durant）领导，以及麦克斯韦-布里斯科汽车公司。

发起这一整合计划的是本杰明·布里斯科（Benjamin Briscoe），他还将摩根财团引入这个计划。然而，当即将进行合并的消息泄露给《纽约时报》时，摩根财团气愤地拒绝支持。杜兰特反过来把麦克斯韦-布里斯科从他自己的计划里踢了出去。

赫伯特·L. 萨特利（Herbert L. Satterlee）是摩根的女婿，也是经手这笔交易的律师事务所的负责人，他向杜兰特提出了一个合理的问题：如今只有一家公司，要怎样做才能实现合并？这时，别克的这位首席执行官给出了出人意料的回应：在过去的一个月里，他持有奥兹莫尔比至少75%的股权（奥兹莫尔比是兰森·奥兹最初创办的公司，如今陷入了困境）。杜兰特将成为无可匹敌的汽车巨头。他还想到了绝妙的一招：制造出几种不同的产品，从而最大限度地增加在任何给定年份拥有畅销产品的机会。

不久之后，这家新公司继续推进目标，收购了奥克兰（后来的庞蒂亚克）和凯迪拉克。但首先，它需要一个名字。杜兰特更中意"国际汽车"，但最初提出这个名字的摩根财团合伙人表示，他希望保留这个名字，以便用到将来可能完成的合并上。"联合汽车"也不行，因为萨特利的一名合伙人发现新泽西有一家叫作"联合汽车公司"的企业。因此，1908年9月16日，通用汽车公司以2 000美元的象征性资本注册成立。在杜兰特将价值340万美元的别克汽车公司的股票转让给该公司后，董事会将通用汽车公司的资本总额提高到 1 250 万美元。这样的开始看似不起眼，但一只被技术分析师视为整个市场风向标的股票很快就要出现了。

违规操作

当时，星期六有两个小时的交易时段。8 月 22 日的这一时段发生了一件奇怪的事，引发了人们的担忧，人们普遍害怕股市受到操纵。这一周，纽约证券交易所的交易大厅收到了许多笔大额卖出订单。市场参与者认为，这些卖出订单来自希望限制自己的损失的大作手。然而，除了几家铁路公司的股价神秘下跌之外，熊市举措失败了。紧接着，用《哈珀斯周刊》的霍华德·申克·莫特（Howard Schenck Mott）的话来说，出现了"股市史上最引人注目的现象之一"。在星期六交易的头一个小时，价格在巨大的成交量中温和上涨。到了第二个小时，成交量依然异常，但价格小幅下跌，收盘时基本保持不变。

人们普遍怀疑，8 月 22 日的巨大交易量主要来自所谓的"配对订单"。据称，为了操纵市场，一名大作手会暗中同时输入买单和卖单。（爱德华·哈里曼将这种行为称为"循环卖出"。）"如果说星期六这么巨大的交易量是真实的，委托人真的准备花钱买入股票，交付卖出的股票，那太不可思议了，"《国家》杂志评论说，"随之产生的情况也表明这一活动乃是骗局。有人公然将 5 000~10 000 股委托给经纪人，并指示他们只跟其他指定经纪人执行这些委托。"

外界并不清楚这一波操作的主要目的：是人为压低价格水平以回补空头，还是让价格浮动以获取利益。莫特（日后从《哈珀斯周刊》杂志社进入纽约欧文国民银行担任副总裁）认为，无论是哪种情况，股价几乎都没有变动。这一事实证明，纽约证券交易所建立的保护措施阻止了操纵成功。尽管如此，他觉得有必要反驳大众对交易所是不公正机构的普遍看法。"再没有比这一得到普遍接受的观点更荒唐的了。"他写道。与此类似，《美国评论》一方面坦率地承认订单配对的现象盛行，另一方面也报告说，1908年最为恶劣的例子是一项失败的熊市企图。"成功的金融家不是那些逆自然条件而动的人，"社论作者显然很满意地评论说，"而是那些最先看到自然条件的人。"尽管如此，《国家》杂志也指出："经纪人普遍认为，有关操作公然违反了诚信和交易所的规则。"

不管是否荒唐，大众都认同在股市里违规操作是普遍现象的观点，或许是1908年疯狂投机的必然结果。公众清楚地看到，商品和服务的生产并未以与金融市场价值暴涨相称的速度恢复。

然而，按照《美国评论》的说法，这并不表明投机者正在人为地推高股价（他们甚至不具备这一能力）。更简单的解释是，由于商业萧条抑制了贷款需求，原本用于贷款的银行资金涌入纽约。在那里，竞争的力量已将半年利率压低至3%～3.5%的区间。富人利用其良好的信用评级以3%的利率借款，并投资于票面利率为4.5%的债券或股息率为5%或6%的股票，这是一种几乎无可指摘的做法。他们打算暂时赚取比借款成本高出几个百分点的收益，等到商业环境必然改善时再以更高的价格卖出。当然，这一策略存在风险，但只要谨慎地分散投资，这些富人能够承受。

实事求是地说，《美国评论》对股市暴涨的解释可能有点过于简单了。很难想象，除了作者描述的那些负责任的赚取利差的剪刀手，市场上没有高度激进的操盘手。如果谨慎的投资者决定抽走利润，那会怎么样？如果他们的股票没有其他一些旁观者接盘，股价肯定会下跌。更糟糕的是，以3%的利率借款，并以6%的利率外加价格变化进行投资，这样的策略必然是一种加杠杆博弈策略。众所周知，杠杆作用在股市上升期间效果极佳，但倘若碰到经济低迷，便会造成令人痛苦的损失，从而导致进一步的清算。

不过，《美国评论》尽管把投机者描绘得过于美好，对此次反弹还是给出了非常合理的解释。在1927年和1928年的经济景气时期，分析师们做出的假设仍然是：由于可用信贷超过了普通贷款需求，它流入了保证金贷款市场。这就再度造就了传统估值指标无法证明其合理性的大规模牛市。不过，到那时联邦储备系统的建立将让这场游戏持续更长时间。

投资可口可乐的富翁

1908年，底特律老虎队的泰·柯布（Ty Cobb）一如既往地收获了一个出色的赛季。他以0.324的平均打击率拿下了自己的第2个打击总冠军（他一共赢了12次）。在联盟里，柯布在一垒安打、二垒安打、三垒安打、全垒打和外场手助攻方面也都保持领先。

同年，摄影师拍摄了一张柯布的照片：他坐在长椅上，旁边醒目地摆着一箱苏打汽水。这种软饮料是他家乡佐治亚州生产的一个品牌，最初以"法国葡萄酒可乐神经和强力兴奋剂"的名字进行宣传。

第一次世界大战后，柯布的高尔夫球搭档、佐治亚州人罗伯特·伍德拉夫（Robert Woodruff）组建了一个财团，买下了可口可乐公司的所有权。在此之前，伍德拉夫恳请柯布对该公司进行投资，柯布一直拒绝，理由是该公司的股票没有在纽约证券交易所上市。但伍德拉夫的信心打动了这位速度飞快的外场手，后者参与了迄今为止美国南方发起的规模最大的一笔金融交易就是明证。而且伍德拉夫还主动让自己的银行——佐治亚信托银行借钱给柯布购买股票。这笔贷款可以用可口可乐公司的股息偿还。

绰号为"佐治亚之桃"的柯布，以总计 10 800 美元的价钱购买了 300 股。8 年内，他从可口可乐公司获得的年收入达到了 35 万美元。最终，加上额外买入的股票，据报道，柯布每年从可口可乐公司获得的股息分红就超过了 100 万美元。同为棒球名人堂成员的特里斯·斯比克（Tris Speaker）也听取了柯布的建议，购买了可口可乐公司的股票，并在退役后继续持有。

不到 40 岁，柯布就成了百万富翁，尽管他在棒球俱乐部的年薪从未超过 8.5 万美元。除了对可口可乐公司的投资（虽然一开始他并不情愿，但却因此大获成功），柯布还在通用汽车公司成立后的一年买了该公司的股票。此外，他还从商品交易中获利，拥有一家利润丰厚的汽车销售企业；他曾尝试收购一家美国职业棒球大联盟俱乐部，只是未获成功。可口可乐公司不光在柯布的投资组合里，在他心目中也一直占据着特殊的地位。他甚至拒绝光顾不卖可口可乐的加油站。

第一章 1908年

在赢得1908年的打击王头衔时,泰·柯布(中间)与一箱可口可乐合照。绰号为"佐治亚之桃"的柯布日后靠可口可乐公司的股票在股市大赚了一笔,他还将这一股票推荐给了朋友特里斯·斯比克(左)。图中的另一个人是达菲·刘易斯(Duffy Lewis)。这张照片拍摄于20世纪50年代的一场老球手怀旧比赛。

选举恐慌

夏初,塔夫脱和布莱恩各自获得总统候选人提名,满心渴望牛市的投资者却颇显奇怪地对即将到来的选举漠不关心。相比之下,在1896年,"伟大的平民"布莱恩首次获得提名时,市场上出现了强烈的"选举恐慌",股价在8月中旬一直下跌。8月后仍经常有人警告说,与世隔绝的东部投机者不知道民主党在侵蚀

29

牛市的理由

中西部传统共和党的选区这一发展趋势。来自艾奥瓦州的布莱恩（他发现在那儿遇到的每个人都打算投自己一票）成了华尔街的一位重要人物。由于担心金银复本位制会破坏货币和国家财政状况，投资者在国库分库的兑换窗口排起了长队，准备用法定货币兑换黄金。在1896年开始进行投票的前一天，活期借款的收益率飙升至96%。4年后，布莱恩主义的幽灵仍然令人恐惧，它扰乱了整个9月的市场，并在选举前夕将利率推至25%。

可以想象，伴随布莱恩第三次被任命为民主党领袖后社会上产生的自满情绪，源于1904年并未出现选举恐慌。那一年，消息灵通的投资者对选举结果从未有过怀疑——就跟1892年的竞选并未引起恐慌一样。1888年的选举也没有扰乱市场，因为市场对两位候选人同样放心。不管怎么说，1908年的平静到了9月突然破灭。在此期间最为活跃的5只股票（都是铁路股），其大宗交易价格都下跌了15%。除了突然担心布莱恩有可能胜出之外，华尔街没有给出任何解释。

促成突然转变的是缅因州的选举结果。共和党拿到了7 700票的多数票，但这一优势远低于4年前的27 000票。哪怕是1892年9月，在民主党人格罗弗·克利夫兰（Grover Cleveland）夺回白宫的两个月前，共和党仍在缅因州以多出12 500张选票的优势获胜。不要忘了，1884年，在缅因州共和党以创纪录的多数票获胜，但同年11月，克利夫兰竞选总统胜出。在无数个其他场合，在预示竞选风向方面缅因州也表现出不如佛蒙特州可靠。投资者原本从未认真考虑过布莱恩当选总统的前景，但这一回，这似乎成了很有可能发生的事。一时之间，他们大吃一惊，贪婪暂时让位于恐惧。

第一章　1908年

顺带一提，1896年总统竞选中冒出的"东海岸与美国腹地相隔绝"的说法，在整个20世纪变成了老生常谈。尽管数十年来通信技术有了长足发展，但人们还是经常指责身在纽约的经济学家对哈德逊河以西的发展趋势一无所知。高调的企业利用了这一印象，辩称自己的股票遭到低估是因为华尔街的偏狭。"只要交易公司的分析师敢于走出纽约，"管理层哀叹，"他们就会发现，在美国的其他地方，预制房屋被视为一种体面的生活方式选择，而不是他们想象中的遭人鄙视的'拖车'。"这个故事有着不可否认的情感吸引力，它的灵感来源于民粹主义的画面——一头牛在美国中西部吃草，而在纽约产奶。然而，不确定是否有投资者发现了一种系统化的方法从而能够从东海岸隔绝效应中获利。

恐慌后的反弹

选举恐慌导致道琼斯工业平均指数在9月22日跌至77.07的低点，较8月收盘时下跌9%。一个月后，该指数上升了7%。出乎意料的有利货币市场环境，助推了股市的反弹。

通常，由于农民会在秋季向乡村银行借款，抽走纽约的资金，所以利率上升。1908年，资金以惯常的方式流动，但利率保持低位。财经媒体对此表示惊讶。据《纽约太阳报》报道，前所未有的多个有利条件出现，使得股市受益：

- 美国和世界各地均有充足的货币供应：不是纸币，也不因通货膨胀而产生，而是真正的硬通货——也就是黄金。
- 收成好，价格有望上涨。
- 西部地区的消费需求持续保持强劲，似乎并未受到最近恐慌的影响："几乎一般的美国人并没有意识到华尔街受到了什么

牛市的理由

困扰。"

诚然，美国经济尚未恢复到全速发展的水平。铁路公司的收入较 1907 年的水平减少了约 1/6，而银行结算额较 1907 年同期低了约 20%。不过，《丹斯评论》可以这样形容钢铁行业的前景——"比今年任何时候都更令人鼓舞"。美国的贸易平衡有所改善，进口同比减少了约 1/3，出口略有上升。闲置货运车辆减少，让全球的银行家和市场评论人士大胆预测，情况将稳步改善。"出于这样的预期，无利害关系的学生接受了更高的证券价格，"《美国评论》总结道，"货币的低利率则使价格上涨成为可能。"

战争恐慌

在总统竞选的最后几个星期，投资者对选举结果愈发乐观。塔夫脱获胜的可能性越来越大，这也被认为是 10 月份商业明显回升的原因，尽管随后公布的铁路股收益令人们对预期的复苏产生了怀疑。进入第四季度，1908 年的反弹仍有很长的路要走。道琼斯铁路指数从 9 月 30 日的 105.95 点上涨到 12 月 31 日的 120.05 点，道琼斯工业平均指数则从 79.93 点小幅上涨到 86.15 点。

然而，在最后一个季度的上涨拉开序幕之前，股市因欧洲战争恐慌而小幅走低。美国市场的反应短暂，且相当温和，可在那之后，欧洲人抛售美国股票却造成了一波余震。欧洲人这么做显然是为了筹集资金，以应对金融体系可能出现的混乱。好在事实证明，这只是一波轻微且暂时性的下挫。在抛售中首当其冲的铁路股，在 10 月 4—10 日期间，股价仅下跌了 1.6%。

第一章 1908年

战争恐慌始于奥匈帝国吞并土耳其的波斯尼亚和黑塞哥维那省。根据1878年的《柏林条约》,这个二元君主国被委以"占领"和"安抚"波斯尼亚和黑塞哥维那省的任务,而其主权仍属于土耳其。这次吞并是奥匈帝国扩大影响力计划的一部分。据报道,该计划包括建立一个斯拉夫国家,进而创立一个三元君主国。来自伦敦的报道称巴尔干危机是自1870—1871年普法战争以来对欧洲和平的最大威胁,美国投资者却基本上认为这是危言耸听。诚然,一些投机者试图散布谣言,说土耳其向一艘奥匈帝国船只开火,或是派遣军队征服克里特岛,借此刺激股市行动。然而,这些想象力丰富的故事未能激起预期中的熊市反应。

然而,一如《国家》杂志的解释,真正的危险并不来自"两个二流政府"(土耳其和奥匈帝国)之间的冲突。金融市场面临的真正威胁来自欧洲大国被拖入敌对状态的可能性。几个国家都声称,依照《柏林条约》,民众起义有失控的威胁。欧洲人对这一风险并非毫无反应,相关证据包括:政府债券价格大幅下跌——土耳其的下跌了6.25%,俄国的下跌了3.75%,英国的下跌了1.625%,德国的下跌了1.5%。芝加哥期货交易所小麦价格的大幅上涨,同样被视为恐惧战争的表现。为掀起更大范围的战争声浪,美国的造谣者悄悄地说塞尔维亚游击队已经入侵奥地利。回想起来,欧洲担心发生一场更大范围的战争,其实并不像美国投资者认为的那么牵强。6年后,奥匈帝国的弗朗茨·斐迪南大公在波斯尼亚遇刺,引发了一连串事件,掀起了第一次世界大战。

美国投资者拒不对这一轮引发战争恐慌的企图做出惊慌反应,部分原因在于这种情况以前发生过很多次。1908年之前的那几年，是老罗斯福等好战分子的黄金时代。之前导致市场震荡的实际或潜在敌对行动包括以下历次：

• 1895年：美国和英国在委内瑞拉和英属圭亚那的边界问题上发生争端——战争得以避免。

• 1896年：美国和西班牙就古巴独立产生争端——战争得以避免。

• 1897年：希腊和土耳其之间爆发战争——更大范围的欧洲战争得以避免。

• 1897年：美国和西班牙在古巴问题上产生新摩擦——战争得以避免。

• 1898年："缅因"号事件——美西战争的前奏。

• 1898年：法英两国在苏丹发生争端（"法绍达冲突"）——战争得以避免。

• 1899年：英国和德兰士瓦之间的争端——布尔战争的前奏。

• 1904年：俄日围绕中国东北地区和朝鲜半岛发生摩擦——俄日战争的前奏。

• 1905年：法德两国就摩洛哥问题发生争端——战争得以避免。

《哈珀斯周刊》的霍华德·申克·莫特发现，战争恐慌对美国股票价格的影响取决于当时的经济和信贷市场状况。例如，1895年委内瑞拉爆发危机时，由于联邦政府的财政事前就已连年紧张，导致货币市场非常脆弱，人们立即陷入恐慌。相比之下，两年后，市场迅速从最初的下跌中恢复过来。第一次古巴危机发生时，信贷市场正欣欣向荣，商业复苏正刺激着铁路行业的利润。同样，1899年，铁路股收益的增加再次扭转了形势，抵御了布尔战争和财政紧缩的共同影响。

莫特总结说，总的来说，只有当美国有参战的可能时，战争恐惧才会产生最大影响。负面效应的产生并不是因为战争本身是件坏事。相反，问题出在美国参战对国内货币市场的消耗比一场仅限于国外的战争要大。"资本需求越大，"他解释说，"利率就升得越高，而利率越高，证券投资的回报率就相对越低。"至于对巴尔干半岛的战争恐慌，莫特相信，工业和金融的状况足以让市场保持有利局面，不会受到持久损害。事实上，欧洲战争虽然会给利率带来上行压力，但也会增加对美国农产品和制成品的需求。"这对我们的贸易和工业的影响，"他乐观地说，"以及最终对我们股票市场的影响，无疑都是刺激性的。"当然，他补充说，已经在推进中的常规复苏的持续，"是更健康的"。

民主党落败

11月3日，威廉·詹宁斯·布莱恩第三次入主白宫的尝试，以最大的差距落败。然而，虽然遭受这一挫折，他的政治影响力却并未结束。1916年，布莱恩帮助扭转了局势，让伍德罗·威尔逊获得了民主党总统候选人的提名，后者日后任命他为国务卿。8年后，民主党出人意料地选择布莱恩的弟弟、内布拉斯加州州长查尔斯·布莱恩（Charles Bryan）作为总统候选人约翰·戴维斯（John Davis）的竞选伙伴。有人认为这是一种伎俩，是为了从威廉·詹宁斯·布莱恩的铁杆（但兴许有些心不在焉的）支持者那里获得选票。这件事引出了一个大概是虚构的故事，说是到了1924年，有位来自密西西比的老农给民主党的选票打了勾："布莱恩是个好人，我给他投了 3 次票。但戴维斯是不是有点老了呀？"

1908 年，尽管普通民众对布莱恩仍有好感，但投资者很高兴看到选民再次拒绝了他。选举假期过完之后的星期三，道琼斯工业平均指数的收盘点数较星期一高出了 2%。

最后一天创当年最高点

在塔夫脱获胜后的 9 个交易日里，道琼斯工业平均指数上涨了近 7%，11 月 13 日重新达到 1908 年 88.38 的最高点。相比之下，铁路公司在选举后的涨势持续到了年底。圣诞节前不久，这股上升势头暂时中断，最现成的解释来自对爱德华·哈里曼生病的报道。"仅仅是听说哈里曼先生略有不适，"《商业与金融纪事报》大为惊讶地说，"就足以扰乱市场，让金融界瑟瑟发抖。"次年，"略有不适"的哈里曼先生去世。

安德鲁·卡内基（Andrew Carnegie）反对对钢铁行业施以关税保护的证词，也引发了暂时的焦虑。《商业与金融纪事报》指出，卡内基的观点与业内领导者的观点不一致（毫无疑问，他们的判断都很冷静）。或许，这份杂志是在暗示，1901 年卡内基把手里的钢铁产业卖给了新成立的美国钢铁公司，眼下却看到后者蓬勃发展，不免心存不满。按《商业与金融纪事报》的判断，卡内基认为自己应该得到更多利益的怨恨并不合理。按社论作者所说，当时的共识是他拿到了一个高得过头的好价格。如今，《商业与金融纪事报》有些危言耸听地提出，卡内基不仅恶意地危害了钢铁关税，而且损害了刚刚开始的美国经济复苏。

不管怎么说，从投资者的举动来看，形势并没有那么糟糕。他们看到，10月份的战争恐慌已经过去，且并未对信贷市场造成持久的损害。良好的收成消除了经济复苏的潜在障碍。此外，工业生产的反弹比在以往历次衰退中来得都要快。美国钢铁公司目前的产能达到了60%，《华尔街日报》认为这一水平超出了所有人的预期。由于所有迹象都指向了积极方向，道琼斯铁路指数在当年的最后一天达到120.05点，创下了1908年的最高位。

蒙西的先见之明

弗兰克·蒙西发表在其同名杂志上的1908年展望，有着非凡的预见性。多年来，预言家的预测结果总是有一半准、一半不准，但蒙西在1907年12月所做的预测，对世界各地的预言家都起到了鼓舞作用。

蒙西发现，1907年10月发生货币恐慌时，实体经济的状况并不坏。也就是说，商品和服务生产的各个部门都很繁荣。他认为，当时不存在失业或库存积压的问题。唯一的缺点就是信贷的过度扩张："金融太多了，或者说，打着金融名义的拦路抢劫现象太多了。"故此，蒙西相信，股市反弹的条件已经成熟。

蒙西对1908年做出的正确预测包括：

- "毫无疑问，今年1月后，钱会来得更容易。"
- "这一场经济衰退导致的瘫痪期，比以往任何时候都要短。"
- "证券价格将出现明显的提升。"

1908年：反弹式上涨

在20世纪最好的10年中，1908年的排名差不多在中间。考尔斯委员会指数（当时标准普尔500指数尚未推出）的总回报率为45.78%。相比之下，总回报率最高的一年（1933年）是53.97%，而排名垫底的1995年的总回报率是给人印象不太深刻的36.89%。虽然导致这一结果的部分原因在于这一时期有着相对较高的股息率，但价格变化本身也带来了稳健的收益。道琼斯工业平均指数在1908年上涨了46.64%，铁路指数上涨了35.24%。

一如20世纪初以来的其他几个好年头，1908年是一轮反弹式上涨。1907年，投资者先遭遇了股市崩盘，紧接着又迎来了一场货币恐慌。当年，道琼斯工业平均指数暴跌了45%，从1月7日的96.37点降到11月15日的53.00点。值得注意的是，联邦储备系统潜在的稳定影响直到1914年才显现出来。尽管如此，按照普遍的观点，1908年初信贷的恢复是随后牛市的催化剂。

尽管信贷状况在年初开始改善，但股市的走势远远先于经济复苏。道琼斯工业平均指数的收益较1907年的水平腰斩。同样，众多的股息削减和取消决策也让投资者感到不快。即便如此，纽约证券交易所的交易量在1908年仍略有上升。

然而，从历史的角度出发，分析师并不认为1908年股市的表现完全反常。"1858年的股市也是在经历了前一年的大恐慌之后出现了几乎相同的复苏，"《华尔街日报》指出，"这次反弹可以视为正常，从很多方面来看，历史出现了惊人的重演。"

1908年底，牛市在一场战争恐慌中延续下来。战争恐慌的概念可能会让当代读者感到吃惊,对于美国在第二次世界大战期间的繁荣景象,他们要么还记得,要么听说过。然而,在世纪之交发生的许多国际冲突当中,投资者首先担心的就是信贷市场的流动性将承受压力。他们的理由是,随着利率上涨,富人会卖掉证券,转而购买更稳妥也更有竞争力的短期货币工具。

不过,分析师意识到,在最初的冲击之后,战争可能对企业有利,进而也对股市有利。如果再往前追溯,美国内战时期的1862年和1863年,也属于总回报率超过35%的年份。用不着等太久投资者就将再次验证这一主张。到1915年,当1908年对巴尔干危机最严重的担忧逐渐消退之时,美国股市进入了一场战争带来的市场友好阶段。

第二章　1915 年

如果请一位消息灵通的华尔街人士给出一个满意的解释，说明股价上涨的原因，他一定不觉得有什么难处。我们是世界大战中最大的中立国，我们的外交显然可以保证维护美国的这一地位，也维护了我们的民族自尊。

——《国家》杂志

投资史上的普遍经验是，紧张时期过后，绩优股的销售相对要好于绩差股。

——《金融新闻》

战争让 5 亿人连削下的土豆皮都舍不得扔。同时，它让俄国的 2 亿人清醒过来，这是以前世界上从未发生过的事情。

——霍斯曼证券经纪公司

第二章　1915 年

战争来了

1915 年的牛市与 1908 年的牛市，有几个共同点。两者都是从突然的急剧下跌中反弹。1907 年，货币恐慌导致价格下跌；而在 1914 年，对应的冲击是第一次世界大战的爆发。来自伦敦的报道早就提醒了（与 1908 年遥相呼应），这是自 1870 年普法战争爆发以来局势最严重的一次。美国的反应仍旧是怀疑这一判断"太过夸张"（出自《国家》杂志）。

然而，这一次突发的冲突让引发 1908 年战争恐慌的噩梦变成了现实。正如 6 年前危言耸听者的担忧，巴尔干半岛上的争端扩大为一场欧洲各大国都卷入的冲突。这一回开战的借口是暗杀，而非吞并。1914 年 6 月 28 日，奥地利大公弗朗茨·斐迪南在萨拉热窝遭枪杀，他曾力主在实行二元君主制的奥匈帝国中再纳入第三个斯拉夫王国。

在全球范围内，投资者眼看着欧洲似乎必然要陷入第一次世界大战，表现出了极度悲观。塞尔维亚是突发事件的中心地区，危机爆发的第一周，该国政府债券的回报率就从 4% 下跌了 5.5 个百分点；法国政府债券的回报率从 3% 下跌了 4.165 个百分点；英国政府债券（"统一公债"）的回报率下跌了 2.25 个百分点。此时，奥地利尚未对塞尔维亚正式宣战。7 月 27—30 日，阿姆斯特丹、柏林、布鲁塞尔、布达佩斯、爱丁堡、巴黎、罗马、圣彼得堡和维也纳的证券交易所统统关闭。伦敦证券交易所也于 31 日紧随其后关闭了，直到 1915 年 1 月 4 日才再次开放。

那时，伦敦作为世界贸易金融中心的地位已不复存在。《国家》杂志评论说，在战争持续期间，欧洲自己便承认了美国的世界金融核心地位。可当和平最终降临时，纽约还紧紧攥着接力棒。

隔岸观火

美国虽已迅速宣布无意参战的立场，但弗朗茨·斐迪南大公遇刺的消息还是导致了股价下跌。截至7月30日收盘，道琼斯工业平均指数（当时仅由12只股票构成）从7月27日的79.07点跌至71.42点。此时，纽约证券交易所自1873年大恐慌以来首次暂停交易。大盘在12月12日恢复交易时，原先由12只股票组成的旧指数以74.56点收盘。（根据追溯计算，1916年推出的由20只股票构成的道琼斯工业平均指数，在12月12日收于54.63点。本章其余部分的报价，基于扩充后的指数。）

尽管1915年的股市回报惊人，但美国投资者最初对第一次世界大战的消极反应绝非失去理性。没有人怀疑交战双方都迫切需要美国农业和工业的产出。棘手的是交战国怎么付钱。随着欧洲国家转向战时经济，它们无法再通过向美国出口自己的商品来获得资金。

向美国银行贷款购买美国商品，同样遭到禁止。在伍德罗·威尔逊总统看来，中立既是一项财政政策，也是一项外交政策。1914年8月，国务卿威廉·詹宁斯·布莱恩宣布，根据本届政府的判断，美国银行家向任何处于战争状态的国家提供贷款不符合真正的中立精神。

这样一来，各交战国就只能在国内发行战争贷款了。为了认购此类贷款，欧洲投资者被迫变卖证券（包括美国股票）来筹集现金。这对股票市场是不利的。最后，交战国决定卖掉股票，并

第二章 1915年

用所得款项支付从美国进口的商品，这同样利空股市。

1914年下半年欧洲人忙于资产变现，使得美国股票价格下跌。既然当时美国证券交易所关停，我们又是怎样判断股票价格下跌的呢？（在关停期间，纽约证券交易所允许紧急出售股票，但只能以特定的最低价格出售，一般相当于7月30日的收盘价。）股市暴跌的证据来自纽约金融区街道上迅速出现的"地下"交易所。在这一自由市场中，好几只股票的价格因股息削减的消息而下跌。例如，美国钢铁公司的股价便较7月30日下跌了25%。

一旦交战国完全清空自己在美国的资产，外国抛售的压力必然会减弱。可这一点丝毫不能让人感到宽慰。投资者意识到，倘若这一天到来，交战双方都再也没有更多途径来产生现金了，与欧洲的赚钱贸易将枯竭，美国将陷入经济萧条。更可怕的是，离这个令人感觉阴冷的日子似乎不太远了。自1912—1913年的巴尔干战争以来，欧洲人一直在抛售美国股票。

为了说明欧洲大规模抛售资产的前景所带来的恐慌，让我们来看看以下几条建议，它们曾被呈交给负责制定纽约证券交易所重新开市政策的委员会：

• 交易所应保持关闭，直到有委员会可以拜访欧洲的各个国家，清点所有可能出售的美国股票和债券。

• 希望联邦政府能够宣布，如果经纪人接受来自美国公民之外的订单，属于犯罪行为（罪名叫"行为不端"，在法律上属于一种轻罪）。

• 规定向外国证券卖家付款时，只支付10%的现金，其余90%均为不可转让（银行之间除外）的存单。

打开信贷窗口

和 1908 年一样，信贷的恢复（尽管形式不同）是引发 1915 年牛市的催化剂。1914 年秋，国家城市银行向卷入战争的两个国家提供短期商业信贷，对此威尔逊没有提出异议。黑市价格在 10 月的最后一个星期触底。纽约路边交易所（后来更名为美国证券交易所）于 11 月成功重新开放，纽约证券交易所的债券交易也于同期恢复。发生在那个月的有助于恢复信心的事件，或许还包括美联储开始管理美国银行体系。这项改革受到 1907 年货币恐慌的启发，但直到 1913 年伍德罗·威尔逊就职后才逐渐走上正轨。

尽管从美国外交政策的角度来看，国家城市银行的融资关系重大，但具体而言，它无非是借给俄国 500 万美元，借给法国 1 000 万美元。显然，如果交战双方希望继续大量购买美国商品，它们就必须在美国资本市场上筹集长期资金并形成长期债务。威尔逊政府尚未接受这样的方案，但总统在 1915 年的时候改变了主意。

对威尔逊的态度

伍德罗·威尔逊在第一次世界大战开始坚定的中立立场，赢得了广大民众的支持。就连老罗斯福（他经常希望发生战争，并把对美国的任何轻视视作发动战争的绝佳理由）也不愿因德国在比利时的暴行惹火烧身。

可以肯定的是，1912 年总统竞选中互为对手的这两个人对所有事关战争与和平的问题，都有着不一致的看法。例如，与老罗斯福不同,威尔逊从不认为贵格会教徒不适合生活在自由的社会当中。事实上,威尔逊甚至提议让和平主义教派的信徒 A. 米切尔·帕尔默(A. Mitchell Palmer)担任战争部长一职。(当然,帕尔默拒绝了。)

一如所有的总统,威尔逊既有崇拜者,也有诋毁者。然而,他与众不同的地方在于,不光政治评论家对他的评价存在分歧,他在文学评论家口中也形象迥异。例如,让我们把威尔逊时期的海军部长兼传记作者约瑟夫斯·丹尼尔斯(Josephus Daniels)和门肯对威尔逊的判断进行比较(见表 2-1)。

表 2-1 丹尼尔斯与门肯对威尔逊的判断之比较

丹尼尔斯	门肯
《乔治·华盛顿大传》(威尔逊的作品)	
"一部杰出的传记。""该书的叙述充满魅力,风格精练又细致入微。"	"本书幼稚而做作。""若论文字之糟糕、概括之离谱、矫情之幼稚、装腔作势之可笑、愚蠢之天真,本书真是一座取之不尽用之不竭的矿藏,令人叹为观止。"
威尔逊的文风	
"他的语言尽显古典英语之优雅,时不时地以大街上车夫走卒之措辞进行点缀。"	"他知道……怎样用除了废话别无一物的措辞来吸引并迷惑庸人。乡野村夫喜欢并尊重这样的胡说八道。"
威尔逊的语言	
"其卓越的文学品质足以保证这些作品得到后世几代人的阅读。他的句子和段落精辟、清晰、直抵人心,能帮助所有国家具有正确思想的人理清思路,从而将模糊的渴望变得具体。"	"冷静地阅读他的讲演内容,带来了一种奇怪的体验。面对这么明显的矛盾、这么华丽的反话、这么一目了然的无稽之谈,很难相信有哪个白痴会表示认同。"

悲观消退

哪怕伍德罗·威尔逊对与战争相关的贸易融资的态度并未松动,市场的悲观情绪也逐渐开始消退。一家经纪公司估计,在1914年8月1日至12月1日纽约证券交易所关门期间,投资者吸收了7.5亿美元的斩仓证券,带着它们离开了市场。此外,在正式暂停交易期间,经纪人也按照银行家的要求偿还了贷款。这些经纪人反过来鼓励客户减少保证金余额,因此,12月12日恢复交易时,投资者有着良好的财务状况。

1915年1月,股市以令人震惊的速度上涨。例如,道琼斯工业平均指数在1月2日以54.63点开盘,到23日便升至58.53点的短期峰值。《美国评论》解释了此次股市大幅反弹的原因:在军事对抗行动开始之前,对战争的恐惧已经压制了全球股价达两年之久。

2月,威尔逊并未反对摩根集团向法国提供5 000万美元的信贷额度。诚然,这还不是美国市场的全面松动。此外,相较于与参战国的贸易总额,融资规模很小。另外,对比1914年秋国家城市银行的试探性举措,这笔交易的信贷扩张幅度要大得多。

从1914年的低点反弹一段时间后,投资者就从超级安全的股票转向风险更大的股票。3月,《美国评论》宣布买家已经进入追逐无股息低价股票的阶段,类似于1907年大恐慌结束后不久的情况。美国钢铁公司在1月26日取消了普通股的股息,股价一度下跌,此时也引发了投资者强烈的买入兴趣。不久之后,分析家不再担心欧洲人抛售美国股票会打压市场。《美国评论》的报道不再是"突发的、压倒性的"资产变现,而是卖出得"缓

慢、安静、拖沓"。纽约国家城市银行则评论道:

> 现在的情况是,我们不再担心我们的证券退回得太快,反而开始担心它们来得不够快,无法维持交易所的正常运行。

给交战方递弹药

从1915年第一季度一开始,战争订单将带来巨额利润的预期便推动股市上涨。美国最大的造船企业伯利恒钢铁公司的股价在10天内上涨了70点。仅4月9日一天,伯利恒钢铁公司的股价就从88美元涨到117美元。有消息传开,说伯利恒钢铁公司肯定会成为美国向欧洲各交战国提供枪支弹药的最大供应商,投资者连详细分析也不再做了。据称,消息灵通人士开始散布海量合同的故事,还活灵活现地描述了伯利恒钢铁公司的总裁查尔斯·M.施瓦布(Charles M. Schwab)拉生意的技巧。

美国机车公司的股票一夜之间涨了18.5%。在从前一个交易日闭市到下一个交易日开市期间,由于有传言称该公司获得了一份价值6 500亿美元的来自俄国的合同,该公司股票应声而涨。美国机车公司的管理层嘲笑了这个数字,但承认的确收到了一份订单。这足以让投资者将另一份价值5 000万美元的合同归到另一家公司名下,尽管该公司总裁笑着抗议说自己还没有拿到任何1美元的战争订单。

受成功推广这些股票鼓舞,华尔街的操作员不可避免地把战争订单的故事扩展到每一项含混不清的军事活动。不光军火和炸药制造商受到追捧,这些产品的原材料生产商也受到追捧。就连锅碗瓢盆的供应商在某些方面也被视为"有好戏"。投资者相当乐观地认为，从事完全不同业务的公司若能转产军火，仍然会获得很高的利润率。实际上，意外的生产障碍最终导致许多承包商的战争订单没有利润。尽管如此，各种各样的股票因希望从第一次世界大战中获得动辄数百万美元的利润而上涨了5～15个点。

战争订单的奇妙之处在于，它们的总规模无法估计。购买军用品的外国买家自然希望对此保密，制造商一般也都对此加以尊重。故此，股票推销员可以凭空捏造数字。一家公司的股票飙升，因为华尔街估计它累计接到了1亿美元的战争订单——管理层则认为实际数字不到2 000万美元。1915年晚些时候，《世界工作》杂志计算出，股票不仅已经充分反映了战争业务的所有潜在利润，还反映了所有销量。除此之外，该杂志指出，战争利润只是暂时收益，从逻辑上讲，不可能给相关股票带来永久的价值。保罗·克莱（Paul Clay）在《华尔街杂志》上这样说：

> 冲突发生之初，我们听到很多关于这些冲突将破坏资本、使各国陷入贫困的消息；但现在的时尚是大谈开战后来自欧洲的购买订单会带来商业繁荣。破坏和贫困已被抛到脑后，人们似乎认为欧洲用于购买的黄金将如同天降甘霖，从战争的硝烟中掉下来。

然而，这样的提醒是白费功夫。3月份对战争股的需求激增的背景是，新股发行量较少。与战争有关的不确定性妨碍了承销业务，因此没有大量新股上市，以阻止股市反弹。眼下，似乎没有什么能妨碍牛市的到来。尽管牛市热爱战争订单，但当欧洲各国调派军队,在短时间内造成了敌对行动有望很快结束的印象时,人们同样视之为好消息。

证券分析之父入行了

1915年在纽约证券交易所新上市的公司包括计算制表记录公司。该公司出租霍列瑞斯打孔机。该打孔机通过一种在卡片上打孔的新方法,将复杂的数据快速分类并制成表格。

霍列瑞斯打孔机主要供美国人口调查局使用。然而,1912年,美国运通公司采用这项创新技术研究了州际商务委员会设计的新费率系统。本杰明·格罗斯鲍姆(Benjamin Grossbaum,他的家族在第一次世界大战期间改姓为格雷厄姆)从哥伦比亚大学请假来领导这一项目。

这个注定要成为证券分析之父的人重新开始了学习,并在毕业后进入纽伯格经纪行,开启了自己的华尔街生涯。那时使用过霍列瑞斯打孔机的金融人士寥寥无几,而他就是其中之一,他相信计算制表记录公司的股票是一只未得到认可、遭到低估的股票。尽管在格雷厄姆看来,该公司的前景大好,但该股票的市盈率仅为7倍,只有每股账面价值的1/3。(可以肯定的是,计算制表记录公司的资产包括一些混成一团的无形资产,其价值模糊不清。)

"格雷厄姆,"他的上司对他说,"别再跟我提那家公司了。我拿着3米长的杆子也不敢去碰它。"计算制表记录公司资产负债表上的资产是"水做的",这位精明而成功的高级合伙人解释说。换句话说,它们没有切实有形的支持。这类公司没有任何东西支撑其股价……除了它未来的收入前景。他的上司对计算制表记录公司的严厉批评极大地震慑了格雷厄姆,他一辈子再没购买过该公司的股票,哪怕该公司更名为IBM之后也是如此。

春天的反弹

3月15日到4月15日,道琼斯工业平均指数飙升了19%。其中在3月31日,纽约证券交易所取消了前一年12月制定的最低价格规则。欧洲人持续抛盘,解释了为什么没有更早取消最低价。

随着股价的上涨,公众满怀热情地冲入股市。伯利恒钢铁公司的股票累计上涨了100点,因为那些手里有闲钱的人醒悟过来,开始追逐错过的机会。纽约证券交易所4月初的成交量达到1909年以来的同期最高水平。根据建立联邦储备系统的法案,银行存款准备金率降低,对狂热的投机活动起到了推波助澜的作用。这一变化让纽约银行出现了1.48亿美元的盈余储备。如果没有这种变化,银行原本会出现准备金不足的局面,可眼下它们有了可观的能力来扩大信贷。

在国际层面,通货膨胀的苗头或许也助长了股票市场价值的上扬。《国家》杂志认为,德国货币供应的"巨大"扩张,依靠常识就能判断。开战以来,德意志帝国银行发行了价值达7.61亿美元的新钞票并将其投入流通。以各类私人财产作为担保而发行的可变货币的供应量也增加了。虽然确切的流通量尚无定数,但高达7.5亿美元的帝国国库券已获批发行。法国的纸币发行量在前一年激增了10亿美元,同时,法国、英国和德国的银行信贷均大幅增长。1915年底,据《华尔街杂志》报道,自战争开始以来,奥地利发行了大约15亿美元的纸币,而其与黄金挂钩的货币则从 3.5 亿美元缩水至 1.5 亿美元。结果，奥地利纸币在海外兑现要打 40% 的折扣。

华尔街的专业人士对抵制还是参与这轮反弹态度摇摆不定：想要抵制它，是因为它似乎有点过了头；想要参与它，是因为抗拒大势徒劳无功。《商业与金融纪事报》选择了怀疑者的立场，它发表评论说，市场上的人为因素太明显了，不容忽视。然而，《美国评论》则认为，这轮反弹主要是自然原因造成的，尽管动荡里也"不乏激动和鲁莽等危险而不负责任的特点"。投机活动在很长一段时间受到抑制，股票的估值已跌至历史最低水平。《美国评论》进一步解释说，银行闲置资金过剩，迟早会引发投机。

由于质量较好且分发股息的股票已经上涨，投机兴趣现在集中于对流言敏感的低价股票。根据《文学文摘》的说法，一些获利最多的人似乎更有可能要求对股东进行评估，而不是启动分红。

5 月里的打击

5 月 7 日，德国潜艇击沉了卢西塔尼亚号。1907 年，正是这艘船从英国运来了一批关键的黄金，帮忙结束了当年的大恐慌。这艘在英国注册的邮轮沉没，导致 1 000 多人死亡，其中有 100 多名美国公民。这立刻让人产生怀疑：美国还能不能一边享受贸易利益，一边继续保持中立。道琼斯工业平均指数在 5 月 6—10 日下跌了 9%。

5 月 13 日，国务卿威廉·詹宁斯·布莱恩签署政府照会警告德国：维护美国及其公民的权利，保护其行动与享乐自由，是美国政府的神圣职责,美国政府将采取一切必要行动加以履行。德国的答复令人不满,于是,威尔逊起草了第二份卢西塔尼亚号照会,强调对美国权利的任何无理践踏将被视为"蓄意不友好"。布莱恩不愿签署这封咄咄逼人的照会,于6月9日辞职,照会由新上任的国务卿罗伯特·兰辛(Robert Lansing)签署发出。美国政府失去了一位坚决主张美国不参战的倡导者。

兰辛很快就对威尔逊政府在金融领域实施中立政策的做法提出了质疑。他认为,如果不允许协约国在资本市场上筹集资金,美国将遭遇经济萧条。与此同时,威尔逊也掉转立场,认为自己最初禁止贷款的政策与传统的中立原则不一致。此外,单独对货币实行禁运,毫无意义。

随着美国对其在一战中扮演的金融角色不再犹豫不决,股市从5月的暴跌中反弹。道琼斯工业平均指数在第四季度实现了40%的惊人增长。但铁路股在同一时期只上涨了6%,因为哪怕是最有想象力的承销商也不能把它们打扮成纯粹的战争股。(然而,保罗·克莱在《华尔街杂志》上指出,最繁荣的铁路线是运输烟煤的线路。烟煤的运输量大幅增加——直接来自军火制造商和其他出口商品生产商的需求。)

信息很明确:如果美国下定决心完全置身于冲突之外,战争就是坏的。眼下,这个国家若愿意以金融的方式介入,战争就是好的。但如果美国决定以军事方式介入,战争又将变成坏的。最后,不管战争的破坏性有多强、多么能体现人类的愚蠢,它对某些处于有利地位的公司来说非常好。经过伪装,它还可以显得对其他许多公司很好——当然,哪怕小投资者再轻信,这种伪装也存在局限性。

格雷厄姆的职业生涯开始了

纽伯格经纪行的老板劝说格雷厄姆不要碰 IBM 的股票，使格雷厄姆错过了一个绝佳的投资机会。但这名 21 岁的年轻人很快就要给华尔街上几课。

1915 年古根海姆勘探公司的解散计划，用格雷厄姆自己的话来说，标志着"作为华尔街一名别具特色的操盘手，我的职业生涯真正开始了"。古根海姆勘探公司当时的股价是 68.875，并持有四大铜矿的大量权益。这些矿场本身也在纽约证券交易所上市。根据投资顾问欧文·卡恩（Irving Kahn）和罗伯特·D. 米尔恩（Robert D. Milne）报告的计算结果，古根海姆勘探公司的每股股票代表了相关公司价值 76.23 美元的股票权益。

格雷厄姆推断，这里面有一笔相对容易赚到的套利利润。买入古根海姆勘探公司的股票，同时卖出这 4 家矿场的股票，投资者可以每股稳赚 7.35 美元的毛利。根据格雷厄姆的判断，风险（也就是解散计划遭到股东拒绝，或因诉讼推迟，外加在整个过程中难以维持空头头寸）并不大。

纽伯格经纪行决定出手，它让格雷厄姆负责套利，从中抽取 20% 的利润。古根海姆勘探公司的解散计划顺利推进，格雷厄姆的财务状况也得到大幅改善。这一年，他买了一辆 A 型福特车，395 美元的售价中还包含了驾驶课的学费。

牛市的理由

1915年，因为熟悉图中的打孔机，证券分析先驱本杰明·格雷厄姆抢到了先机，有机会进行 20 世纪回报最丰厚的一项投资。但一名股市资深从业人士劝他打消了这个念头。

谁会付出代价？

同年 9 月，美国着手取消最后残余的贸易-金融中立政策。美国联邦储备系统答应对外国承兑汇票（这些都是外方贸易债务的证据）进行再贴现，此举帮助纽约银行击败了伦敦的竞争对手。此后，纽约彻底超过了伦敦，成为世界贸易的金融中心。

第二章　1915年

10月，威尔逊政府批准摩根财团向英法两国提供5亿美元的贷款。由于发现公众对此并不热心，承销银行被迫在12月吃掉最后的1.87亿美元债券。尽管如此，这笔贷款仍使协约国能够继续购买美国商品。与此同时，美国的小麦产量创下纪录，首次超过10亿蒲式耳。

随着美国银行系统继续扩大信贷，经济繁荣，股票市场飙升。据《文学文摘》报道，投资者不加区别地扑向战争股、半战争股、可能的战争股，以及那些靠人类想象力根本想象不出怎么可能变成战争股的股票。道琼斯工业平均指数在9月15日至10月15日上涨了13％。

《国家》杂志警告说，股市的繁荣总是以小投资者的悲惨结局告终。专业交易员悄悄撤出，市场崩溃只是时间问题。遗憾的是，这份杂志还指出，我们不可能准确预测1915年的这轮反弹将在什么时候不可避免地中断。在当前情况下，银行储备泛滥，货币市场又没有明显的收紧迹象，市场时机尤其危险。尽管如此，在很多人看来，《国家》杂志的警告是不祥的兆头。"清醒的资本家"几个星期前就撤出了市场，"华尔街的专业操盘手"也开始在10月初逐渐撤出。这些精明的投资者通常会以一种惯常的方式进行清盘，比如卖出一组股票的同时大举竞标另一组股票。《国家》杂志预测说，很快小投资者就会被剩下来接盘。《文学文摘》也附和道：

"国际减轻不必要暴行联盟"或者持类似宗旨的某种组织，无疑将在本次战争结束后不久成立。如果它现在就存在，我们大可以向这一庄严机构提交一份关于最近在华尔街发生的暴行的报告。数天以来,这里的水沟因为金子而发黄,"羔羊们"饱受折磨发出的惨叫甚至传到了高高的摩天大楼顶端,他们即将被剪毛,或是被股票行情走马灯般吐出的数据条勒死。就连三一教堂墓地石头下的棺材,都因为不安而扭转震动。

飙升

当年第三季度结束时,纽约证券交易所的日成交量飙升至150万股,大约是当时正常水平的3倍。之前,只有在1906年8月的"哈里曼市场"和1908年11月的选举后繁荣等时期才能观察到如此的活跃度。

按照《国家》杂志的报道,由于小投资者在猛烈上涨的顶部毫不克制地买入,经纪公司的后台工作人员几近体力透支。有人提出宣布证券交易所放假,以便让后台工作人员抓紧时间工作。这样的举措曾在1901年的类似情况下采取过。然而,大多数公司要求自己的订单处理员10月3日星期日照常上班。就算加班加点,经纪公司也难以在星期一开盘前及时处理大量订单。出纳员每天要签出2 000张以上的支票,疲惫不堪。

报价与股息

10月13日,纽约证券交易所将股票报价和交易基准从面值的百分比改为美元。(例如,一只报价为60美元的股票,是按100美元的票面价值打折40%出售的。)虽然新的做法不会影响股票的内在价值,但它突显出人们对普通股的看法正逐渐转变。

第二章　1915年

翻阅20世纪早期的金融报刊，当代读者会形成一种鲜明的印象：在那些年，负责任的投资者将普通股视为劣等债券。预期收益增长并不是估值的主要关注点，因为在人们的心目中，股价上涨的可能性很小。实际上，1915年《华尔街杂志》对投资的定义是：以一种或多或少永久性的方式投放资本，主要是为了从中获得收益。分析师不必准备详尽的电子表格来证明基于长期盈利前景的市盈率是合理的。相反，他们的绝活是预测发行者有没有多余的资金来支付债券利息。投资专家认为，如果发行者似乎有足够的剩余收入用于宣布分红，这只股票就可以接受。（企业也不可能发表任何诸如"哪怕账面利润为负也会派发股息"的废话。）在这样的假设下，以票面价值来对股票进行报价是完全合理的。

可以肯定的是，等级较低的股票的价值发生波动，很可能是由于大操盘手们在耍诡计。然而，理想的股票是那些价格稳定得如同债券的股票。记者们通常把既定的股息等同于股票回报，很少考虑可能的升值。他们将派息率直接与现行债券的收益率进行比较，尽管产生总回报的日子尚未到来。当时盛行的正统观点认为，股息率必须高于债券的现行利率，以补偿支付所具有的更大不确定性。等纽约证券交易所不再采用跟债券一样的方式对股票进行报价——又过去了几十年——这种心态才发生了改变，我们将在后面章节对此详加介绍。

争夺通用汽车控制权

"杜兰特再次控制通用汽车，"1915年底《纽约时报》欢呼道，"汽车行业的奇才，1910年遭罢免，现持有多数股份。"这则新闻的背后，是一场充满戏剧性的控制权之争，银行家们在这场斗争中站到了一位极度缺乏行政管理能力的创意天才的对立面。

1908年，通用汽车成立仅仅两年，其汽车销量突然下降。创始人威廉·克拉波·杜兰特热衷于通过收购进行扩张，使公司的财务状况达到了极限，甚至超过了极限。事实证明，他结交的许多朋友是他最宝贵的资源。忠诚的通用汽车经销商用手提箱装满现金，为这家摇摇欲坠的汽车制造商输血。他们知道，凡是通过普通银行渠道转账的钱都会遭到抵扣，以弥补杜兰特在别克汽车上的透支。

最后，通用汽车设法成功地拿到了一笔1 500万美元（面值）的贷款，银行家们立即从中抽取了225万美元的费用。其他条款同样苛刻。通用汽车被迫向债权人额外发放价值200万美元的普通股和400万美元的优先股作为红利。对杜兰特来说，更糟糕的一点是他将投票控制权移交给了一个由5人组成的董事会，其中4名银行家常年对杜兰特投出否决票。几乎就在这份5年期贷款协议签署完毕的同时，汽车销量就出现了回升，这让通用汽车的创始人更觉得难堪。

杜兰特花钱没有节制，无法忍受对银行家的卑躬屈膝。他从通用汽车辞职，迅速成立了雪佛兰汽车公司。短短4年，杜兰特便将雪佛兰汽车打造成了一家全国性的组织。不久，杜兰特开始发行新股，并用它交换通用汽车的股票。杜兰特估计，等到5年期贷款到期，他将持有足够多或影响力足够的通用汽车股票，从而夺回控制权。

杜兰特有一些强大的盟友。首先，通用汽车的大量股份掌握

第二章　1915年

在杜兰特掌权期间（1908—1910年）收购的公司的前所有者手中。他们很感激杜兰特收购自己公司时的态度豪爽，很乐意投票支持杜兰特。此外，1914年，杜邦化工公司一位精于财务的高管约翰·拉斯科布（John Raskob）察觉到了通用汽车的隐藏价值。控制通用汽车的银行家们在缩减开支，推迟分红，这限制了公司股票的市场价值。拉斯科布用自己的账户购买了500股，并说服杜邦夫妇也投资于此。尽管杜邦夫妇努力保持超然地位，不介入杜兰特与银行家们的纷争，但他们的持股有助于杜兰特扭转局势。

在1915年的反弹中，通用汽车的股价从2月低位的每股82美元飙升至12月的每股558美元。为了阻止支持者出售任何战略上至关重要的股票，杜兰特承诺会"保护"他们。也就是说，哪怕股价随后下跌，他也会按最高价格偿付。（人们不禁要问，万一有人要他兑现这一承诺，他打算怎样筹措资金？）

根据一则流传甚广、多次讲述的故事，杜兰特大步走进通用汽车的董事会会议室，这场大戏达到了高潮。杜兰特身边簇拥着一群助手，他们提着装满股票凭证的篮子。杜兰特朗声说道："先生们，这家公司由我控制了。"且不说杜兰特直到1916年才完全巩固了自己的控制权，这也是个纯属编造的故事。他在夺回通用汽车的最后阶段，靠的是用雪佛兰汽车的股票换取前者的股票。

这里面有些颇值一提的奇异人物关系：在与杜兰特的斗争中，银行家方面的主导者是波士顿人詹姆斯·斯托罗（James Storrow）。这位律师兼银行家秉持进步主义的政治原则，很自然地厌恶杜兰特的专制管理。1910年，无党派的市民市立联盟提名杜兰特为波士顿市长候选人。在竞选中，他以微弱劣势输给了约翰·菲茨杰拉德（John Fitzgerald，绰号"甜心菲茨"），后者的女儿罗丝·菲茨杰拉德（Rose Fitzgerald）当时在和约瑟夫·肯尼迪（日后成为她的丈夫）约会。年轻的约瑟夫·肯尼迪是另一位波士顿政治家的儿子，并将成为20世纪20年代声势浩大的投机活动中最成功的投机者之一。

在卡尔文·柯立芝（Calvin Coolidge）的"新时代"牛市中，威廉·克拉波·杜兰特同样引人注目。杜兰特在第二次也是最后一次失去对通用汽车的控制权后，主要通过拉斯科布和杜邦的努力，将精力转向了投机。除此之外，拉斯科布和杜兰特都是20世纪20年代最著名的股票市场参与者，其中就涉及美国无线电公司。

疯狂趋缓

随着10月份的到来，对战争股的疯狂买入趋缓。有助于平息这股狂热势头的，是以股票作为抵押品的贷款保证金提高了。另外，还有欧洲方面见利抛售的报道。不过，平均数据并没有证实金融专栏作家关于近期股市回调的可怕预言。从10月13日的93.63点跌至10月15日的92.56点之后，道琼斯工业平均指数恢复了涨势，当月收于96.02点。铁路指数的表现更好，在10月的下半月上涨了6%。

道琼斯工业平均指数在11月上旬出现下滑，《华尔街杂志》称这是一轮技术性修正。该杂志认为，1915年的所有好消息都已经在市场上出现。不过，道琼斯工业平均指数在11月还是小幅上涨，收于96.71点。铁路指数下降了一个百分点，以

106.36点告收。截至12月初,《华尔街杂志》认为工业股中几乎没有便宜可捡了。根据该刊物的判断,许多股票在战争订单投机中被炒得过高,并不安全。然而,1916年1月,普雷斯顿·斯图尔特·克雷克(Preston Stewart Krecker)在同一份刊物上撰文预测,从此前60年历次战争中的市场反应来看,股市还会继续走高。

不管怎么说,美国投资者的现金储备依然充足。《华尔街杂志》估计,只有一小部分资金再次借给了协约国。还有更小部分的资金循环到了德国。《华尔街杂志》的出版人理查德·威科夫(Richard Wyckoff)暗示,这种情况并非偶然。人们普遍把协约国的胜利视为看涨的结果,理由是从金融和商业方面来看,可能会恢复战前状况。反过来说,如果是德国胜利,那就必须进行全面的重新调整。

或许,对美国官方秉持中立立场却又偏心于协约国的怨念,可以从当时的一幅德国漫画中看出。它描绘了自由女神、皮尔庞特摩根和约翰·D. 洛克菲勒,标题是《欧洲在血泊中沉得越深,我们就越是在黄金中畅游》。美国钢铁公司执行董事会主席埃尔伯特·加里也表达了类似的观点,只是更加委婉:"战争持续的时间越长,对参战国来说越糟糕,对美国就越好。"加里预言,战争结束后,美国将成为世界领导者。(出版人理查德·威科夫对这种说法提出了质疑。"趁竞争对手忙着打击别人,你抢他的生意,这是一回事,"他写道,"可等他重返商业领域,你还攥着不放,这就是另一回事了。")

尽管《华尔街杂志》关于现金储备仍然充裕的看法是正确的,但投资者正将大部分现金投向铁路公司发行的新债券。然而，到了12月，道琼斯工业平均指数恢复涨势，上涨了2.5%。12月31日的收盘点数为99.15点，仅比1915年12月27日创下的高点99.21点低一点点。

历史重演

圣诞节当天，《华尔街杂志》刊登了斯克里布纳·布朗（Scribner Browne）撰写的一篇文章，题为《到收获利润的时候了吗》。布朗指出，在1915年的股市反弹中，依靠前三四十年经验的保守投资者被抛在了原地。因此，许多人都在谈论"新形势"和"新市场"，也就是说，必须把过去的经验抛到脑后。但布朗反对这种观点：

> 每个时期必然都有其独特之处，故此，历史上的相似场景常常会引起误解。但有些基本原则是不变的。其中之一便是，每一次的繁荣迟早都会迎来衰退。

在随后的岁月，基本上同样的观点被无数次引用。20世纪20年代的牛市成为繁荣之后必然会出现衰退的标准参照。在接下来的章节还会看到，这些历史观点的许多提出者总是有意无意地引用"柯立芝繁荣"时期的别名：新时代。布朗在对此前一轮繁荣的总结中表明了完全相同的观点：

> 对那些在1900年和1901年关注过市场的人来说，这一轮有关"新时代"的讨论散发着令人熟悉的味道。当时，几乎整个金融界都相信，资本的大规模组合将带来完全不同的

商业环境，大规模的工业经济将带来前所未有的巨额利润。

何其似曾相识啊！甚至连破坏这一美好景象的瑕疵，也与20世纪20年代制度的传奇性弱点不谋而合："不诚实的管理层个案"和"牺牲股东利益，追求内部利润"。布朗这样总结他对1900—1901年经验的分析："最终的结果是，从更大的范围来看，人们会发现'新时代'原来跟旧时代非常相似。"从他的话来看，"新时代"一说诞生整整80年后，对许多投资者来说仍有着积极的意义，这一点颇不寻常。

不同的预言

1915年初，企业高管和金融评论员都很乐观。全国公民联盟的工业经济部门主席约翰·海斯·哈蒙德（John Hays Hammond）报告称，商界人士一致认为，欧洲战争最初的不利影响已经过去。新联邦储备系统的加速运转也调动了乐观情绪，人们认为大量资金已准备好用于投资。海登斯通公司声称美国正处在储蓄、投资和清算这一常年循环的最佳点。再加上消费者在最近的经济衰退中态度谨慎，该经纪公司认为"这个国家可能比自1893年以来的任何时候都更彻底地清偿了债务"。

《华尔街杂志》看好美国股市。欧洲大陆爆发战争，表明投资美国股市不存在高于投资欧洲股市面临的风险。因此，只要力所能及，欧洲人似乎会继续持有美国股市上的股票。随后，美国经纪人为欧洲人卖掉的股票数量相对较少感到沮丧就证实了这一点。《华尔街杂志》的出版人威科夫的建议也正中靶心：买入股票，在股价下跌时买入更多股票。他还预测，市场将很快把焦点放到战争结束上,并以此为由出现反弹。这一预测同样成真。在春天,和平即将到来的希望提振了股市,尽管很快就宣告破灭。

跟大多数看涨的观点不同,位于匹兹堡的巴赖麦康经纪行对第一次世界大战的影响持不太乐观的看法:

> 在我们看来,迄今为止,没有人真正认识到这场战争将给金融、商业和社会事务带来怎样的巨大动荡。人人都表现得如同这只是一场可怕的噩梦。我们认为仍有必要保持谨慎,投资者不应一看到市场情绪改善的迹象就头脑发热。

伯利恒钢铁公司的查尔斯·M. 施瓦布宣称,商业衰退已经结束,这是正确的。与此同时,这位战争订单最主要受益机构的总裁的其他评论,事后看来特别离谱:

> 我担心,对于战争物资合同在加强我国贸易方面的作用,人们存在错误的印象。就我们所看到的更广阔前景而言,它们几乎没有什么意义,其数量不值得认真关注。在不违反国际法的情况下,我们能提供的原材料很少。

一战第一年

总而言之,第一次世界大战的第一年对美国股市的投资者来说是个大好时机。1915 年,道琼斯工业平均指数飙升了 81.66%(基于采用 20 只股票的新指数,这令人炫目)。伯利恒钢铁公司 1914 年底的报价为 46.125 美元,1915 年底的报价为

470美元，此前还一度高达600美元。欧洲战火给道指铁路板块带来的涨幅不如工业板块，仅为22%。以考尔斯委员会指数衡量，当年市场总回报率高达50.54%，在20世纪排名第三。纽约证券交易所的交易量达到1909年以来的最高水平。成交量冲破百万股大关的有48天，而在1913—1914年仅有3天。

在1914年战争爆发后的低点，投资者担心美国股市会因欧洲人的抛售而崩溃。人们还预见贸易会出现中断，最终导致美国经济萧条。事实证明，所有这些担忧都太过夸张了。到1915年底，经纪人抱怨的是交战双方抛售股票的速度不够快，无法将交易活动维持在可接受的水平。对外贸易欣欣向荣，华尔街甚至认为流入纽约的黄金数量简直有害。美国的贸易顺差从1914年的3.24亿美元上升到1915年的17亿美元，为美国工业带来了巨大的财富；钢铁产能利用率从1915年1月的50%攀升至年底的100%。

金融市场、对外贸易和国内经济并非自行实现180度的大转弯。相反，在几个时间节点上，信贷发挥了关键作用。1914年秋，威尔逊政府开始放宽对交战方贷款的限制。1915年，对欧洲的信贷许可范围扩大，这又让美国股市获得了额外的支撑。法律降低了对银行存款准备金的要求，也起到了推波助澜的作用。欧洲以货币供应扩张作为战争融资手段，进一步促进了宽松的信贷。借助各种力量（包括战争订单带来的繁荣），纽约清算机构的保证金增长了大约65%。这一前所未有的增长使银行的未偿贷款增长了大约46%。1915年底，纽约6个月期的存款利率达到了极具吸引力的2%。

保罗·克莱认为，信贷的作用没那么突出（这是个委婉的说法)。1915年底，他在《华尔街杂志》上写道：

> 至于证券价格，似乎没有丝毫怀疑的余地。促成1915年牛市的因素，有且只有一个。这个因素就是战争利润，或者从战争中间接获得的利润。

然而，如果没有用于采购战争物资的资金，就不会有任何战争利润。克莱本人认为，投资者以利润为基础哄抬股价是愚蠢的，当和平到来，利润肯定会消失。或许股票买家并非真的如此盲目。只不过，随着信贷的快速增长，股价会不禁跟着上涨。

1915年，刚建立的联邦储备系统才开始摸索上路。十几年后，各方都评论它对新时代股票暴涨行情的贡献。后来，经济学家根据各种理论对1927年和1928年这两个连续的"好年头"进行了解释。然而，在当时，几乎所有有见地的评论人士都强调了在纽约的主导下美联储所发挥的作用。

第三章　1927年

如今的条件与过去有很大的不同,旧的比较标准毫无价值,难道这不是完全有可能吗?

——威廉·R. 比格斯(William R. Biggs),《巴伦周刊》

大规模买入一只股票,很少是出于公众自发的兴趣。市场机制是这样的:某些个人或团体率先看到一家公司的潜力并开始买入。有时,这是为了永久地投资而买进,但更多的时候只是为了刺激投资者对这只股票的兴趣,接着就卖出。

——约瑟夫·P. 怀特(Joseph P. Whyte),《巴伦周刊》

柯立芝繁荣

"我们似乎正进入一个繁荣的新时代,"柯立芝总统在1925年的就职演说中说道,"而且,它正逐渐渗透到全美的每一个角落。"这个十年快结束的时候,约翰·穆迪(John Moody,他创办了投资研究机构穆迪)就未来的经济增长著书立说,他断言:"考察美国在过去6年的商业和金融全景,没有人不曾意识到我们正生活在一个新时代。"另一位研究者预测,前25年的工业进步(包括美国的汽车保有量从4 000辆增加到2 000多万辆),与新时代将要实现的进步相比显得苍白无力。

"新时代"成为柯立芝总统任期内繁荣岁月的一个标签。历史学家乔丹·A. 施瓦茨(Jordan A. Schwarz)指出,这不是指政府举措或哲学。它不同于早期的新民族主义和新自由主义,也不同于稍后的新政。用施瓦茨的话来说,"新时代"就是20世纪第三个十年里弥漫华盛顿的热情。

与此相同,"新时代"这个词在20世纪20年代无处不在。亨利·福特引入每星期5天工作制时,新闻界纷纷称赞他开创了一个新的工业时代。更普遍地说,人们认为"新时代"指的是繁荣与萧条的固有循环一去不复返。他们相信,从现在开始,繁荣将一直延续下去。

"外面的世界有着无限的机会",数百万人受到这一概念的鼓舞。其中之一是密歇根州哈姆特拉米克道奇工厂的汽车工人罗素·丹西(Russell Dancey)。他和一位同事一起创办了"新时代"薯片公司。当时和今天一样,盐分十足的零食是吸引消费者的可靠秘诀。这次尝试非常成功,丹西也因此被称为"薯片人"。在

第三章 1927年

新时代承诺带来无限的繁荣和不断上涨的股价。在1927—1928年,"沉默的柯立芝"一贯避免公开发表对投机行为的担忧。图为柯立芝融入苏族(北美印第安人中的一个民族)群体,以"领头鹰酋长"的身份戴起头饰,身着长袍。

另一个股市辉煌的年份——1958年,"新时代"薯片公司与乐事公司合并。丹西获得的利润使他创建了一家基金会,起名"奥珀尔",以纪念他的妻子。该基金会为200多名年轻的牧师支付在神学院学习的费用。

可以肯定的是,在柯立芝时代,"新时代"并非一个全新概念。例如,大约半个世纪前,密歇根州就建立了新时代村。据常住此地的亨利·波斯特马(Henry Postema)说,这个名字最初来自伊利铁路。不知道怎么回事,村庄逐渐被叫成了"新伊利",最终又演变成了"新时代"。即便如此,在1929年大崩盘前的几年,整个美国都沉浸在经济新时代的憧憬当中。

大萧条持续了很长一段时间后,关于永久繁荣的预言就显得十分空洞了。到1933年,在《华尔街杂志》上,查尔斯·本尼迪克特(实际上是出版人塞西莉亚·威科夫的笔名)写道:"这个虚假而镀金的新时代催眠和愚弄了我们。"这种记忆在此后长期延续。在60年后的喧嚣牛市中,经济学家亨利·考夫曼(Henry Kaufman)明确地把当时的社会情绪跟20世纪20年代末夸张的乐观主义相提并论,还补充说:

> 有些人声称我们正处于一个全新的时代,因为科学和技术实现了许多突破,也因为世界各地的政治日趋自由。根据这种观点,证券应该得到更高的估值。

尽管随后发生的事件嘲弄了柯立芝的"新时代",但到了20世纪90年代,这个词因为与一项听起来很崇高的事业相关而再度风行一时。如我们所见,这个故事再次以不幸收尾。和1929

年一样，许多理应经验老到的人也陷入了严重的财务困境。

开年的意见分歧

1927年1月1日，理查德·W. 沙巴克（Richard W. Schabacker）在《福布斯》杂志上撰文称，尽管证券价格已经达到了很高的水平，但他认为"除了价格逐步但不规律的上涨外，没有理由期待其他任何情况"。事实上，由于同期的企业收益也在上涨，前几年的上涨似乎理由很充分。据《巴伦周刊》计算，20只道琼斯工业股的市盈率较1926年是下降的，从12.1跌到了11.7。道琼斯工业平均指数的价值上涨了12.5%，但收益仅上涨了16.1%（基于在1927年初对1926年收益的估算）。

虽然沙巴克注意到"存在一种非常确定的感觉，即长期牛市尚未结束"，但他不排除1927年出现持平或小幅下跌的可能性。他说，股价要继续上涨，需要若干条件持续下去：

- 商业活跃度高。
- 资本和劳动力之间合作，国民的购买力提高。
- 保持美国的黄金供给和信贷供给。
- 有多余的资本可供追求高质量投资。

沙巴克表示，从短期来看，商业环境暗示了股价的脆弱性。他特别指出，汽车行业经历了几年来最大幅度的短期下滑，银行清算额急剧下降。在美国一些地区，建筑工程滞后，商品价格低迷。部分玉米和小麦种植区已经陷入了真正的萧条，南方似乎也形势不妙。沙巴克并不是唯一一个对这种基本前景感到担忧的人。

B. C. 福布斯（B. C. Forbes）也在《福布斯》上撰文，对消费者用分期付款的方式购买数十亿美元商品表示担忧。他认为，这些商品是潜在的过剩库存，它们将破坏工厂生产水平与客户需求之间的良好匹配。福布斯指出，对分期付款信贷的严重依赖，是经济形势中的一个新因素。他回忆说，在1920—1921年的大萧条中，商业银行将制造商从库存危机中拯救出来。但银行家不太可能救助那些发现自己突然失业、无法继续还款的消费者。尽管如此，有迹象显示，分期付款销售最严重的（过度）情形已有所抑制。

在福布斯看来，分期付款销售的另一个缺点是，它能让公司加快订单。如果没有现成的信贷，消费者必然会推迟购买，直到攒够所需的现金。在此基础上，福布斯预测，在1927年，制造商无法保持1926年那样旺盛的销售水平。与此类似，福布斯说，铁路公司的资本支出可能会放缓，原因很简单，因为它们在1926年曾大举支出。出口领域的竞争预计也将加剧，这可能导致前一年的黄金流入出现逆转。当然，经济前景也有一些亮点。其中，福布斯列举了劳工和平、公共债务下降、对工业公有化的最小鼓动，以及柯立芝政府大受欢迎。总而言之，福布斯对股价既没有狂热地看涨，也没有歇斯底里地看跌，而是倾向于谨慎。

至于市场的技术状况，1927年一开始，就出现了意见分歧。和现在一样，当时解读各种趋势和成交量数字所涉及的主观性远超人们的设想。

《福布斯》的沙巴克认为，1927年第一季度可能会出现一次调整。首先，自1926年10月中旬以来，股价几乎无间断地上涨。此外，日均交易量处在相对较高的水平——150万股，偶尔飙升至200万股以上。沙巴克推断，相当数量的股票已分配到公众手中。为印证这一阐释,他指出,在交易量大的日子里涨幅有所放缓。

《巴伦周刊》的《交易员》专栏有着更为乐观的看法。在众所周知的"消息灵通人士的圈子"里,信心仍然高涨。在《交易员》专栏看来,股票收益只比成本高 0.25% 不足以说明风险溢价不够。相反,这个迹象表明投资者预期企业的收益将进一步上升,因此股息也将进一步上升。哪怕短期资金(即以股票为抵押物的融资)以 4.5% 的适度利率随时可得,投资者也无意抛出股票。故此,屡次出现的对平仓的担心并未成为现实。

和沙巴克一样,《交易员》专栏也意识到更大范围的公众在开始买入。不过,它认为这些活动基本上仍由专业人士主导。在它看来,就现行的股价而言,股票投资是富人的活动。《交易员》专栏认为,看涨的还有当前异常高的卖空股数。据报道,在华尔街的一家主要借贷机构,其股票经纪贷款达到了前所未有的水平。

《巴伦周刊》的专栏作家总结道:"宽松的资金、长期持续的贸易活动,以及这个国家创造的所有新财富,造就了美国经常出现的典型'时代'之一。在这种时代下,有投机的意愿,有对富人减税的激励,有获取廉价资金的途径。这就是股市骚动恐怕不会轻易平息的原因。"

高估值

1927 年开年时,股市已进入牛市 3 年了。事实上,股市自 1921 年以来一直呈上升趋势。因此,许多股票不能再按照传统计算的投资价值进行购买。

正如约瑟夫·P. 怀特在发表于《巴伦周刊》上的一篇文章中所做出的解释，保守型投资者愿意以两倍于优质债券利率的水平，将一家公司的既定收益资本化。也就是说，如果评级最高的债券的收益率为5%，那么预期收益将不低于股价的10%。在正常的市场条件下，此时产生的最大市盈率为10倍。

然而，1927年初的市场条件并不正常。投机者联合起来，把某些股票的价格抬得远远高于其内在价值。关键在于说服公众贴现未来。对牛市操盘手而言，如果投资者继续以保守的利率将既定收益资本化（用银行家的行话，这叫作"贴现"），这倒没什么问题。不过，必须要教育这些老顽固，让他们看到尚未实现的盈利也是有潜在价值的。以传统方法得出的价格和未来收益的贴现值之间，可以实现远高于10倍的市盈率。

怀特评论说，要实现这样的计划，最佳载体是一家被评为"有着巨大潜力"的公司。理想而言，某一时期异常强劲的经济状况为增加收益的希望奠定了一定的基础。

在柯立芝所开创的新时代，这样翻倍的乐观情绪恰恰迎合了投机者的美梦。例如，1927年初，利吉特和梅尔烟草公司的市盈率达到了16倍（报告的全年每股收益为6.35美元），表现强劲。怀特认为，101美元的实际价格和相当于10倍收益（63.5美元）的价格之间的差距，建立在吸烟人数将持续增加的猜测之上。他不太情愿地承认，这种猜测或许建立在"最合理的概率"上。显然，无论是怀特还是投资者，都没有意识到从20世纪50年代开始，烟草将引发对健康的关注问题。很显然，这一部分的未来并没有得到贴现。

未来潜在收益的市场溢价，能否持续1927年全年呢？怀特本人对此持怀疑态度。他认为，少数幸运的公司可能会达到新的收益高峰，但历史表明，大多数公司都前景无望。尽管人们普遍认为经济周期已一去不复返，但生产过剩时期总是与生产不足时期交替出现。在怀特看来，当时的经济繁荣是受宽松的消费信贷推动的。他承认，由于全球一半的黄金供给存在美国境内，信贷可能不会立即收紧。然而，经济收缩最终仍会到来。商业活动兴许只会较最高点下降15％左右，但投资者必须记住，股价从最高点降到最低点的跌幅往往是这个数字的许多倍。对怀特的博闻多识印象深刻的读者万万想不到，市场即将迎来自1862—1863年以来的第一波连续好年头。

估值的争论

就在怀特在《巴伦周刊》上为历史估值标准辩护的时候，威廉·R. 比格斯也在《巴伦周刊》上抨击这些标准。比格斯引用历史学家詹姆斯·哈维·罗宾逊（James Harvey Robinson）的观点，说尽管激进的思想家往往是错的，但极端保守的思想家永远都是错的。比格斯解释说，没有人能预见未来，未来总是与过去不同。保守主义者错误地认为未来会跟过去相似。比格斯说，以当前为例，遵从历史的思想家的谬误在于，仅仅根据股价比过去高就认为它们太高了。"这些图表讲述了一个浅显的故事，"他写道，"但它们并不能预示未来。"后来成为纽约银行首席投资官的比格斯认为，一些事实表明这次情况有所不同。

首先，《巴伦周刊》刊登的一篇文章显示，经通胀因素调整后，美国钢铁公司的股价远低于历史高点。事实上，考虑到公司在厂房和设备上的大量再投资，这个价格"相当保守"，比格斯说。尽管如此，事实上，根据《巴伦周刊》的计算，美国钢铁公司是道指成分股公司中收益第二高的（仅次于通用汽车公司）。

根据比格斯的说法，无须太重视过去的第二个原因是，美国的持续繁荣使企业能够大幅提高股息。因此，尽管市场在上涨，但股票的平均收益率（年股息除以价格）比以往许多熊市结束时还要高。此外，企业在好年头资金充裕，积累了大量的现金头寸。因此，普通的商业低迷不会对它们造成破坏。

比格斯还认为，由于1914年建立了联邦储备系统，未来的市场波动会比过去几年要小。美国现在的银行体系能够防止通货膨胀和经济萧条。比格斯指出，经历了两年前所未有的繁荣之后，不光信贷宽松廉价，也没有出现严重的通货膨胀。

在1927—1928年的牛市和大崩盘余波中，美联储都曾因推行顺周期政策而非逆周期政策遭到严厉的批评。也就是说，公众批评货币当局先是助长轻率的投机，又因为紧缩信贷加剧了此后的萧条。随后发生的事件让比格斯的预言落了空，但他支持"无视历史"的论证，最值得怀疑的地方跟货币政策无关，而在于他主张股市参与面更广将缓和波动。"小投资者正变得越来越重要，"比格斯兴高采烈地说，"不仅是因为他们的资源增加了，也是因为他们变聪明了，因此在不明智的投机中浪费的钱也相应减少了。"

1929年后，"连擦皮鞋的人都开始贩卖股票，就是该卖掉它的时候了"，这个段子人尽皆知。到1995年的好年景，做空者反复强调的主题是：一旦首次购买共同基金的投资者意识到股票不光会涨也会跌，他们会陷入恐慌。这种担忧兴许有些夸大。但比格斯之后的后来者再也不可能说服市场观察人士，让他们相信小投资者的高参与度会是一种稳定力量。

毛姆笔下的股票经纪人

在本书所剖析的所有牛市中，没有哪个能与1927—1929年的历史相提并论。这可能是因为，其他任何一次狂欢过后都不曾出现大萧条程度的宿醉。到底是不是1929年的股市崩盘导致了20世纪30年代的经济收缩，其实说不清楚。然而，文学不需要更多的证据来证明这一主张，一如一本书在最后一章让恶棍命丧地震并不需要以恶棍杀了人为由头。对于小说家来说，大萧条是一场充满诗意的报应，是爵士时代华尔街贪婪的操盘手们自食其果的表现。

然而，并不是所有对柯立芝"新时代"的描述都沦为了粗俗的情节剧。在萨默塞特·毛姆（Somerset Maugham）的小说《刀锋》（1944年）中，一个被大崩盘毁掉的股票经纪人成了声讨投机罪恶的可怜角色。小说的配角亨利·马图林是芝加哥最富有的人之一。在毛姆笔下，马图林在大型金融交易中态度强硬，却虔诚地保护着客户的储蓄。"说实话，"马图林说，"我宁愿亏掉我自己的钱，也不愿看到他们遭受损失。"接下来发生的一件事表明他说的确实是实话。一位上了年纪的客户来到他的办公室，打算将1 000美元投资于她牧师推荐的某个石油计划。马图林不仅拒绝接受这笔订单，还狠狠地训斥了那个女人一顿，气得她哭着离开。接着，出于好心，他又把她的牧师叫来，也呵斥了一顿。

马图林显然是柯立芝"新时代"的信徒。他认为，美国正进入"一个注定要让过去的成就相形见绌"的时代。然而，毛姆写道，马图林并不赞成投机。马图林帮助客户投资，把钱投资于稳妥的证券，使他们的财富在1918—1926年几乎翻了一番，但仅仅是因为市场普遍上涨。（毛姆的数字很准确，道琼斯工业平均指数同期上涨了91%。）

然而，随着市场加速上涨，看到朋友们赚得盆满钵满，马图林愈发感到气愤。在他没那么谨慎的儿子的怂恿下，马图林一点一点地抛弃了自己的保守做派。他开始以保证金买入，同时一直在劝说自己相信这不是在赌博。常识告诉他，美国的资源用之不竭，没有什么能阻止这个国家的进步。

1929年10月23日崩盘时，马图林最初认为价格下跌是纽约经纪人的阴谋。他斥责芝加哥的同行们放任自流，并且向市场注入了新的资金。他的客户里有大批的寡妇和领取养老金的人，这些人听从他的建议，从来没亏过钱。受自豪感的驱使，马图林自掏腰包弥补了他们的亏损。

自然而然，到了10月29日，大跳水让马图林一败涂地，不久之后，他死于心脏病发作。毛姆不是一位多愁善感的作家，自然不允许笔下的人物逃脱命运的摆布。但马图林也并非贪婪的象征——要是换成一个更自以为是、不如毛姆优秀的作家来写，马图林很可能会变成贪婪的象征。毛姆的小说以写实的手法呈现了牛市引起的心理变化。

顺便说一句，毛姆本可以带着超然的态度来描写这次大崩盘（因为这是他的风格）。毛姆可能会像书里另一个逃脱了这场灾难的人一样轻描淡写地说："哦，我不是在抱怨。上帝会照顾倒霉的人。"

毛姆喜欢财务独立的概念。"金钱，"他写道，"就像第六感，没有它，你就不能充分利用其他五种感知。"但毛姆不是投机客。

早在股灾到来之前,他就保守地将自己的剧作版税 25 000 美元投资到了债券上。他说自己的投资目标只是摆脱债务,不必为金钱而写作。

1921 年,毛姆的经纪公司因涉嫌挪用客户的资金而破产。尽管毛姆最终收回了 2/3 的投资,但他认为自己被骗了。此后,毛姆通过伯特·阿兰森(Bert Alanson)进行投资。阿兰森是一个值得信赖的旧金山股票经纪人,5 年前,阿兰林在前往夏威夷的邮轮上结识了毛姆。阿兰森不光让毛姆发了财,还成了他最好的朋友,同时还免掉了他的管理费。

毛姆喜欢讲一个故事,他曾交给阿兰森 15 000 美元让后者帮忙投资,之后再也没想过这件事。多年以后,毛姆回忆说,他在吃午餐时偶然提到了这笔投资,说自己认为这笔钱很久以前就亏掉了。事实并非如此。阿兰森很谨慎地将这笔钱做了投资,当时总数已超过 100 万美元。

虽然这件轶事显得毛姆对金钱有一种漫不经心的态度,但它毫无事实依据。在某些场合,毛姆还讲过一个更荒谬的版本。他说,自己因为向阿兰森暗示卢布即将贬值,赢得了后者的忠诚。据说,这件事发生在西伯利亚,毛姆当时在那里执行一项秘密的政府任务。在这个不同版本的故事中,毛姆让阿兰森稳赚了 20 万英镑的利润,为表示感谢,阿兰森送给毛姆一盒雪茄。

财务虚报

1927 年初,《巴伦周刊》刊登了一篇关于财务报表分析的短文。文章作者菲利普·卡雷特曾是一位债券推销员,后面的章节会有对他的更多介绍。他 1917 年毕业于哈佛大学,之前写过一本名为《购买债券》(*Buying a Bond*)的书。

重读卡雷特关于资产负债表的讨论,可以让我们清楚地看到许多沿用至今的财务报告手法。"管理层自然希望尽可能展示优秀的定期报表,"卡雷特写道,"结果必定会出现一定程度的'装点门面'。"

为了说明这一概念,他假设一家公司拥有1 500万美元的流动资产,其中包括1 000万美元的存货、400万美元的应收账款和100万美元的库存现金。流动负债为1 000万美元,因此流动资产与流动负债之比为1.5∶1。在接下来的几个月里,该公司出售了一半的存货,并用这些收入偿还了债务。到该财年结束时,该公司的流动资产为1 000万美元,流动负债为500万美元。

从表面上看,流动资产与流动负债之比从令人满意的1.5∶1,提高到了令人印象更为深刻的2∶1。但实际上,管理层只是对财务报告做了时间安排,把可预测的淡季利用了起来,此时库存通常处于一年中的最低水平。请注意,卡雷特假设该公司仅仅是在库存上"实现平衡"。如果换个做法,使公司从商品上获得正常利润,并保留额外的库存现金,那么流动资产与流动负债之比甚至会比2∶1更大。卡雷特指出,一家公司就算没有可利用的季节性模式,也可以通过将应收账款折价出售给专门从事此类交易的贷款机构,改善其流动比率。

卡雷特还告诫投资者不要过于依赖报告的存货价值。被淘汰的或过时的商品可能会被标上远高于其真正可变现价值的价格。"几年前,一家高档干货批发商号倒闭,它的名号在银行界本是实力的代名词,"卡雷特回忆说,"可人们发现,它货架上的商品早已过时,实际上好多年都卖不掉。"

还有一个更令人震惊的实际案例,讲述了一家大棉纺厂的财务主管被逮到虚报存货账目。公司总裁暗示投资者坦然接受这一发现。他的理由是,"股东们并没有损失任何东西,只是并未拥有他们以为拥有的那么多财产"。该公司的股价迅速从40美元跌到了1美元。

遗憾的是,财务虚报仍然是企业最喜欢的一种消遣方式。如果当代读者没有注意卡雷特例子中资产负债表的日期,或许会以为自己正在读一篇当代文章。多年来,会计准则虽有所改善,但企业对"乔装打扮"财务报表从未失去热情。

经济疲软,股市上涨

1927年伊始,股市挟着1926年底汽车股领涨的势头开盘。然而,随着这一年的推进,经济状况开始恶化。部分原因在于英国于1925年恢复金本位制的时机并不合适。大量黄金首先流向荷属东印度群岛,而后流向德国,英国本土的黄金变得稀缺。结果,英国人有了硬通货,可也遭遇了经济萧条。这种影响蔓延到美国后,1927年,美国工业生产出现下降,钢锭减产8%,烟煤减产11%,客车减产22%,企业倒闭率攀升了6%。

在经济萎缩的背景下,道琼斯工业平均指数上升了28.75%。1926年,纽约证券交易所的股票交易量增长了23%,新证券发行量增长了33.5%。虽然商业活动的规模在下降,但股价却在上涨,这个看似矛盾的现象需要一个解释。分析师们指向了两个不同寻常的因素——亨利·福特和天气。

1927年5月,福特汽车公司停止了胭脂河厂区的生产,对A

型车进行改造。在这期间，该公司的许多供应商都失去了一位大客户。简单地说，一个与总体需求水平无关的庞大建设项目遏制了美国的经济活动。

虽然换为 A 型车对依赖汽车工业的企业来说难以接受，但这对福特汽车公司却有着至关重要的战略意义。走实用路线的 T 型车，其市场份额正迅速被通用汽车公司旗下速度更快、颜色更多样化的雪佛兰车夺走。哪怕福特汽车公司努力将 T 型车改造为封闭式车身，其设计也早已过时。

亨利·福特迟迟没有认识到需要一款新车型。等他做出这个重大决定时，生产上的困难迫使他将上市日期从 9 月延迟到 12 月。结果，这反倒激起了人们对福特新车型的强烈好奇心。有关新车型设计的流言蜚语充斥报端。当福特汽车公司最终揭开 A 型车的面纱时，据说有 100 万人涌入该公司位于纽约的总部，只为一睹其风采。很可惜的是，福特汽车公司最终未能阻止雪佛兰车在低价格、高销量的细分市场中占据优势。通用汽车总裁阿尔弗雷德·P. 斯隆（Alfred P. Sloan）日后评论说，福特将工厂长期停工以进行新车型改造的"异想天开式的灾难性"决定，让观察家们大感惊讶。

反常的天气是拖累 1927 年经济，同时与基本需求无关的第二个因素。大雨、寒流和洪水不光让季节变得混乱不堪，也扰乱了商业活动。"夏天似乎要等到秋天才会到来，而秋天在初冬到来。"《巴伦周刊》报道说。

有趣的是，天气问题代表了一个至少部分准确预报的例子。1926 年 12 月 6 日，《巴伦周刊》报道，不少气象学家预测了这将是多年来最糟糕的一个冬天。美国西部的风暴和欧洲异常的天气状况就是信号。结果,春天的迟到对商业活动产生了不利影响。

柯立芝:最幸运的混蛋

尽管有福特汽车公司停产和天气寒冷这两大不利因素,但1927年的股市投资回报率仍居高不下,事后看来或许有如下几种可能的解释。最明显的一种解释是日益升温的政治气候。"这部分要归功于卡尔文·柯立芝总统。"1996年,约翰·R. 多夫曼(John R. Dorfman)在发表于《华尔街日报》的回顾性文章中写道。多夫曼指出,"沉默的柯立芝"是股票投资者们的理想总统,他不让政府干预商业,并不断减税。

将1927年股价上涨的功劳部分归于柯立芝,也不是完全没有道理。至少,他没有做任何妨碍牛市的事情。这与他的整体治国之道是一致的,也就是基本上无为而治。

"如果你看到前路有10个麻烦,有一点你可以肯定,在它们到来之前,有9个会栽进沟里,而你只需要与剩下的最后一个搏斗。"柯立芝曾这么说。门肯对柯立芝的评价是,"他理想中的一天就是什么也没发生的一天"。沃尔特·李普曼(Walter Lippmann)说:"柯立芝先生在不作为方面的天赋极高。这绝不是一种懒散的不作为,而是一种严峻的、坚定的、警醒的不作为,这种不作为一直让柯立芝先生保持着忙碌。"威尔·罗杰斯曾写道,柯立芝以英雄身份告别总统一职,不仅因为他什么都没有做,还因为他在"什么也不做"上做得比任何人都要好。

以下是一些传记作家对柯立芝管理国家的代表性评论:

- "柯立芝意识到自己不是一位建设性政治家,他的回答是，他生活在一个不需要、不要求建设性政治家的时代。"

• "他不是一个完全健康的人。他睡眠和打盹的时间多得反常，每天长达10～11个小时就足以说明这一点。"

• "共和党的首席知识分子尼古拉斯·默里·巴特勒（Nicholas Murray Butler）说，总统'完全缺乏想象力'。"

• "如果召开世界经济会议的想法曾经浮现于柯立芝总统的脑海，他恐怕也把它赶跑了。"

• "卡尔文·柯立芝，生来就懂得避免大胆行为，后天还接受过这方面的训练。这就是他的一切经验。"

从表面上看，对柯立芝在1927年牛市中所扮演的角色，更可信的评价是：他只是在正确的时间出现在了正确的地方。对此，门肯提供了证据，他承认自己找不到柯立芝嗜睡症和柯立芝繁荣之间的因果关系。毕竟，幸运是柯立芝的标志：他最初是沃伦·哈丁（Warren Harding）的副总统，这本来是个并不重要的职位，可偏不巧，哈丁死了，柯立芝顺理成章地递补接任。

门肯回忆说，在1920年的共和党全国代表大会上，柯立芝并不是最理所应当的副总统人选。"他前面还有其他五六名优先者，他要想拿到提名，这些人全都得先政治自杀才行，"门肯写道，"可他们竟全都顺从地走上前来，把自己干掉了。"不久之后，门肯惊讶地听到一位从柯立芝仕途开始就关注他的波士顿记者打赌说，说不定哈丁在任期还没过半就会遭人暗杀。其余的新闻同行提醒说，这样的对话可不够谨慎。打赌的那名记者回答："我只是把我知道的说了出来。我了解卡尔·柯立芝的底细。他是这世界上最幸运的混蛋。"

1928年，柯立芝选择不参与总统连任的竞选，显然，他做梦也没想到，一场灾难性的经济萧条在他离任后的几个月就开始了。"他脚下有一座火山在沸腾，但他不知道，也没有被烤焦，"门肯写道，"等它最终爆发，承受冲击的是在任的赫伯特·胡佛（Herbert Hoover），他被炸、被煮、被烤、被剁成肉酱。"

牛市大功臣

历史学家通常认为，1927年股市大涨的最大功臣不是柯立芝，而是本杰明·斯特朗。斯特朗当时担任纽约联邦储备银行的行长，策划了信贷扩张，当时的市场分析师视之为牛市的基础。此后，许多思考得更周全的经济学家反对这一观点，但双方辩论的焦点仅仅是何为因、何为果。在持续至1929年的股市上涨的早期阶段，股票经纪贷款迅速增长，这一点是不可否认的。

斯特朗在1914—1928年担任纽约联邦储备银行的行长。任期过半的时候，他已经确立了自己的地位，成为美国最杰出的央行行长。这部分归功于他的巨大威望：在20世纪20年代的大部分时间里，纽约在美联储政策制定方面的风头都盖过了华盛顿。

1927年，随着美国经济的低迷，斯特朗推行了宽松的货币政策。但是，由于存货不足，企业并没有吵着闹着增加信贷。因此，银行将扩大后的贷款额度的很大一部分用于购买证券。8月，贴现率从4%降至3.5%。1927年全年，未偿付的股票经纪贷款增长率达到了惊人的26%。

尽管信贷如潮水般涌入保证金贷款市场，但斯特朗仍坚持自己的政策是正确的。利率降低后，美联储有望阻止黄金流入美国。这可以重振低迷的欧洲经济，提升美国的对外贸易。批评人士指责斯特朗过度关注英镑汇率，而使投机活动失去控制。"我认为这里有个不可避免的结论,"他反驳说,"任何仅仅为了强迫股票经纪贷款账户清算,同时打压证券价格的政策,都会在其他方向产生普遍的类似影响,大多有害于美国的健康繁荣。"

格雷厄姆开课了

1927年秋,哥伦比亚大学的夜校开设了一门名为"证券分析"的课程。任课老师格雷厄姆后来将《证券分析》作为一本非常受欢迎的教材的书名(这本书是他与1927年入学的一名学生合著的)。当时,还没有从业者开设过类似课程,更不必说证券分析之父格雷厄姆自己了。

报名人数超过了150人,教室里都装不下。据说,没有报名而径直来听课的人都被挡在了门外。第二年,注册人数继续上升。格雷厄姆曾警告1927年上课的学生,称他讨论的任何股票都只是例证。他强调,在任何情况下,都不可将他的上课内容视为建议。然而,一些例子碰巧出现了暴涨。格雷厄姆后来认为,这些股票的上涨幅度并未超过市场本身。尽管如此,学生们还是觉得老师在透露有价值的股票代码。不出所料,1927年秋入学的一些学生认为,1928年秋再次选修这门课程能让自己受益匪浅。

顺便说一下,格雷厄姆虽然很喜欢教书,但并没有放弃白天的工作。在他开设课程的第一个学期,这位年轻的对冲基金经理正在跟北方管道公司发生冲突。

当时这家原油运输公司的股票交易价是65美元。仔细审查州际商务委员会的文件后,格雷厄姆发现,该公司持有一个债券投资组合(与其业务没有关系),其价值相当于每股90美元。他认为，世界上最明智的做法是让北方管道公司卖掉这些证券，并将收益分配给持有人。

然而，管理层并不这么看。"运营一条管道是一项复杂而专业的业务，你可能对它知之甚少，但我们已经干了一辈子，"1926年该公司总裁和他的弟弟（担任公司的总法律顾问）居高临下地对格雷厄姆说，"你必须相信我们比你更懂什么对公司和股东好。"

管理层告诉格雷厄姆，如果他不喜欢本公司的运营方式，就把股票卖掉。格雷厄姆拒绝了。相反，他发起了一场运动，强迫公司拿出闲置资金。他在1927年北方管道公司的年会上进行了第一次尝试，以惨败告终。然而，一年后，管理层同意了分配计划。

尽管格雷厄姆已经获得了足够多的代理权，并据此取得了董事会成员资格，但这只是另一个明显扭转势头的因素。北方管道公司是1911年标准石油公司（由约翰·D. 洛克菲勒创立）因垄断解体后形成的31家公司之一。洛克菲勒基金会持有该原油管道公司23%的股份。格雷厄姆曾呼吁洛克菲勒基金会的财务顾问在代理权之争中站到自己这一边，虽说这没有成功，但很明显，他的游说并非没有产生任何作用。洛克菲勒基金会暗示公司管理层拿出一些资金可能不是个坏主意。于是，北方管道公司的管理层很快不再强烈反对格雷厄姆的提案。

该归功于信贷吗

本杰明·斯特朗的宽松信贷政策因对1927年牛市的作用可能被过誉了。在下一章我们将会看到，宽松的货币政策也承受了许多责难，人们认为它导致了1929年的大崩盘。胡佛或许是对信贷的谴责声最大的一位,因为他多多少少因为大萧条"被炸、被煮"。根据胡佛的估计,美联储把美国"因前十年持续进步而产生的乐观情绪……转化成股票交易的密西西比泡沫"。与此相反,历史学家罗伯特·索贝尔认为,考虑到当时国际形势的不稳定,"斯特朗的决策是合理的,他认为押注低利率并不会严重损害美国的经济和金融结构"。

要想弄明白信贷的作用却又不受意识形态的影响,这是不可能的。一些经济学家一心想要证明极端的市场波动完全是货币事件。按他们的说法,通货膨胀提高了股票名义上的美元价格,仅此而已。其他经济学家同样下定决心要证明金融市场是理性的。按后一派人的说法,1927—1929年并没有真正意义上的投机,所以想弄清崩盘是不是斯特朗导致的根本毫无意义。他们认为,更有可能的是,银行仅仅配合了就金融角度而言合理的股票需求增长。根据资本市场理性的假设,1927年的价格上涨只是因为与盈利预期相称,尽管这种预期在事后看来太高了。索贝尔强调,查尔斯·林德伯格(Charles Lindbergh)独自飞越大西洋的壮举激发了投资者的想象力,他们激烈地竞相购买航空股。还有一群人认为,股票市场是完全非理性的。按照这种观点,证券价格的涨跌基本上是狂热造成的。对于斯特朗的辩护者而言,这种观点的言外之意几乎可与"完全理性市场"假设相媲美。也就是说,如果股价波动的原因与利率或货币供应无关,那么美联储就不应该负责。

不管真正的原因是什么,1927年对投资者来说都开启了一个了不起的新时代。标准普尔500指数的总回报率为37.48%,虽然自迈入20世纪以来这一回报率仅位居第三,但作为在1928年实现更多回报的热身,这绝对是一个非常好的年份。

第四章　1928 年

　　周期性萧条只是繁荣浪潮中暂时的停顿或倒退。在乎它的主要是那些关注市场无休止波动的投机者和交易员。而投资者看重的是长期趋势。所以，周期性萧条的重要性并没有那么大，它无非是提供了投资者买入或卖出的最佳时机。

　　——斯图尔特·麦克唐纳（Stewart MacDonald），《巴伦周刊》

　　我们的金融机制并不完善，随着它的运转，证券价格常常大幅高于或低于其内在价值。

　　——德怀特·C. 罗斯（Dwight C. Rose），《科学投资管理法》

　　女性有着天生的购物本能，每当她想要买什么东西，她就愿意花费必要的时间和精力得到完全符合自己心意的东西。

　　——塞西莉亚·威科夫，《华尔街杂志》

一致预期：生意会很好

"大家一致认为，来年的生意会很好。"《华尔街日报》这样概括了商界领导者和银行家对1928年的预期。"除了总体经济形势良好之外，我看不出什么问题。"通用汽车公司总裁阿尔弗雷德·P. 斯隆说。"信贷充足，利率低，存货很少。总的来说，我对前景非常满意，"通用汽车公司财务委员会主席约翰·拉斯科布插话说，"一切都表明，1928年将见证我们国家有史以来最繁荣的岁月。"他指出，好收成带来的结果是，通胀可忽略不计、信贷充足、农业购买力强劲，还有福特汽车公司在长时间停工调整后打算恢复生产将带来溢出效应。

"我感觉，这个国家的零售业在未来一段时间有望持续增长。"伍尔沃斯公司总裁 H. T. 帕森（H. T. Parson）如是说。按帕森所说，再次实现同比增长的唯一潜在障碍来自1928年初夏政治因素或将产生一些令人不安的影响。制造商信托公司总裁内森·乔纳斯（Nathan Jonas）提到的另一块可能的绊脚石是国外形势。他表示，尽管有报道称德国和中欧的经济状况有所改善，但这些地区的大部分商业活动都是靠低工资和最微薄的利润来维持的。此外，乔纳斯指出，尽管英镑最近走强，但英国的工业状况仍有很大的改进余地。

信贷的力量

理查德·W. 沙巴克在《福布斯》杂志上撰文称，有可能出现一轮信贷紧缩，这将是妨碍1927年牛市延续的主要威胁。"毫无疑问，"他谈到股价自1921年以来陡升时说，"上涨的根本原因是货币政策宽松，钱来得容易。"按沙巴克的说法，健康的商业环境与温和的政府政策有一定的作用，但只是背景因素。

沙巴克说，除了货币前景略显可疑，其他的条件都令人满意。他认为，自1927年以来，企业收益的变化似乎不足以影响市场。同样，沙巴克认为，即将到来的美国总统选举，无论结果如何，在短期内都不太可能产生很大的影响。他判断，技术条件不如前一年乐观，但并不意味着危险。较低的债券收益率使得资金从债市流入股市。

沙巴克提到的另一个积极因素是投资信托需求不断增长。投资信托是现代共同基金的前身，借助它，小投资者能够构建多样化的股票投资组合。1928年，186家投资信托公司成立；相比之下，1927年只有140家。为了更好地理解这些数字，我们再对比一下：1921年之前，总共只有40家投资信托公司。同样值得注意的是，在20世纪20年代末，投资信托公司往往是积极的股票买家和卖家。相比之下，早期的信托基金是固定的证券池，类似后来的单位信托。一如人们认为蓬勃发展的共同基金推动了1995年的牛市一样，在当时人们的眼中，投资信托也是1928年牛市的支柱。

最后，还有一个沙巴克认为重要的因素，那就是大宗商品价格已经触底反弹。截至1928年初，大宗商品价格已经达到了一年多来的最高水平。沙巴克说，如果大宗商品价格持续反弹，近期的影响将是股市创下新高。不过，随后货币政策无疑会收紧，以期遏制通货膨胀。考虑到1927年最后几个月黄金大量流出美国，同时信贷迅速扩张，美联储似乎有可能开始提高利率。按沙巴克的估计，通货紧缩和证券价格下降很快会出现。

牛市的理由

1928年上半年，哪怕是面对美联储的货币紧缩政策，股价也可能继续攀升。但沙巴克警告说，这样的上涨"主要是投机性的"。他认为，上半年的反弹只会增大下半年回调的概率。

公开观点和私人观点

《巴伦周刊》的《交易员》专栏分享了理查德·W. 沙巴克的乐观态度，指出大型银行普遍建议购买优质股。考虑到强大的杜邦集团对市场仍持建设性态度，整体看涨或许有其道理。此外，《巴伦周刊》观察到空头净额继续为许多股票提供强劲的支撑。几乎没有人注意到平均线提升过程中出现了选择性修正（选择性修正暗示投资者仍存在辨识力）。

至于货币因素，《交易员》专栏甚为看重的是财政部长安德鲁·梅隆（Andrew Mellon）的冷淡态度。梅隆说，让其他人去担心黄金外流吧，这并不会从根本上改变美国市场。同样，未偿付的股票经纪贷款较1927年同期增长了26%，总计达到了36亿美元，但对此也无须惊慌。据《巴伦周刊》报道，财政部私下表示，即便此类债务的规模扩大到50亿美元，也不会给美国财政造成不必要的压力。

不久之后，柯立芝总统采取了前所未有的举措，公开表示自己认为股票经纪贷款并未失控。根据他的正式声明，未偿付债务的增长与银行存款及市场上证券数量的增长保持同步。

事实上，柯立芝对愈演愈烈的投机浪潮甚为关注。私下里，他这样告诉一名记者："如果我要发表私人看法，我会说任何用于股票赌博的贷款都是'过度贷款'。"

然而，柯立芝秉持"公仆"理念，没有公开自己的个人看法。尽管当时的商务部长胡佛敦促政府对金融市场施加更多的控制，但美国政府仍坚持不干涉商业的政策。早在1926年，哈佛大学教授威廉·Z. 雷普利（William Z. Ripley）就向柯立芝指出了在股市实现大规模收益及价格操纵的危险。经过调查，柯立芝得出结论：联邦政府施加干预缺乏法律依据。从各方面来看，他得出这个结论之后，感觉大大地松了一口气。

如果国家元首不这么沉默谨慎，兴许能缓和1928年的股票购买狂潮。实际上，1929年大崩盘后，柯立芝因未能平息狂怒的市场而广受指责。然而，出手勒住牛市的缰绳很不符合他的性格。柯立芝以午间小睡而闻名，据说他要睡上2~4个小时。在新闻发布会上，他总是说手里掌握的信息太少，不足以采取行动。

人人加入股票投机

尽管经济和货币方面的障碍并未对牛市造成直接威胁，《巴伦周刊》仍然察觉到一个令人担忧的过度投机迹象。股票投机活动日益增多，这是危险的信号。股票投机从本质上说都是为了抬高价格，然后让小投资者击鼓传花，自生自灭。

股票投机的参与者先是积累大量诱人的股票，而流通数量相对较少。接着，在交易大厅负责交易的专业人士的配合下，共谋者开始相互买卖。随着成交量和人为操纵的价格双双上涨，看盘人士察觉到强劲的上行趋势。最终，公众买入本身也在推动股价上涨。此时，股票投机的参与者坐山观虎斗。等股价涨到足够高，他们便将股票清空，最终导致泡沫破裂。

令人难以置信的是，股票投机的受害者并没有发出抗议的惨叫声。相反，他们试着打探下一轮股票投机的消息，希望能捞一把，赶在价格必然崩溃之前及时抽身。作为回应，股票投机的参与者不再遮遮掩掩。他们放出看准了某只股票的风声，从而在短时间内便制造出预期的从众效应。小投资者急切地加入这一行列，哪怕他们意识到如果不能在操盘手"撤退"之前收手自己将损失惨重。

股价涨了又涨，接着跌了又跌，跟基本价值再也没有了关系。事实上，股票投机组织者特有的道德准则并不赞同通过散布"收益即将上涨"的消息来抬高股价。随着财经媒体大范围报道股票池的创建和解散，《巴伦周刊》有理由怀疑有害的投机活动正在展开。

通用汽车创始人化身华尔街大赢家

1928年，市场上最扎眼的一位投机者是杜兰特，这位远见卓识的企业家在1908年创建了通用汽车公司。随着该组织日趋复杂，日常行政管理负担加重，善变的创始人与经营它的理想人选渐行渐远。一位朋友曾这么说，杜兰特"只有吊在窗外命悬一线"的时候才会感到快乐。到1917年，头脑更加清醒的杜邦集团开始利用对该公司的大规模投资来获取完全的财务控制权。

说杜兰特对金钱漫不经心显得太过轻描淡写。1920年，时任通用汽车董事长的皮埃尔·杜邦（Pierre du Pont）对杜兰特以通用汽车股票为抵押物进行投机的报道感到担忧。日后担任通用汽车财务委员会主席的约翰·拉斯科布（对1928年的商业前景赞不绝口）受命去摸底，看看杜兰特到底欠了多少外债。拉斯科布用开玩笑的语气问杜兰特欠了多少钱——600万美元还是

2 600万美元？"我得去查查。"杜兰特非常认真地回答。

杜邦听完拉斯科布的报告后大吃一惊，向杜兰特施压，要求他提供更准确的账目。结果，他对银行家和经纪人欠下的实际债务总计高达3 400万美元。如果财政紧张的杜兰特被迫在股市上将大量股票出手，必然会压低股价。拉斯科布很快就想出了一套挽救计划，帮杜兰特偿还了债务，但将他手里的通用汽车股票削减了一大部分。杜兰特不再担任通用汽车的高管，他可以自由地将精力转移到与其性格更相符的投机活动上。毕竟，正如《纽约晚报》的一篇社论所说，杜兰特可能差点用通用汽车的股票把自己给埋了，但没人能指责他不敢投资自己的公司。

杜兰特是天生的做多者，按理说不会做空股票。在不断上涨的市场中，他取得了惊人的成功。"杜兰特夺下了华尔街赢家之首。"《纽约时报》的一篇头版报道称。在20世纪20年代他取得的胜利包括，据称让美国管道铸造公司的股价在两天之内上涨了40个点，他获得了250万美元的收益。据估计，他对斯蒂庞克汽车公司的投资也翻了两倍，达400万美元。

杜兰特在交易所的交易成为传奇。根据一种说法（可能有点夸张），1928年，他个人交易了价值10亿美元的股票。光是杜兰特持有某只股票的谣言便足以推高股价。正如报纸刊出的一则打油诗，"有个家伙/跟杜兰特的表亲有些关系/他的阿姨传出小道消息"，就可能让股价暴涨。始终看好牛市的杜兰特唯一担心的是，美联储可能会打压股市的大幅上涨。他警告说，这将是个愚蠢的举动。

牛市的理由

棒球手们的表现

1928年，泰·柯布从棒球队退役。一位传记作家放话说，柯布对可口可乐的投资可能是任何体育项目中任何运动员有史以来最成功的金融投资。大崩盘来临时，柯布并未遭受重大损失，除了所投资的美国罐头公司的股票价值跌了差不多一半。这位精明的投资者继续买入阿纳康达铜业、可口可乐和通用汽车的股票。

柯布还靠着悭吝积累了财富。他曾收集队友们留在淋浴间的肥皂碎片，把它们运到自己位于佐治亚州的农场，供雇工使用。他注意到，底特律的球迷们有在劳动节当天把草帽扔进球场上的习惯，便让球场的工作人员把帽子收集起来。这些草帽自然也被送到了他的农场，供驴子和田里的工人穿戴防晒。73岁的时候，柯布在他位于加利福尼亚州阿瑟顿高档地段的别墅（拥有11个房间）里招待了一位客人。别墅大得足以容纳一座球场，但豪宅里却没有照明、暖气和热水。原来，那时柯布正在跟太平洋燃气电力公司打官司，说后者多收了他16美元。

贝比·鲁斯（Babe Ruth）花钱就不如柯布谨慎了。据报道，他在一次古巴旅行中，因为赌马输了10万美元。幸运的是，贝比得到了一些很好的理财建议。为了避免本金受损，人们帮他设立了规模为15万美元的信托基金。该信托基金每年支付1.2万美元，这一很高的现金收益表明钱并没有被配置到投机性的普通股票上。

牛市猛冲

许多观察家对股票经纪贷款水平过高感到担忧,而1928年初的货币政策继续保持宽松。受纽约联邦储备银行行长斯特朗的影响,货币政策的主要目标仍是支持疲软的欧洲经济。

不过,外界越来越普遍地感知到,信贷扩张正在助长投机行为。1928年3月,股票池发展达到高潮,美国无线电公司的股票池在4天内将股价拉高了61个点。政治反应体现在威斯康星州参议员小罗伯特·拉福莱特(Robert La Follette, Jr.)推出的一项支持限制股票经纪贷款的决议。而且,就当时而言,欧洲的局势似乎正趋于稳定。

最终,斯特朗承认美国货币政策的重点需要改变。考虑到健康状况不佳,这位纽约联邦储备银行的行长建议将贴现率从3.5%上调至5%。2月,美联储将这一关键利率提高到4%,5月又将其提高到4.5%。其他利率也随之上升,从而迅速抑制了小企业和建筑活动。

另外,股价持续上涨。3月12日,美国无线电公司的股价涨到了138.5美元,上涨了18个点,纽约证券交易所的成交量达到空前的3 875 910股。当年春天,纽约证券交易所多次被迫在周六关闭,以应对疯狂交易带来的海量文书工作。

文学家旁观暴涨

正在崛起的百老汇八卦专栏作家沃尔特·温切尔,是错过1928年牛市的一位名人。他的周薪是300美元,虽然不算特别丰厚,但也颇为可观。他决定从每笔薪酬中至少抽出50美元并存下。等存够了一笔大数目之后，温切尔得意扬扬地把银行存折拿给百老汇的同事瞧："看看这些数字！"与此同时，他拒绝了埃迪·坎特（Eddie Cantor）的花言巧语，没有把钱投资到股票上。喜剧演员坎特吹嘘自己几个小时内就赚了10万多美元，但温切尔不为所动。

尽管朋友坎特在1929年的大崩盘中亏损了200万美元，但温切尔对股票的厌恶情绪最终还是缓和了下来。20多年后，他与玛琳·黛德丽（Marlene Dietrich）、杰基·格利森（Jackie Gleason）和其他几位演艺人士一道前往纽约证券交易所，为癌症研究募集资金。温切尔对交易员们的慷慨感到高兴，宣布说："我想在这附近买点东西。你们在卖些什么？"他带着价值5万美元的美国电话电报公司、杜邦公司和通用电气公司的股票凭证回了家。那次购买并没有对股市产生较大影响，但我们很快将会看到，在另一个股市好年份，温切尔确实产生了巨大的影响。

未曾满足的金钱饥渴

在1928年下半年，美联储实行了紧缩的货币政策，而股票经纪贷款的增长反倒比实施宽松货币政策的1927年全年还要多。为了从金融系统中抽出流动资金，美联储卖掉了早前在注入流动性的过程中积累的大量政府债券。与贴现率上调一样，这些公开市场操作并没有产生持久的影响。

中央银行的无力并不能说明纽约联邦储备成员银行之间缺乏合作。这些传统上向经纪公司提供信贷的供应方遵守了美联储的要求，不再向华尔街注入资金。然而，私人银行家和企业几乎立即填补了贷款缺口。这些"外部参与者"从纽约收紧缰绳的同样几家银行那里借款,转过身就把它们借给了股票投机者。

尽管美联储出台了限制性政策,但金融系统中残存的信贷仍向出价最高的买家倾斜。这些人是股票买家,他们乐意以8%或9%的利率借款,追求似乎无限的利润。外国银行和公司抓住机会,纷纷按这么高的利率放贷。同样,股票经纪贷款还吸走了投资者投入投资信托基金(现代共同基金的前身)的大量资金。

对非银行类贷款机构的依赖,让这轮长期的上涨处于不稳定的境地。6月11日,美国西海岸开始出现大幅抛售现象,《巴伦周刊》随后将之归咎于货币市场利率上涨。当天,意大利银行(美国银行的前身)的股价暴跌了100个点。6月12日,恐慌扼住了纽约股市的喉咙。成交量突破500万股大关,美国无线电公司的股价下跌了23.5个点。

6月,道琼斯工业平均指数从220.96点的高点跌至201.96点。然而,没过多久,抛售停歇,市场触底反弹。就连最保守的投资者也开始相信,眼下的股价实在是太低了。于是,买入恢复了。

银行当局警告说,进一步的投机活动将使货币市场收紧,但无济于事。7月初,未偿付的股票经纪贷款飙升至创纪录的水平,贴现率再次上调到5%。随后,股价再次暴跌。

非法操盘手更新手法

"我们生活在一个不断变化的时代。"1928年底,沃伦·比彻(Warren Beecher)在《华尔街杂志》上写道。"科学在稳定进步,并不断提供更好的新方法来使人们完成贸易、工业和家庭生活的日常任务。"股市专家赞美这些创新,并认为这是放弃传统估值指标的正当理由。然而，再没有什么人比华尔街上狡猾的操盘手更认真对待比彻的话。

几年前，检察官曾严厉打击投机机构。这些骗子机构收取佣金，但不执行任何交易。相反，它们还押注客户购买的股票的价格会下跌。这样一来，投机机构要返还的资金就比买家的本金少。当然，股价有上涨的风险，但操纵股票可以把这种风险降到最低。如果所有手法都失效了，投机机构就会关门，然后换个新的名字重新开业。然而，经过1921年的严厉打击，许多投机机构的老板都被关进了监狱。

1928年，长期牛市重新点燃了公众发财的希望。狡诈的骗子利用电话兜售毫无价值的证券。他们就要推荐的股票编造买入理由，以成功实施骗局。他们通过复杂的电话营销脚本利用潜在受害者的虚荣和贪心，同时强调自己拥有宝贵的内幕消息。在这一时期，电话交谈内容不属于法律记录的范畴，无法在法庭上使用，这种新型诈骗术就是钻了这个空子。

联储行长之死未能削弱市场

尽管1928年下半年出现了周期性下挫，但牛市拒绝退场。秋天，《华尔街杂志》报道了公众对新股发行的强烈需求。由于债券发行市场低迷，各大公司乐意之极。10月初又出现了一次反弹，紧随其后的是做空者试图拉低价格。但这一尝试的成功并没有持续太久，因为投资者从昂扬的第三季度收益报告中重新看到了希望。

10月，纽约联邦储备银行行长斯特朗去世后，股市继续上涨。此后很长一段时间，批评人士指责斯特朗在1927年推行宽松的信贷政策，认为过度投机导致了1929年的大崩盘。甚至在斯特朗死后一个月当选总统的共和党人胡佛也指责斯特朗犯下了"比谋杀更为严重的罪行"。

尽管胡佛不像柯立芝那样对股市投机持乐观态度，但投资者还是对前者的当选欢欣鼓舞。用《华尔街杂志》的话来说，胡佛11月6日当选总统"引来了11月7日美国金融史上规模最大的一次公众集中购买股票活动"。上一个春天的投机尽管规模庞大，但和新一轮价格上涨相比"大为黯淡"。此外，这份金融刊物指出，此次上涨是在"无视货币利率走高、金融界和银行界高层权威发出警告，以及专业交易员持怀疑态度的情况下"发生的。

11月28日，道琼斯工业平均指数从大选前一天的257.58点上升到了历史最高值295.62点。此时，纽约证券交易所的单日成交量已接近700万股。美国无线电公司的股价从当年3月让投资者咋舌的138.5美元涨到了400美元。按金融编辑、日后担任参议院银行与货币委员会经济顾问的马克斯·温克勒（Max Winkler）的说法，市场不仅贴现了未来，还贴现了后世。

进入投票季

一场激烈的辩论概括了1928年总统选举的特点。要辩论的议题和人们按常理预期的不同，无关保护性关税、现行税收制度的公平性、可用于发电的自然资源如何配置等。诚然，对于股市的猛增暴涨（一年后将在大崩盘中达到高潮），人们并没有什么争议。相反，主要议题是民主党候选人阿尔·史密斯（Al Smith）对罗马天主教的信仰、对禁酒令的公然蔑视，以及对坦慕尼协会大城市机器政治的认同。

传教士比利·桑代（Billy Sunday）说，史密斯的支持者包括"那些该死的威士忌政客、私酒贩子、骗子、皮条客和与他们做生意的商人"。美国职业棒球大联盟前棒球手、自称"上帝大使"的桑代进一步说，史密斯的女性支持者都是"站街女"。

编辑和社会评论家门肯反驳道，胡佛的支持者是"我们智力的不幸背叛者，跟胡佛一样……对肚子携带寄生虫的家伙们阿谀奉承，以求进一步提升自己的财运"。（"肚子携带寄生虫的家伙们"是门肯创造的说法，指美国农村人。有时，门肯也叫他们"白痴""不可救药的没受过教育的人"。）门肯接着说，胡佛的盟友是"政治上堕落的皮条客和娼妓"。

来自不同教派的神职人员肯定了桑代的分析。"如果你们投票支持阿尔·史密斯，"俄克拉荷马州规模最大的浸礼会的牧师说，"你们就是在投票反对基督，你们全都会遭到诅咒。"一位神论发言人反对史密斯的候选资格，理由是一位神论人士在一些天主教国家受到迫害。

宗教激进主义期刊《友谊论坛》是最早刊印哥伦布骑士团[*]誓词的刊物。据称，该组织的成员发誓要消灭那些"可恶的新教徒"。《浸礼会喇叭报》预言，一旦史密斯当选，"罗马教制度将再次发挥迫害威力，把沾满血迹的残忍脚跟踩在所有拒绝他权威的人的脸上"。根据《浸礼会和平民报》提出的一个有趣的论点，史密斯当选将导致所有已婚的新教徒变成通奸者，因为他们没有找天主教牧师主持婚礼。"投票给阿尔·史密斯，"该社论文章总结说，"就等于说我们的后代都是私生子。"

---

[*] Knights of Columbus，这是世界上最大的天主教会兄弟会志愿者组织。——译者注

民主党人以同样的精神做出了回应，他们发布了一张伪造的照片，照片上胡佛与共和党黑人领导者玛丽·布兹（Mary Booze，这名字起得很蹊跷，因为"Booze"是"豪饮、暴饮"的意思）跳舞。为了进一步支持史密斯，民主党人声称，1927年胡佛在担任密西西比洪水特别救济委员会主席期间，放下工作去跟黑人妇女发生性关系。

交易量创纪录

1928年，纽约证券交易所的成交量创下纪录，达到9.175亿股。当时惊人的交易量极大地提高了纽约证券交易所交易席位的价值。它从当年29万美元的低点，狂飙至59.5万美元。这一水平直到1986年才再次达到，此时通货膨胀已大大降低了美元的购买力。根据消费者物价指数的变化进行调整后，纽约证券交易所席位在1928年创下的最高价格，相当于1987年115万美元纪录的3.5倍。

悲情结局的预演

1928年12月，公司和私人经纪贷款机构暂时收回"盈余"以满足年底的现金需求，股价再次暴跌。短短8天之内，道琼斯工业平均指数就从11月28日的高点跌至257.33点，下跌了13%。美国无线电公司在12月7日遭受了规模最大的单日损失——股价跌了72个点。

经纪贷款机构的利率达到了令人生畏的12%，但投机者仍然吵着闹着要借钱投身股市。尽管1928年全年美联储都在向位于纽约的成员银行施加压力，要求限制经纪贷款。但这一刻，它们很快就填补了非传统贷款人暂时撤离后留下的空白。流动性的恢复让市场收复了部分失地,接着又收复了部分失地。1928年结束时,道琼斯工业平均指数创下了300.00点的历史新高。

1928年,标准普尔500指数的总回报率为43.61%,比前一年的傲人表现还高出近6个百分点。据《华尔街杂志》报道,此次暴涨在若干方面都前所未有。首先,它发生在货币市场利率处于多年最高水平之时。其次,尽管银行当局努力拉低市场,股市仍然上涨。最后,它打破了总统大选年的所有纪录(实际上,在本书研究的10个高收益年份中,除了1928年,只有1908年是总统选举年)。

提前卖出的巴鲁克

伯纳德·巴鲁克(Bernard Baruch)用"疯狂"和"谵妄"来形容1927—1928年股价的惊人上涨。这位传奇的投机者认为,这种集体的疯狂是一种根深蒂固的人类特点。巴鲁克在自传中写道:"或许这种力量跟驱动鸟类迁徙或整个海洋中鳗鱼种群大规模活动的力量,是同一种。"

1929年大崩盘之后,巴鲁克提到了一本首次出版于1841的书,从而让"集体歇斯底里症假说"广为人知。名为《大众错觉与群体狂热》的这本书介绍了过去几轮看似疯狂的投机。根据作者查尔斯·麦凯(Charles Mackay)的说法,在1634—1637年的荷兰郁金香热期间,"该国的普通工业遭到忽视,哪怕是最底层的民众也开始从事郁金香贸易"。1720年,"南海泡沫"席卷英国,也出现了一种类似的全国性痴迷。"当时似乎全英国的人都变成了股票从业者,"麦凯写道,"交易街每天挤满了人,康希尔

第四章　1928年

街也被马车堵得水泄不通。"类似地,巴鲁克在时隔30年后说:"在我们这个时代,1927—1929年的股市疯狂,席卷了社会的各个阶层。"

巴鲁克早在20世纪初就第一次读到了《大众错觉与群体狂热》。因此,如他所说,他应该一早就看出了1927—1929年的疯狂。事实上,流行的说法是,巴鲁克巧妙地躲过了大崩盘。他自己后来也说,他在1927年就意识到美联储放松信贷带来的危险。一如他朋友们所听说的故事,巴鲁克意识到股市岌岌可危,便缩短了在苏格兰的假期。在搭乘轮船回家的路上,他把股票全都抛出,等着股市的必然下跌。"实际上,在1928年我卖出了好几次,结果市场却一直在涨。"他在1957年的自传中写道。

到自传问世的时候,巴鲁克的记忆大概已经有点模糊了。尽管有记录证实他最初提醒过市场遭到高估,但显然,他并不喜欢做个宣导厄运的人。1929年,巴鲁克屈从于传染性极强的愉快情绪,发表文章预测未来会更加繁荣。在此后的岁月,华尔街的批评人士经常把这篇文章作为证据,控诉"新时代"令人视角扭曲。

根据詹姆斯·格兰特(James Grant)在1996年为巴鲁克写的传记,"大量证据支持的结论是,他并未及时卖出"。大崩盘之后的好几个月,这位著名的总统顾问都没有意识到国家经济问题的严重性。他的财富之所以完好无损,很大程度上是因为他没有过度举债,也没有条件反射般地在1929年底的"廉价"阶段买入。(更大的跌幅尚未出现。)

巴鲁克"预见大崩盘"的名声,似乎主要来自他和其他许多人不一样,没被崩盘抹杀。在大萧条造成的极度贫困状态中,他

105

持续的高调生活方式和对慈善机构的慷慨捐赠,加深了人们的印象:他一定是明智地预见了不可避免的灾难。在"软钱"政治捐款的早期例子中,巴鲁克将他的办公室变成1932年民主党总统竞选活动的免费研究所。那一年,该办公室的维修费用接近9万美元。当然,巴鲁克也并不出手阻止人们推断:他之所以还能这么大手笔地花钱,是因为他在灾难发生前已经精明地卖出了。

乐观的女记者

塞西莉亚·威科夫在《华尔街杂志》上撰文指出,1928年股价的持续上涨让许多广为接受的股票估值理论变得过时。毕竟,历史基准来自基准列表由人们感觉甚为遥远的工业企业所主导的时期。威科夫解释说,人们可以投资那些生产日常生活常见物品的公司。对于与收音机、冰箱、汽车,甚至早餐食品相关的股票,投资者很自然地感觉熟悉。此外,他们意识到,证券价格不仅反映了当前收益,还反映了未来前景。

按威科夫所说,普通人看好美国,因此也会看好美国股票。"大多数商界人士认为,"她写道,"在胡佛的领导下,这个国家正进入有史以来最伟大的商业复兴时期。"

事实证明,对于自己的生意前景,威科夫的评论太过乐观了。1927年,在她成为唯一所有者的一年后,《华尔街杂志》的发行量达到了7.5万份。但在大萧条期间,该杂志的发行量开始下跌。到1966年她去世时,发行量下降为不到1万份。

尽管如此,在那个华尔街几乎对女性紧闭大门的时代,威科夫做得还不错。金融作家和证券分析师维克多·莫里斯(Victor Morris)回忆说,直到20世纪50年代,他都不得引用女性作为消息来源，哪怕对方是一家公司的官方投资者关系主管。面对这样的偏见，威科夫在杂志刊头上将自己的名字写为"C. G. 威科夫"。考虑到受众群体对女性的金融知识基本上持怀疑态度，她还用了"查尔斯·本尼迪克特"的笔名。莫里斯前往《华尔街杂志》编辑部赴约时，在走进威科夫的办公室之前，都没有意识到自己要见的出版商是位女性。

塞西莉亚·威科夫，原姓希尔，1888年出生于底特律。搬到纽约学习唱歌后，她到蒂克出版公司工作，该公司是《华尔街杂志》的发行商。24岁时，希尔成为公司的司库。1913年，她获得了公司25%的股份，并嫁给了老板理查德·威科夫。婚后不久，希尔获得了另外25%的所有权，1926年成为唯一经营者。这对夫妇于1929年离婚，理查德·威科夫在法庭上试图重新获得公司控制权，但他的此番努力宣告失败。理查德·威科夫于1934年去世。莫里斯回忆说，塞西莉亚·威科夫是个强悍的人。

顺便说一句，塞西莉亚·威科夫并不是唯一一个出于职业原因而隐瞒性别的记者。1935年，金融专栏作家西尔维娅·波特（Sylvia Porter）开始在《纽约邮报》上报道华尔街，署名"S. 波特"。但这位妩媚的女士从不掩饰自己的女性魅力。在一次社交聚会上，她穿了一件低胸礼服，纽约联邦储备银行的简报会负责人伦道夫·伯吉斯（Randolph Burgess）和她打招呼，说："啊，西尔维娅，我从来没见过这样的你。"（伯吉斯是个精神饱满的人，有着成就斐然的职业生涯，先后担任过国民城市银行、花旗银行的执行委员会主席，以及美国驻北大西洋公约组织大使。）

格雷厄姆的观点

对于估值标准的变化,格雷厄姆的观点不像朋友塞西莉亚·威科夫那么乐观。1934年,格雷厄姆出版了具有里程碑意义的教材《证券分析》,他引用了一度意味着持续繁荣的短语"新时代"。"新时代不再以既定的价值标准来判断市场价格,"他写道,"而是将价值标准建立在市场价格之上。"

格雷厄姆与威科夫的合作始于1919年。他向《华尔街杂志》投了稿,题为《债券的议价》,并很快成为定期撰稿人。最后,杂志社邀请格雷厄姆担任主编,并提供了丰厚的薪酬和可观的利润分成。格雷厄姆认真考虑了这一提议,但或许是受1920年晋升为初级合伙人的提议的诱惑,他拒绝了。不过,格雷厄姆利用自己与威科夫夫妇的友谊,为弟弟维克托·格雷厄姆(Victor Graham)在该杂志的广告部找到了一份工作。

维克托迅速当上广告部的主管,赶上了《华尔街杂志》发行量在20世纪20年代冲顶的东风。广告销售额节节攀登,维克托的事业也蒸蒸日上。遗憾的是,这时他爱上了一名年轻女子,1928年与之结婚。对此,塞西莉亚·威科夫大发雷霆。根据格雷厄姆的说法,她对维克托有些暧昧的意思,要不就是希望维克托娶自己的妹妹,抑或两种心思都有。维克托离开了该杂志社,进入投资银行工作,但这份事业远不如此前的成功。在整个过程中,格雷厄姆都与威科夫夫妇保持着良好的关系,甚至在两人离婚后也是如此。

不同意见

1928年，《华尔街杂志》的另一位撰稿人小洛林·达纳（Loring Dana, Jr.）认为偏离传统估值标准十分危险，他写道："新理论的特点是彻底抛弃任何衡量'内在价值'的旧时传统标尺。"达纳声称，诸如市盈率、净值市价比等试金石，甚至资本必须获得公平回报的概念，都被抛弃。达纳在这篇文章的标题中恰如其分地体现了柯立芝繁荣的绰号："股价的神奇新时代"。

在达纳看来，价格和价值的脱钩归根结底反映的是：相较于可用的投资机会，美国面临资本过剩。他解释说，直到第一次世界大战，美国一直处于资本匮乏状态。但现在国内工业拥有了所需的全部资本。它们的生产能力足以满足国内市场，同时，所有的外国市场都向美国开放。"我们已经度过了资本匮乏的阶段，又还不习惯把过剩的财富外借。"达纳写道。

诚然，自第一次世界大战结束以来，美国已经购买了数十亿美元的外国证券。即便如此，国内的各类储蓄仍不断增加。按达纳的数据，在此前的10年里，人均银行存款增长了113%，而用于建筑活动或存入贷款协会的款项也从20亿美元增长到了70亿美元。自1922年以来，41家顶尖人寿保险公司承认的资产从70亿美元膨胀到了130亿美元。

达纳说，为此，美国正在"制造"证券，作为吸收国家过剩投资需求的另一种方式。另外，贷款机构向活期借款市场投入了数十亿美元，为购买新发行的股票提供资金。这么多的资金追逐少得可怜的真正投资机会，也难怪传统的估值指标越来越难以应用。

109

上涨结束

事实证明，小洛林·达纳的担心是有道理的。尽管股市在1928年底之后继续上涨，但1929年10月29日黑色星期二，那场著名的大崩盘到来了。多亏了达纳这类有先见之明的评论，尽管出版商威科夫在1928年发表了没那么有眼力的观点，《华尔街杂志》还是因为预测到了危机而收获了声誉。

当天的成交量为1 640万股（这一纪录保持了40年），道琼斯工业平均指数下跌了31个点，相当于其价值的12％。蓝筹股暴跌——美国电话电报公司的股价下跌了38％，标准石油公司的股价下跌了42％，通用电气的股价下跌了58％。道琼斯工业平均指数在10月从最高峰跌到了最低谷，下跌了41％，并且要等整整25年才能再度站上1929年的高点。暴跌结束后，140亿美元的价值烟消云散。

肯尼迪也抛出了

伯纳德·巴鲁克并不是唯一一个通过宣扬所谓的预言能力从这次大崩盘中获利的投机者。未来总统的父亲约瑟夫·肯尼迪同样吹嘘自己预见了这场灾难。显然，肯尼迪不仅在"黑色星期二"到来之前就先清了盘，还通过做空交易净赚了100多万美元。日后他担任美国证券交易委员会第一任主席，对这件事的态度变得摇摆不定，有时他会否认，有时他又会暗示真有这么一回事。

肯尼迪无数次地重复自己对市场时机的敏锐洞察。他声称，当他发现连擦鞋匠都积累了大量宝贵的内幕消息时，便意识到收手的日子到了。"当擦鞋匠都跟我一样了解股票市场的情况时,"肯尼迪后来说,"就是我该退出的时候了。"只有傻瓜才会为了追求最高点而坚持下去,他补充说。

这位消息灵通的投机客兼擦鞋匠是帕特里克·博洛尼亚(Patrick Bologna),他在曼哈顿金融区经营一个擦鞋摊。这个战略位置使他得以从著名的股票投机操盘手那里收集真正有价值的信息,如通用汽车创始人杜兰特,以及伯纳德·史密斯(Bernard Smith)。后者靠大崩盘赢得大名,外加后来收获的熊市抛空者称号"全卖了·本"。肯尼迪的传记作者罗纳德·凯斯勒(Ronald Kessler)认为,肯尼迪将自己的悲观顿悟归因于博洛尼亚完全是胡扯。最先意识到是时候卖出的是肯尼迪的导师、波士顿律师盖伊·柯里尔(Guy Currier)。

这位未来的首席证券看门人报答导师善意的做法是,等柯里尔外出度假时,从他的文件中搜寻敏感信息。按凯斯勒的说法,肯尼迪利用所得信息策划了一场对自己非常有利的电影公司合并,此事让柯里尔感到自己被人捅了刀子。(多年来,柯里尔的门徒肯尼迪得到了爱在朋友背后捅刀子的名声。在华尔街有人诙谐地评论说:"我不知道为什么肯尼迪要背叛我——我又没帮过他!")

卓别林保住了财富

电影明星查理·卓别林(Charlie Chaplin)回忆说,在大崩盘前一天的晚上,他与作曲家欧文·伯林(Irving Berlin)共进晚餐。在卓别林的记忆中,作曲家对市场的前景非常乐观。在伯林最喜欢的餐厅,一名女服务员用不到一年的时间就将一笔不太大的股票投资增值到 4 万美元。伯林本人坐拥超过 100 万美元的利润，有人估计，他的投资组合总价值达 500 万美元。

卓别林建议伯林把赚到的利润换成现金，他自己在前一年（1928 年）就已经这么做了。"小流浪汉"解释说，失业人数已经冲上 1 400 万，再持有股票不明智（这是卓别林后来的回忆）。按卓别林的说法，伯林指责他不爱国，并大声说："怎么回事，你竟然卖空美国？！""华尔街下了一个蛋"（这也是《综艺报》当年的经典标题）之后，伯林的财富化为乌有。卓别林说，几天后，伯林来到了电影《城市之光》的拍摄地。伯林颓唐又满怀歉意地问自己是从哪里得到的消息。

答案是英国机械工程师 C. H. 道格拉斯（C. H. Douglas）所著的《社会信用》（*Social Credit*）一书。道格拉斯对经济体制的分析，以及他得出的所有利润都来自工资的结论，给卓别林留下了深刻的印象。道格拉斯认为，这种制度的内在缺陷在于，总购买力长期低于产能水平。为了改善这种状况，政府应该分配社会信用，即发放现金。

道格拉斯的理论打动了自学成才的卓别林，但给经济学家们留下的印象却不怎么样。卡尔顿大学的莱斯利·A. 帕尔（Leslie A. Pal）写道："他的观点受到大多数经济学专业人士的嘲笑。"麦吉尔大学的莫里斯·皮纳德（Maurice Pinard）在谈到社会信用时说："这一学说建立在一个基本的谬误上。"按照帕尔的说法，到第二次世界大战中期，"道格拉斯及其追随者已沦为反犹太主义和全球金融家阴谋论的代表"。

就算我们假设道格拉斯的想法有一定的合理性，卓别林的清盘冲动兴许也并不来自任何敏锐的分析。35 年后，他回忆说，

第四章 1928 年

1928 年，查理·卓别林依据荒唐的经济学理论卖掉了股票。这位喜剧大师因此躲过了 1929 年的大崩盘，这跟他 1947 年拍摄的电影《凡尔杜先生》中的主角不同。

约瑟夫·肯尼迪被选为美国证券交易委员会主席，理由是"要靠贼才能抓到贼"。事实证明，这位臭名昭著的股票操盘手成了华尔街合格的看门狗。1935 年他卸任时，市场一度暴跌。

他得到的卖出信号是 1928 年发布的一份称 1 400 万人失业的报告。可以肯定的是，20 世纪 20 年代收集经济统计数据的程序不像今天那么先进。但如果卓别林提供的数字是正确的，那么 1928 年的失业率要远远高于几年后全面大萧条期间的同时代的失业率估计值。

根据 B. R·米切尔（B. R. Mitchel）的《国际历史统计：美国 1750—1988 年》(*International Historical Statistics：The Americas 1750—1988*)，1928 年的失业人数为 200 万。这一数字高于 1927 年的 150 万，但低于 1921 年和 1924 年新近观察到的水平。1933 年的巅峰失业水平（这恐怕才是卓别林多年后模糊记得的）是 1 300 万。

这位伟大的喜剧演员搞错了一些细节，这没什么好奇怪的。毕竟，他称自己的经济学导师为"H. 道格拉斯"。其他资料无一例外地要么使用 C. H.（代表 Clifford Hugh），要么只称他的姓。

那么，悬而未决的问题就只剩一个了：卓别林对伯林低头认错的回忆，是不是比他对经济统计数据的回忆更准确呢？伯林的女儿玛丽·埃林·巴雷特（Mary Ellin Barrett）说，父亲有风度地接受了自己在 1929 年的全军覆没。"好在我有一个有钱的妻子。"伯林后来开玩笑说。的确，伯林夫人的祖父是一位探矿家，是内华达州康斯托克大矿脉传说中的一位白银大王。有些人认为他是哈德逊河以西最富有的人。幸运的是，他孙女的信托基金投资比较保守，因此她和她的丈夫并没有因为大崩盘而穷困潦倒。"麻烦只是一个泡沫，"伯林在歌词中写道，"乌云很快会消散。"

虽然这位伟大的作曲家及其家人免于大萧条期间的经济困难，但大崩盘之后，伯林却遭受了一轮心理上的萧条。在这轮长达两年的灵感干旱期里,伯林发现自己无法创作出任何动听的新旋律。最后,直到1931年夏天,他才打破了僵局。他为次年2月开幕的音乐剧《让我们迎乐而舞》* 写了多首令人难忘的歌曲,有一首叫《再来一杯咖啡》(*Let's Have Another Cup of Coffee*)。伯林在歌词里对乐观主义温和地加以嘲讽:"胡佛先生说,是买进的时候了。"对被誉为"伟大工程师"的胡佛来说,这话说得有些过早了,因为股价直到1932年7月才见底。不过,接下来的一年将要见证20世纪最大的牛市之一。

大崩盘之后,伯林又活了60年,到101岁才去世。这让他有足够的时间弥补损失。也许,他从卓别林与几位合作者共同创作的一首热门歌曲的歌词中受到了启发:"当天空中现出乌云,如果微笑,你便能熬过去。"无论如何,伯林似乎并未因卓别林躲过了1929年的股灾怀恨在心。然而,"小流浪汉"似乎缺乏爱国精神,这让这位创作了《上帝保佑美国》(*God Bless America*)的作曲家有些芥蒂。在第二次世界大战期间,卓别林拒绝回到自己的祖国英格兰,以显示与同胞们的团结,这让伯林尤其恼火。不过,这位作曲家和卓别林仍然是朋友。伯林的女儿说,在她对父亲最初的记忆中,他似乎总在动弹,有点滑稽,"就像加速无声电影里的卓别林"。

小说家的预言

与卓别林一样,辛克莱·刘易斯(Sinclair Lewis)也是传说

---

* 原文是"Face the Music",也有"面对现实,承担后果"的引申义。——译者注

中预言了1929年大崩盘的一位名人。1928年8月，这位小说家结束欧洲之旅回到纽约，从哈考特出版社的办公室凝视着麦迪逊大道。"一年之内，这个国家必将经历一场可怕的恐慌。"据说刘易斯这么宣称。人们问他为什么这么想，他回答说："我不是靠想的，我是知道。难道你们没看见、没嗅到吗？就在这条街上，我能看到人们从窗户里跳出来。"随着故事的发展，这真是一种相当了不起的预言。可奇怪的是，大崩盘后不久，人们提醒刘易斯他做过这个预言，他却说自己不记得了。

著名的经济预言家

对1929年10月29日的大崩盘做出过最具戏剧性预测的或许要数罗杰·巴布森了。1929年9月5日，这位著名的经济预言家在全国商业会议上发表演讲时警告说："崩溃迟早会到来，而且或许非常可怕。"后果会可怕至极，他警告说：工厂关门，失业率上升，严重的萧条将取代新时代的繁荣。消息一经传出，股价立即暴跌，此事被称为"巴布森突变"（Babson Break）。

巴布森自己承认，他在1927年和1928年做出过基本相同的预测，但均未得到证实。《巴伦周刊》也附和说，巴布森已经谎报了4年的"狼来了"。此外，该杂志还指出，直至9月3日，巴布森自己的投资研究机构还预测市场状况良好。这家位于马萨诸塞州韦尔斯利的咨询公司敦促其客户与"建设帮"合作，不要跟"破坏队"同流合污。据《巴伦周刊》所说，9月5日的暴跌实际上是技术面疲软的结果，是连续3周猛烈上涨后的获利回吐。"巴布森的断言，"该杂志得出结论，"几乎没有什么意义，只不过为来得正是时候的技术修正充当了一个有利的解释。"《商业周刊》对巴布森的预言也不屑一顾。该杂志引用了华尔街的一个打趣说法，将9月5日的抛售斥为"巴布森弱智的攻击"。

但后来，由于巴布森过早地预测在1930年9月美国经济便将复苏，批评他的人不免感到了欣慰。他的各种绰号——"韦尔斯利贤者""韦尔斯利山先知""商业德尔斐神谕""巴布森公园术士"——都带有一定的讽刺意味。至于他的分析方法，由他创办的巴布森学院出版的一本就整体而言大唱赞歌的传记总结道：

> 他的伪科学观念，即物理学定律可以解释经济的每一次起起落落，并不比星象掌控人类的命运、点石可以成金等古老信仰更可靠。

公平地说，巴布森关于将经济周期分为4个阶段的复杂概念，仍然受到一些有思想的经济学者的高度重视。他联合约翰·穆迪首次对商业统计数据进行了系统性的汇编。巴布森还是一个笃信宗教的人，出了名的正直、乐善好施。有一段时间，他雇用了失业的石匠，在他家乡马萨诸塞州格洛斯特的道格敦大石头上刻下了"勤俭节约""保持清洁"等劝诫字样。

巴布森还有其他一些轶事：

• 由于年轻时患过肺结核，他随时都需要新鲜空气。在巴布森统计组织（日后的商业统计组织）办公室里，哪怕是冬天也窗户大开。秘书们穿着有兜帽的羊毛长袍，脚穿羊皮靴。由于太冷，没法脱掉手套，他们使用巴布森设计的微型橡胶锤来敲击键盘打字。

• 在禁酒令废除7年后，巴布森以"禁酒党"身份竞选总统。(他落选了。)

- 巴布森估计,电影的不良影响占美国所有犯罪行为的85%,这一荒唐的言论危及了他作为统计专家的名声。
- 1948年,为获得永生,巴布森决定投身一项发现反重力物质的尝试中。虽然没有任何理论支持他的研究,但他并不气馁,还是提议检验数千种材料,直至找到可行者。他进行这一尝试的起因是,回想起自己年轻时航海的经历,水手们公认涨潮时爬桅杆比其他时候更容易。他极为轻描淡写地说:"我不是科学家。"

清醒的约翰·肯尼迪

就股市洞察力而言,和一早就知道市场气氛的罗杰·巴布森截然相反的是约瑟夫·肯尼迪的儿子约翰·肯尼迪。1930年秋天,13岁的未来总统从康涅狄格州新米尔福德的坎特伯雷中学写信给父亲:"请把《文学文摘》寄给我,因为我很久以后才知道市场暴跌,或者寄给我一篇论文也行。另请寄给我一些高尔夫球……"谢天谢地,年轻的约翰·肯尼迪后来选择以历史学家而非预言大师的身份来建立自己作为知识分子的声誉。

清仓后又买入的杜兰特

1929年的大崩盘是毁灭性的,然而,1930—1932年的亏损其实更大。1929年,道琼斯工业平均指数从300点跌至248点,1928年跌至165点,1927年跌至78点。在1929年9月1日到11月1日间,于纽约证券交易所上市的证券总价值从897亿美元降到718亿美元。到1932年7月1日,这一数字下降到156

亿美元。1929 年 9 月 3 日，美国无线电公司的股价达到了 101 美元的高点；而到 1932 年，该公司的股价跌至 2.5 美元的低点。对许多投资者来说，最糟糕的日子在黑色星期二之后很久才出现。

了不起的投机者杜兰特就是个典型的例子。根据一些说法，他在 1929 年 5 月精明地退出了市场。可故事接着说，崩盘之后，他又重新跳了进去，并大肆举债买入股票。到 1929 年底，杜兰特的经纪人开始要求他偿还债务。1930 年末，通用汽车公司的这位前掌门人向一位老朋友透露，自己已经一文不值，但他在公开场合仍然表现得很有信心。有报道称，他因未能满足 500 万美元的追加保证金要求而被迫卖出，对此他回应称："我是最富有的人……在美国，不，是在朋友们当中。"然而，到了 1936 年，他不得不申请破产。

杜兰特并未放弃自己的乐观精神，他将自己的破产归咎于几名贪婪的、想在他的债务清偿中获得优先权的经纪人。他后来的投资项目包括在密歇根州弗林特开办的一家有 18 条球道的保龄球馆。这可不是一家普普通通的保龄球馆。杜兰特认为它是"一家连锁娱乐中心的头等要素"，将让这一蓝领运动变得受人尊重，并吸引妇女和教会团体参加。他还认真考虑为一种收音机遥控装置的发明人以及对抗"烟鬼牙渍"的强效牙膏的开发者筹措资金。

格雷厄姆看到了危险

高风险投机者并不是唯一一类在 1928 年股市冲上高峰并在秋天一败涂地的人。更有头脑的格雷厄姆在那一年取得了相当大的成功，他同意长期租赁纽约中央公园西区新贝雷斯福德公寓楼的一套豪华复式公寓。装修需要花一大笔钱，由于施工拖延，这个白手起家、资产接近百万美元的家庭直到1929年10月才入住新居。

格雷厄姆后来回忆说，大崩盘到来之前，他和伯纳德·巴鲁克都认为："股市已经涨到了紊乱的高度，投机者都疯了，受人尊敬的银行家沉溺在不可原谅的狂欢之中。这样的局面总有一天会以大崩盘收场。"虽然有着敏锐的洞察力，但格雷厄姆拒绝劝说自己的投资伙伴转到更具防御性的仓位。令他后来倍感懊悔的是，他拒绝了巴鲁克的合伙人提议（如果这样做了，他将能够在随后的市场衰退中现实相当大的缓冲）。

格雷厄姆的联合账户在1929年损失了20%。次年早些时候，时年93岁、出身制服制造业的富豪巴鲁克敦促格雷厄姆清空所有证券，并返还所有合伙人的资本。"我比你年纪大得多，"巴鲁克劝他，"比你经验更丰富，你最好接受我的建议。"但格雷厄姆没有。1930年，他的基金损失了50.5%。

为削减生活开支，格雷厄姆夫妇把新贝雷斯福德公寓楼的房子转租了出去。格雷厄姆的出行方式改为乘坐地铁，不再搭乘出租车。外出就餐时，他会浏览菜单，寻找便宜的主菜。（他还解雇了母亲的司机。）

崩盘前的赞歌：人人都应发家致富

杜兰特的财富到1932年时已经缩水得很厉害，《纽约时报》在头版报道新披露的1929年美国无线电公司股票投机事件中竟忽略了他的参与。在短短一周内，这一操作就以1 270万美元的投资帮参与者净赚了近 500 万美元。除了一张表格列出杜兰特参与了 25 000 股之外,《纽约时报》在报道中根本没有提到他。5 年前,《纽约时报》上一则报道的标题就为《杜兰特在股市上挥舞鞭子》。

《纽约时报》没有把重点放在杜兰特身上,而是聚焦于其他规模相当甚至较小的参与者,如沃尔特·克莱斯勒（Walter Chrysler）和佩尔西梅·洛克菲勒（Percy Rockefeller）。同样引人注目的还有纽约爱迪生公司的董事长尼古拉斯·布雷迪（Nicholas Brady），他参与了 5 万股。[布雷迪在美国无线电公司股票投机事件曝光前两年去世。阿尔·史密斯、富兰克林·罗斯福（Franklin Roosevelt, 小罗斯福）和其他人的悼词都强调了他的宗教奉献精神和慈善事业。]《纽约时报》还详细介绍了股票池经纪人迈克尔·J. 米汉（Michael J. Meehan）扮演的角色。（参议院银行与货币委员会希望对米汉公司的双重角色进行质询。该公司既是股票池的经纪机构,又是纽约证券交易所关于美国无线电公司的专家。然而,律师告诉委员们,米汉接受 3 名医生的建议,"已于前夜启航前往欧洲"。）日后,一些报道将整件事描述为是米汉的主意,但在 1932 年,《纽约时报》称之为"拉斯科布的无线电股票投机"。

通用汽车财务委员会主席约翰·拉斯科布,在 1928 年为美好的商业前景大唱赞歌,直到大崩盘爆发前夕,他仍公开持乐观态度。1929 年 8 月,拉斯科布在《妇女家庭杂志》的一篇采访中表达了自己的观点,那篇采访名为《人人都应发家致富》。

在采访中,拉斯科布指出,10 年前用 1 万美元购买通用汽车股票,如今已经增长到 150 多万美元。"可以说,这是极为可观的增长，在未来 10 年条件会有所不同。"在长达 10 年的大萧条即将到来之际他这样总结道，"这个预言可能是真的，但并非建立在经验之上。"

幸运的是，这位在财务上历来精明的高管自己躲过了即将到来的灾难。他通过"冲洗交易"* 设法降低了自己在黑色星期二遭受的损失（其实这损失本来也不太大）。这一技术后来遭到了取缔，相关交易仅仅是为了形成税务上的亏损（借此避税）。

在预言持续繁荣和躲过大崩盘之间，拉斯科布接受了朋友阿尔·史密斯的任命，在 1928 年总统竞选期间担任民主党全国委员会主席。（有一件似乎无关紧要的事：拉斯科布在 1924 年支持的是柯立芝，还发誓说，如果"沉默的柯立芝"答应竞选连任总统，他还会再投他一票。）作为民主党的主要筹款人，拉斯科布展现出了曾使杜邦利益集团在通用汽车公司获得权力的同等财务敏锐力。这是历史上的第二次，民主党在总统竞选期间比共和党有更多的现金可花。

拉斯科布在政治筹款方面的成功，部分取决于他接受了党内一些人认为的见不得光的捐款。拉斯科布另一个尽显聪明的主意是让县信托公司向民主党全国委员会发放了一笔 150 万美元的贷款。其负责人是史密斯的密友吉姆·赖尔登（Jim Riordan）。拉斯科布说服了史密斯的一些亲信在票据上签名，并向他们保证绝不会要求他们兑现（这是那些人日后的回忆）。拉斯科布说，一旦史密斯当选，便会涌入大量现金。这是一件好事，因为一些背书人知道，如果贷款被收回，自己会很难受。要不是法律对个人

---

* wash sales，也译作"假售回购"，是指投资者在当前亏损状态下卖出证券，随后又买回相同的证券，借此进行避税。——译者注

竞选贷款规定了限额，拉斯科布会有足够的财富以个人名义担保全部的150万美元。尽管如此，他并未亲自替票据背书。

不幸的是，县信托公司因股市大崩盘而岌岌可危，其总裁赖尔登自杀了。拉斯科布接手了总裁职位，史密斯担任董事长，并认为有必要立刻收回提供给民主党全国委员会的贷款。由此引发的财务冲击，给史密斯的核心圈子带来了巨大的痛苦。纽约巨人队的老板、前博彩商蒂姆·马拉（Tim Mara）承担了5万美元的债务。马拉告诉拉斯科布，要想拿回这笔钱，就得下地狱去拿。

由于感情失和，史密斯的几个老伙计转而效忠他以前的门徒、未来的竞争对手小罗斯福。拉斯科布决定修建帝国大厦，并聘请史密斯担任合资公司的总裁，局面才稍稍缓和了一些。

第五章　1933年

　　政府采取的特别复苏和改革措施,将在一些方面加快美国的经济复兴,而在另一些方面造成阻碍。但我们正朝着正确的方向前进。

　　　　——约翰·D. C. 威尔登（John D. C. Weldon）,《华尔街杂志》

　　长远来看,股市是投机者而不是投资者造就的。借钱购买股票的信心、对利润上升的合理保证,是在股市上涨期间持续进行投机活动的关键。

　　　　——《交易员》专栏,《巴伦周刊》

　　通货膨胀之于经济学,正如性之于文学。任何人在书写这两者时,都不可能不写到他自己。

　　　　——《财富》杂志

令人绝望的泥沼

距离大萧条已经过去了两代人,很难相信道琼斯工业平均指数在 1933 年飙升了 66.69%。与 1927 年和 1928 年的好年景不同,这轮上涨并不是证券借贷推动的。当年,对经纪商的贷款,以及经纪商对客户的贷款都有所下降。投资者当时在想些什么呢?在那个时间点上,对美国来说漫长的经济磨难还有一半的路要走。以当时的视角来看,押注经济强劲复苏一定显得很愚蠢。

以现在的视角来看,期待在股市中发财更加离谱。一如通俗史所载,1929 年的大崩盘彻底击垮了"新时代"的成功投机者。此刻,他们在白天排队领取救济面包,到晚上就睡在胡佛村(这是大萧条期间无家可归者暂住的营地)。对这数百万不幸者而言,隐约可听见的资本收益诱惑之歌应该是一种残酷的嘲弄。

按照这些叙事,普通美国人身无分文、深陷绝望。他们既没有必要的乐观精神,也没有所需的钱财对美国的未来进行投机。唯一的一线希望(至少是这么传说的),是 1932 年 11 月富兰克林·罗斯福当选总统。根据一个消息来源,小罗斯福在 1933 年 3 月的就职演讲中向美国人民保证,"唯一值得恐惧的只有恐惧本身",这句激动人心的话可能来自一家百货商店的报纸广告。

不过,小罗斯福演讲稿的编辑塞缪尔·罗森曼(Samuel Rosenman)推测,这句鼓舞人心的话改编自亨利·戴维·梭罗(Henry David Thoreau)。第一夫人埃莉诺·罗斯福(Eleanor Roosevelt)支持这一假设。但据曾在小罗斯福政府担任助理国务卿的哥伦比亚大学教授雷蒙德·莫利(Raymond Moley)所说,实情并非如此。1966 年,莫利告诉专栏作家威廉·萨菲尔(William Safire),"恐惧本身"这一短语出现在1933年2月一家百货商店的广告中。小罗斯福的另一位顾问路易斯·豪（Louis Howe）将那句话加入了总统的演讲稿初稿中。按莫利的说法，除了侦探小说和报纸外，豪什么都不读，而且可能从来没有听说过梭罗。

然而，根据流传开来的故事，对那些仍有一点资本的少数幸运儿来说，值得恐惧的事情有很多。毕竟，有钱人不都在骂"白宫里的那个人"是个危险的激进分子吗？小罗斯福被斥责为他所在阶级的叛徒，决心通过通货膨胀摧毁一切他不能收缴的财富。在这样的背景下，1933年，投机者便匆忙重返市场听起来似乎不大可信。更为矛盾的是，在小罗斯福就职后的9个月里，收入超过100万美元的人数比前一年增长了130％。（《巴伦周刊》在1934年底发表评论，将这一统计数字归结为因为预计将出现通货膨胀，证券价格和商品价格快速上涨。然而，该刊物指出，这种突然出现的财富增长发生在新政涉及的所有金融市场改革生效前。）

事实上，1932年底，投资者的情绪绝非普遍悲观。在当年的7月8日至9月7日，道琼斯工业平均指数几乎翻倍。铁路股在大约同一时期上涨了近3倍。这两个月的股价之所以异常飙升，直接的原因是德国重新就第一次世界大战的赔款发起谈判并获得成功。与此同时，股市名副其实地充当了经济的先行指标。1932年秋，美国的商业活动明显好转。

对许多投资者来说，唯一刺耳的音符是，在总统竞选初期他们便意识到胡佛可能会输。但当这一可怕的事件成真时，股市实际上反倒上涨了好几天。与此同时，商业前景依然乐观。1933

年1月2日，《华尔街日报》评论说，华尔街虽然普遍认识到复苏会来得很慢，但不再对市场持恐慌情绪。

我们无意抹杀数百万美国人在大萧条期间所遭受的可怕痛苦，但我们能够驳斥将1933年的反弹定性为彻底的反常现象的说法。尽管时局艰辛，但投资者并不缺乏信心。富兰克林·罗斯福1932年的竞选主题曲《幸福的日子又来到》，也不过比最著名的市场预测者稍微多了一丝乐观。

福布斯的预测

展望1933年，B.C.福布斯满口都是好消息。他看到纽约主街和华尔街的情况都有所改善。根据《福布斯》杂志的这位出版商判断，投资者只有在政治领域才会定期失望。

福布斯考察了经济，认为复苏的明显迹象将在春季出现。他认为，失业率将在第二季度有所下降，年底前后将降得更加明显。他预测，随着就业率的上升，分期付款购物将恢复。此外，他认为现金购买必然很快增加。家庭境况较好、本来就有消费能力但考虑到经济状况而不愿意消费的群体，必须要面对现有用品的累积损耗。他说，农业和其他商品的价格将大幅上涨。福布斯预测，在好几个行业，领导者都将联手稳定价格，避免物价上涨到他认为不合理的水平。

金融方面的前景可能更为光明。福布斯预测，1933年底股息的增加量将超过减少量。他认为，重新开业的银行数量将超过关闭的银行数量，商业贷款量将逐渐增加。他说，美国的黄金储备将从规模本就十分"庞大"的45亿美元再往上涨。他预计债券市场上的新债发行量和信贷质量都将提升。

牛市的理由

根据福布斯的估计,政治因素不太乐观。问题倒不在于小罗斯福会通过赤字让国家破产。相反,福布斯担心的是,小罗斯福无法兑现他在竞选中许下的减少赤字的诺言。(福布斯尤其怀疑当时大肆宣传的计划:废除禁酒令,对啤酒征税,从而消除政府债务。)福布斯说,小罗斯福严重夸大了联邦削减开支的潜力,此外,政府厉行节俭本身并不能解决赤字问题。

1933年初,《福布斯》杂志的金融编辑理查德·W.沙巴克对股市持同样的乐观态度。道琼斯工业平均指数从1932年的低点大幅反弹后,他并没有感觉到股价出现实质性下降。另外,沙巴克估计道琼斯工业平均指数可能会在下一次大幅上涨(他认为上涨会在1934年到来)中翻3倍。他随即指出,哪怕道琼斯工业平均指数翻3倍,也不足以回到1929年新时代的高位。他很有先见之明地指出,未来10~20年都不太可能重演1927—1929年的大涨。(最终,道琼斯工业平均指数时隔21年后,也就是直到1954年才回到1929年的高位。)

《华尔街杂志》在1933年1月21日列出了一份名副其实的看涨迹象清单:

- 银行业信心恢复。
- 停止囤积货币。
- 信贷供给充足。
- 债券需求旺盛。
- 大公司削减成本,部分公司有望在第一季度实现盈利。
- 联邦政府、州政府和其他地方各级政府出现了10年来平衡预算的最大热情。
- 棉花、罐头和皮革可能出现短缺,进而价格提高。

- 国外经济改善,"尤其是德国"。
- 很有希望达成国际协议,以稳定汇率、防止商品价格进一步下跌。

从技术角度来看,刚进入1933年时市场状态相当不错。《巴伦周刊》的《交易员》专栏称,似乎没有大卖家在伺机而动。没有出现接连不断的坏消息。"不惜一切代价获取现金的强烈冲动"一去不复返。在1932年最黑暗的日子里,人们就是靠着这种冲动熬过熊市的。出于同样的原因,《巴伦周刊》认为对经济复苏至关重要的大型投机者仍在观望。他们吃过1930年春一次假复苏的亏,如今,他们尚未看到大萧条走上解决之路,彻底解决更是遥遥无期。所以,交易冷淡。推动交易的主要因素是投资顾问和经纪公司的乐观情绪。按《交易员》专栏的说法,来自这些方面的买入建议,恐怕比1929年以来的任何时期都更加自信敢言。

与当代投资者所想的相反,市场预言家们似乎并不为大萧条难以解决而表现出担忧。一代人之后自诩为"资本主义工具"的《福布斯》杂志也没有这么做,相反,它担心小罗斯福会推行社会主义。诚然,福布斯宣扬的是共和党的信念,呼吁"唯一迫切需要"的是关税保护和预算平衡。他还警告说,政府将提出"革命性"的计划,为农民提供救济。可1933年初,福布斯并不认为小罗斯福当选构成了经济复苏或股市上涨的障碍。"1934年1月,"他写道,"我们会看到这个国家的形势将明显比1933年初要好。"

不看好小罗斯福

后世对1932年的大选持什么样的看法,等会再介绍。但这里不妨看看 A. T. 米勒（A. T. Miller）在小罗斯福就职前一个半月写下的话：

> 必须公允地承认，在大选开始以来的几个星期，美国人民对"新政"的热情已经消退。若想维持希望，当务之急是在 3 月 4 日迎来果断和建设性的政治领导。

没有人能预先确定地料到小罗斯福将提供这样的领导。门肯认为小罗斯福是 1932 年民主党提名的候选人中最弱势的一个。根据门肯的估计，实际上支持他的代表不超过 1/3。然而，小罗斯福仍然通过"奇妙花哨"的政治手段获得了提名。门肯指出，小罗斯福在国家事务上成就甚微，他的能力显然值得怀疑。门肯进一步发牢骚说，民主党候选人小罗斯福"唯一宝贵的财富"就是他的姓氏，因为他的姓氏总是跟共和党的胜利联系在一起。"更令人不愉快的是，"门肯总结说，"人们还对他的体力是否足以支持他胜任总统一职深表担忧。"

日后，在人们眼中，小罗斯福要么渐渐变成了救世主，要么就是独裁家。但从选举刚结束时的评论来看，小罗斯福的个性力量直到就职后才显露出来。在 1932 年的年终总结中，《华尔街日报》称："11 月 8 日，民主党总统候选人富兰克林·罗斯福当选总统，但这似乎对市场没有什么影响。"小罗斯福促使国会采取有效行动的能力尚未得到证明。"看起来他没有足够的马匹能把立法马车从泥潭里拉出来。"《华尔街杂志》评论说。总的来说，经过大选后的短暂飙升，股价在几周内出现波动，但这不足为奇。投资者拿不出令人信服的证据来说明小罗斯福能把经济拉出困境或摧毁有产阶级。

大萧条的印象

"婴儿潮"一代已千百次地从他们的父母那里听到大萧条是一个考验灵魂的时期,它向人们灌输了良好的价值观。只需从斯特兹·特克尔(Studs Terkel)1970年出版的20世纪30年代口述史《艰难时代》中随机选取一位受访者,通过概述其表述,便足以认清这一点。据一位名叫布莱基·戈尔德(Blackie Gold)的郊区汽车经销商说,那个时代的学童言必使用尊称,比如"好的,先生""不是这样,先生",从不顶撞老师。没有抗议游行,没有种族骚乱,也没有垮掉的一代。("我们从没听说有人留着山羊胡子。")戈尔德深情地回忆说,如果平民保护团*的新人身上臭烘烘的,就会有10余名战友把他按倒,强行将他送去洗澡。要是新人坚持摆出一副"乡下人"的样子,人们就会把他的头发剃掉,不管他愿不愿意。按照戈尔德的美好回忆,大萧条期间发生的最严重的盗窃案就是偷了一个土豆。"在30年代,"他难以置信地声称,"犯罪率比现在低百分之百。"

对于任何希望真正了解大萧条的人来说,财经刊物可以为大萧条的亲历者偶有模糊的回忆提供些补充。根据记录了投资者、预期和随后市场走势的散发着霉味的刊物版面,有可能构建出一段更有洞见力的社会史。

一个明显的印象是,在大萧条时期,宗教深深地嵌刻在了美

---

* Civilian Conservation Corps(CCC),小罗斯福新政最著名的改革项目之一。在1933—1942年间,美国政府为19～24岁的单身失业男性提供救济性工作岗位,推行以工代赈计划。——译者注

国的文化结构中。举个例子，1932年最后一天，《华尔街日报》的《胡椒与盐》专栏刊登了一则笑话：一位妇女发了一份电报，告知在远方城市的朋友自己的第一个孩子出生了。电报的完整内容就几个字："以赛亚书9：6。"新手妈妈以为自己的朋友一定熟知《圣经》经文（"因有一婴孩为我们而生，有一子赐给我们"）。遗憾的是，收到电报的朋友并不熟悉《圣经》。她对丈夫说，自己的朋友生了一个男孩，重9磅6盎司，她莫名其妙地给他起了个名字，叫"以赛亚书"。

自20世纪30年代以来，除了宗教在公共话语中被淡化，很多事情都发生了变化。首先，《胡椒与盐》专栏更注重轻松的诗句，而不是笑话。但哪怕是这个专栏的忠实读者，对《圣经》大多也只有粗略的印象，不可能记得具体章节里的具体诗句。此外，许多当代读者难以理解"以赛亚书9：6"这个笑话，因为还缺一个关键的前提：这个笑话要想成立，读者必须知晓如下事实——发电报的人需要行文简洁，因为电报是按字数收费的。

还有一个原因让这个笑话变得不那么可笑了：它依赖于一种如今已遭到否定（即"女人没脑子"）的刻板印象。《财富》杂志还长期保持了另一种厌女形象，将人们对美元的普遍信心与活跃的外汇交易员"婆婆妈妈式的担忧"进行对比，后者从主张民粹主义的参议员的夸夸其谈中看到了通货膨胀的预兆。20世纪30年代主要财经刊物上经常出现的种族主义幽默同样会刺激到后人的敏感神经。如今，《福布斯》杂志的编辑们做梦也不会想要刊载曾让自己的前辈们获奖的"黑色"笑话。

然而，公平地说，应该从时代的角度来评价这些资料。1933年，大受欢迎的广播节目《阿莫斯与安迪秀》粗暴地把非裔美国人描绘成撒谎成性的懒汉。此外，还可以再想想，同年，《华尔街杂志》认为对刚过世的"新时代"总统致以如下悼词毫无问题："认识卡尔文·柯立芝的人都知道，为什么洋基队仍然是美国的主要种族因素。"

最后再举一个大萧条以来有关社会变迁的生动例证，那就是香烟广告。当前，虽然美国仍有地方允许为香烟做广告，但这些广告必须提醒潜在购买者该产品对健康的危害。相比之下，1933年的骆驼牌香烟广告反而强调了该品牌香烟所谓的健康益处。按照广告文案所说，选择骆驼牌香烟的吸烟者会变得更轻松、不容易动怒。代言人迈克·汤普森（Mike Thompson）是橄榄球界最著名的裁判，他兴高采烈地说："哪怕我频繁抽烟，骆驼牌香烟也不会扰乱我的神经。"

骆驼牌香烟的制造商雷诺兹烟草公司在广告中展示了一项有用的测试，用以判断消费者是否因为抽了其他品牌的香烟而过于"心神不宁"。诊断过程是让人用铅笔去穿垂吊在绳子上的戒指。广告声称：能在3次内成功，就说明表现良好。接着，该公司指出，一位抽骆驼牌香烟的击剑冠军第一次尝试就完成了这一壮举。

从当选到就职期间

根据1933年批准的美国《宪法》第20条修正案，美国总统的就职日期提前到了1月20日。可同一年，小罗斯福一直等到3月4日才宣誓就职。败选的在任总统胡佛急于就经济问题和第一次世界大战的债务问题安排国际谈判。他觉得自己的计划应该得到即将上任的总统的批准，但小罗斯福态度冷淡。

尽管日后人们认为胡佛坚决反对政府采取举措来结束大萧条，但面对大萧条，他并非完全坐以待毙。迫于经济现实，他成立了重建金融公司。该公司发放的贷款为银行系统提供了关键支持，并最终成为新政的重要组成部分。胡佛还倡导了后来为小罗斯福政府带来良好效果的同类货币扩张政策。然而，与小罗斯福不同的是，胡佛从未想过向美联储施加政治压力，以实现其政策目标。（1933年，小罗斯福对银行系统进行的全面改革，给美联储官员留下了深刻的印象。他们意识到政府有可能采取更激进的举措，包括银行国有化，因此他们避免了提高贴现率或通过公开市场限制货币供应扩张。小罗斯福后来通过《1935年银行法》向银行施加了更直接的压力。该法案将以地区为基础的联邦储备系统的控制权集中到了华盛顿联邦储备委员会手里，方便政客们关注事态进展。）胡佛承认需要采取强有力的行动，呼吁小罗斯福采取联合行动以恢复信心。他特别希望消除人们日益加剧的担忧——即将上任的政府将采取通胀政策来重振经济。

然而，小罗斯福坚定地拒绝了胡佛提出的联合行动提议，前者的动机很难确定。从好的方面说，小罗斯福兴许觉得，在3月4日就职之前，他只是一名普通公民，不应该瞎掺和。也许小罗斯福只是想避免和一届不受欢迎、遭到选民们断然抛弃的政府扯上关系。在许多共和党人看来，小罗斯福想要把所有举措的功劳都揽到自己身上，而且要不是因为等到就职后他才能推行这些举措，它们本可以发挥出更好的成效。历史学家迈克尔·E. 帕里什（Michael E. Parrish）报告说，小罗斯福愿意支持胡佛主张的银行放假，但胡佛坚持将这一措施与其他几项限制小罗斯福未来选择的措施捆绑在一起。就胡佛而言，在他总统任期的最后几天里，他并未采取什么强有力的措施。他最引人注目的举动是签署了一项破产法案，为负债累累的个人、农民和铁路公司提供救济。

由于政府政策方向存在巨大的不确定性，酝酿已久的银行恐慌开始升温。大萧条造成了大规模的贷款质量问题。直到1933年初，美联储和重建金融公司都算成功地躲过了灾难。眼下情况恶化，胡佛无法争取到小罗斯福的配合，也不愿自己断然采取行动。

这时候，各州率先行动起来。2月14日，密歇根州州长宣布银行放假至2月21日，以避免底特律本就陷入困境的银行出现大规模挤兑。已经经历了银行挤兑的马里兰州，随后也实施了为期3天的停业措施。印第安纳州则限制提取存款。尽管胡佛一再恳求，但小罗斯福仍拒绝批准联邦银行的放假公告，但几天之后，后者自己颁布了近乎完全相同的公告。银行业的麻烦让债券市场士气低落，股票市场也很快陷入低迷。2月26日，道琼斯工业平均指数跌至1933年的最低水平，为50.16点，较1932年9月的峰值下跌了37%。

银行放假和限制取款等措施，蔓延到俄亥俄州，接着又蔓延到亚拉巴马州、阿肯色州、加利福尼亚州、肯塔基州、路易斯安那州、俄克拉何马州、宾夕法尼亚州和田纳西州，以及其他州的部分城市。3月2日，另外8个州暂停了银行业务，一些储蓄银行也遭到挤兑。货币市场利率大幅上升。最后，在3月4日，也就是小罗斯福就职前不久，纽约州和伊利诺伊州关闭了当地银行。这些州的证券和商品交易所也在同一时期暂停交易。对于芝加哥期货交易所来说，这是它自1848年以来的第一次停业。随着担忧的加剧，美国人囤积货币，外国人则从美国银行取出黄金。

2月唯一的亮点是参众两院都投票废除禁酒令。但酒类再次合法流通还需得到各州的批准。尽管如此，许多经济观察家认为，酒类恢复流通有望对经济产生有益的刺激。

小罗斯福的行动

在当选和就职之间的漫长等待期，小罗斯福一直保持低调。可一入主白宫，他便很快证明自己是一名活跃人士。这位新任总统首先召集国会召开了一次决定命运的特别会议。3月6日，他命所有尚未停业的银行关闭4天，禁止黄金出口，停止所有外汇交易。3天后，小罗斯福签署了《紧急银行法》，此时距国会首次审议该法案还不到7小时。银行的放假时间被无期限地延长。

这是怎么回事？总统关闭了全国的金融机构，甚至阻止人们为购买家庭生活用品获得现金，那为什么股票市场仍然度过了历史上收获最丰的年份之一？只有站在多年以后的有利位置，才能理解这是一个不足为奇的结果。许多商人曾担心关闭银行会让社会陷入混乱。可实际上，美国人松了一口气。

大约3年后，W. K. 凯尔西（W. K. Kelsey）在《巴伦周刊》上描述了底特律银行放假的情况。

> 1933年2月的最后一个星期，美国第四大城市的最大的两家银行关门，它们把5亿美元的储户存款封存了起来。底特律民众似乎只有一件事可做，而且他们也当真这么做。他们笑了。

第五章　1933年

3年来，人们都盼着大萧条触底，但底特律民众却只看到经济触底。凯尔西写道，突然之间，百万富翁和乞丐站到了平等的位置。除了口袋里的零钱之外，谁也没有多余的钱。没有用于支付工资的现金，也没有可信赖的信贷。携手合作比为被打翻的牛奶掉眼泪更明智：

> 1933年那个身无分文的春天让底特律人懂得了彼此。它打破了阶级的界限。它结束了一切关于共产主义、法西斯主义或社会冲突的讨论。人们意识到他们面临的是一场漫长而艰辛的跋涉，于是悄悄下定决心，要一起共渡难关。

凯尔西在1936年做出的社会大同的判断稍显为时过早。之后，密歇根州还发生了许多令人痛苦的劳工斗争，包括1937年的静坐罢工。即便如此，弗雷德里·刘易斯·艾伦（Frederick Lewis Allen）同样证实了上述印象，即银行放假极大地缓解了全美的紧张气氛。

3月12日，小罗斯福在全国广播中呼吁大家齐心协力，以恢复公众信心。这发挥了作用。次日，美联储辖下的各城市银行重新开门营业。票据清算银行也在14日跟进。不久之后，所有安全的银行都恢复营业。之前因客户担忧而囤积起来的货币，重新流入了银行系统。到3月15日，存款超过取款。当天，纽约证券交易所恢复交易，道琼斯工业平均指数比前一个交易日（3月3日）的53.84点上涨了15%，以62.10点收盘。此前股市没有出现过这么大的单日涨幅。

从 2 月到 7 月，道琼斯工业平均指数的上涨幅度超过了 100%（从 50.16 点上升到 108.67 点）。如此壮举在一年内实现，这是唯一的一次。3 月 16 日，未偿付的经纪贷款触底，这是投资者情绪逆转的又一个迹象。隔夜，拆款利率从 5% 降至 4%，到圣帕特里克节（也就是 3 月 17 日）再次降至 3.5%。随着银行假期结束，大宗商品重新开始交易，棉花价格大幅上涨。

事实证明，大萧条还要持续很多年才结束。但在 1933 年的一个短暂的闪亮瞬间，投资者相信自己赚到了钱。纽约证券交易所 6 月和 7 月的月交易量都高于除 1929 年 10 月以外的任何月份（包括大崩盘当月）。就 1933 年整体而言，交易量并未打破 1929 年的纪录，但也达到了一个直至 1955 年才得以超越的新水平。

股市反应积极

同时代的投资者因股市对新政的反应而感到困惑，是可以理解的。任何自洽的政治经济学理论都无法解释小罗斯福的计划。不管是仰慕还是诋毁小罗斯福的人，大多都能认同：小罗斯福本人缺乏阐述这样一套理论的知识深度。在思想方面，他依赖极其聪明的顾问，而这些顾问是分为两个阵营的：一个阵营最优先考虑的是立即恢复经济，另一个阵营则把大萧条当成对美国经济进行永久性改革的机会。小罗斯福没有站在任何一方，而是给两派都留下了"他们的理念将占上风"的印象。总的来说，小罗斯福的个人才能更多地体现在谋划政治交易上，而非制订前后连贯的计划，如此一来必然会出现政策的相互冲突。

那么，就只剩下一件小事了：要能收支相抵。小罗斯福坚持平衡预算的重要性。在此后的数十年，他遭到了妖魔化，被说成

"赤字支出"的始作俑者。但在1932年,共和党人胡佛鼓吹平衡预算有助于经济持续复苏的时候,不光他一个人这么认为——民主党领导人也同意他的观点。在关于《1932年收入法》的辩论中,众议院议长约翰·加纳(John Garner)动情地呼吁议员们为承担财政责任和平衡预算而努力。当年晚些时候,加纳成为小罗斯福的竞选伙伴。

考虑到他日后的举动,小罗斯福发誓要让财政收入与财政支出相抵,这难道是不真诚的投机装样子吗?如果真是这样,那他伪装得也太好了。在轰轰烈烈的百日新政期间,政府颁布了《全国工业复兴法》和《农业调整法》等多项法案,其中都包含自筹资金的条款。小罗斯福反复争取通过增税来平衡预算。(事实上,正是因为他强烈追求这样的政策,才导致了1937年的衰退。直至此时,他才开始转向明确的凯恩斯主义计划,即增加政府开支以增强国家的购买力。)小罗斯福上任后不到一个月,就签署了《经济法》,用《华尔街日报》的话来说,该法案赋予了总统"在影响经济,削减养老金、退伍军人薪酬和联邦工资等方面的专断权力"。小罗斯福立即行使了这项新的权力,通过一项行政命令削减了4亿美元的退伍军人养老金。

如果小罗斯福只考虑了政治因素,他可能会把削减预算的重点放到其他方面。他的前任胡佛直到竞选连任失败,仍把发放退伍军人福利视为神圣不可侵犯之事。更何况,在1932年,近2万名第一次世界大战老兵聚集在华盛顿,要求提前支付之前该发的津贴。为此,道格拉斯·麦克阿瑟(Douglas MacArthur)将军派遣联邦军队去维持秩序。联邦军队不顾胡佛的命令,士兵纷纷装备刺刀,以架起机枪的坦克为后盾,向讨要津贴的老兵们发起进攻。在随后的催泪瓦斯攻击中，一名婴儿丧生。

公众舆论分裂成两派，一派同情"津贴远征军"（这是游行者的正式称呼），另一派则谴责他们是被煽动的棋子。但可以肯定的是，不管是讨要津贴的老兵们还是他们的同情者，都不是胡佛的忠实粉丝。然而，小罗斯福竟然大幅削减了许多潜在支持者的福利，只为了在大萧条的局面下进行从经济上看甚为可疑的财政紧缩。

在坚持必须平衡预算的同时，小罗斯福并不像胡佛那样以道德为由拒绝向穷人提供直接的救助。两年前担任纽约州州长时，小罗斯福就曾直率地为失业者向政府申请救助辩护，他认为这不是施舍，而是社会责任。此外，小罗斯福政府还采取了一些把局面搅得更复杂的举措：国会在1934—1935年间提高了政府工作人员的工资水平，并投票通过了发放退伍军人津贴，破坏了《经济法》带来的经济复苏。如果我们根本无法确定新政的财政效应到底是什么，又该怎样衡量它对市场的影响？

小罗斯福的经济政策（如果当真有的话）对经济有利与否，实在是个谜。但股市喜欢小罗斯福做的事，这倒是很明确。至少，在他第一个任期的头几个月里，股价飙升。市场究竟喜欢些什么，并非一目了然。在当时，小罗斯福采取措施这一点就引起了政治评论员的欢呼。

股市最初表现出热情的最合理源头，似乎是小罗斯福紧急措施带来的货币影响。甚至在上任之前，小罗斯福就告诉新闻界，他的政府可能会"强行实现通胀"。顾问们说服小罗斯福相信，扩张性的货币政策能通过提高价格来刺激人们对商品和服务的需求。这种看好通胀的观点，在当时得到了大多数经济学家的认同。此外，东部银行家和农村民粹主义者等不同群体，在政治上都支持增加货币供应的补救措施。小罗斯福不可能迅速解决根深蒂固的社会问题，但他设法增加了信贷供给，降低了美元的黄金价值，并压下了美联储对他的一切反对意见。

外交举措

小罗斯福的第一项外交举措是派遣大使萨姆纳·威尔斯（Sumner Welles）前往古巴，以恢复秩序，保护美国的商业利益。大萧条带来的经济困境和接踵而至的政治动荡，吞没了这个加勒比岛国。面对威尔斯的调解努力，古巴人民的反应是举行大罢工，这导致格拉尔多·马查多（Gerardo Machado）总统的下台。所有没能立刻逃脱的政府成员都被扔进了监狱。

这其中的一个不幸的人——国会议员兼圣地亚哥前市长——6个月后根据人身保护令获释。新强人富尔亨西奥·巴蒂斯塔（Fulgencio Batista）勒令他离开古巴。但身为古巴共产党的潜在暗杀目标，这个不幸的人可能又是幸运的。这位当时几乎身无分文的贵族来到了迈阿密。他在当地和家人团聚，其中包括他的儿子，后者于1958年促成了当年最成功的一轮首次公开募股。这个男孩日后以德西·阿纳兹（Desi Arnaz）闻名于世（成为美国的著名演员及影视制作人）。

通胀来了

1933年的愚人节标志着纽约证券交易所的上市股票和债券的总市值达到了最低点。在此后的一个月里，用《华尔街日报》的话来说，"通胀热"笼罩着股市。美国正在放弃硬通货政策，而投资者对此喜闻乐见。《紧急银行法》终止了用美元赎回黄金，有效地让美国摆脱了金本位制。4月19日，美国正式放弃金本位制，道琼斯工业平均指数上涨了9%，次日又上涨了6%。

市场似乎正确地预见了货币扩张对经济活动的有利影响。5月，国会授权总统将美元的含金量降低50%，还授权发行30亿美元纸币，以扩大货币供给。当年晚些时候直至1934年初，小罗斯福将美元兑黄金的价格固定在世界市场水平之上。作为对这一激励措施的回应，美国的黄金产量和黄金进口量大幅上升。美联储以每盎司35美元的价格（从之前的21美元一路涨上来）买入这些黄金。黄金卖家则将所得收入存入银行，从而增加了银行系统的准备金。因此，在1933年4月至1937年3月间，货币储备以每年近11%的强劲速度增长。因为受制于小罗斯福总统的政治压力，美联储没有像在胡佛总统任期内那样控制货币扩张。根据W. 埃利奥特·布朗利（W. Elliot Brownlee）的判断，"这种货币扩张似乎正是美国经济复苏的根本因素"。人们现在手头有了足够的现金，由于察觉到商品价格即将上涨，他们开始消费。以前闲置的工厂恢复了生产、雇用了工人，工人挣到了工资后也开始消费。

然而，请注意，一如《华尔街日报》的报道，股市的"通胀热"并没有带来毁灭性的恶性通胀。1933年底，《财富》杂志指出，尽管美元在外汇市场上下跌了约1/3，但它在美国国内的购买力并没有下降那么多。全国工业会议委员会发布的生活成本指数仅上升了9%。（批发价格上涨了17%。股市对此欢呼雀跃，认为这是企业收益增加的先兆。）在《财富》杂志看来，通胀并未失控，因为公众没有对美元失去信心。社论称，小罗斯福向人们保证,在政府不断增加的债务负担失控之前,经济将迎来全面复苏。

据《财富》杂志估计,1933年的股市反弹并未反映出通胀加速的预期。相反,购买普通股,是对美元与黄金脱钩或美元在外汇市场下跌的正常反应。1933年的两轮最大上涨,完全吻合美元兑换其他主要货币的两次最大下跌。12月,《财富》杂志提出,如果投资者真的预期通胀率会大幅上升,就会按照惯例购买股票作为对冲。届时,股市将猛烈上涨,而事实并非如此。尽管如此,《财富》杂志也无奈地承认,高等级债券疲软,可兑换黄金的外国债券相对强势,从中或许可以看出人们对通胀的担忧在加剧。尤值一提的是,11月,美国债市受挫,财政部长的一名行政助理亦因抗议小罗斯福的货币试验而辞职。

此外,《华尔街日报》还将1933年全年的股市走势与通胀挂钩。5月的成交量创下了自1930年4月以来的最大月度涨幅,这要归功于通胀言论和商业活动回暖的迹象。6月,世界货币经济会议在伦敦召开,美元对外国货币大幅贬值,道琼斯工业平均指数创下新高。7月,小罗斯福向在伦敦的会议代表致函,称美国暂时无法讨论货币稳定问题。铜价创下了1933年的峰值,达到每磅9美分;股市直线上涨,于7月8日涨到了105.15点。

伴随着物价上涨,实体经济的状况有所改善。春天,钢产量出现非季节性增长。汽车装载量和用电量高于1932年的水平。与此同时,美国第73届国会特别会议在6月16日推出最后一波旋风般的活动后休会。《格拉斯-斯蒂格尔法》彻底改革了美国的银行体系。在密歇根州共和党参议员阿瑟·范登堡(Arthur Vandenberg)的坚持下,法案确立了国家银行存款保险制度,这是小罗斯福反对的一项举措。[按总统顾问雷蒙德·莫利的说法,是保守派范登堡、副总统加纳和重建金融公司总裁杰西·琼斯(Jesse Jones)"迫使小罗斯福实行国家银行存款保险制度,但自此以后,小罗斯福便把功劳揽到了自己身上"。]即便是对该计划持保留意见的评论人士,也称赞该计划恢复了公众对银行的信心。同一天,《全国工业复兴法》获准通过。与此同时,小罗斯福签署了一项削减退伍军人津贴的法案,并同意农业信贷机构集中化。投资者为联邦政府越来越积极的行动而欢欣雀跃。

有趣的是,1933年春至夏初的股市反弹发生时证券贷款正稳步下降——这和1927—1928年的情况截然不同。这一趋势将持续到1933年底,银行对交易商、交易商对客户的贷款都在减少。

各路政策建议

1933年,美国人缺乏购买力,但对解决大萧条的建议却颇多。主张推动宏大解决方案的不光只有受过正规训练的经济学家。机械工程师C. H. 道格拉斯的社会信用计划就是其中颇为可疑的一项,卓别林便着了它的道。加利福尼亚州的一名医生汤森设计了老年人周转退休金计划。弗朗西斯·埃弗雷特·汤森(Francis Everett Townsend)主张每月向60岁及以上公民发放200美元,条件是必须在收到钱后的一个月内在美国境内花掉。

与此同时,路易斯安那州参议员休伊·朗(Huey Long,前旅行服务推销员,后来成了民粹主义政客)正准备在1934年推出"分享财富"项目。揭露丑闻的小说家厄普顿·辛克莱(Upton Sinclair)领导了一项名为"终结加州贫困"的对富人征税的计划。1934年，辛克莱获得民主党州长提名后，大电影制片厂因为成了征税的主要对象而气急败坏。它们用电影"记录"了罪犯和破坏分子受"终结贫困"乌托邦愿景的诱惑入侵美国（这一幕当然是想象的），确保了辛克莱在大选中落败。

在1932年的最后几个月里，技术治国论风靡一时。工程师霍华德·斯科特（Howard Scott）构思了所谓的"技术治国运动"。他向激进的世界产业工人联盟提供咨询，说如果不受现有信贷和价格体系的限制，技术可以创造出非凡的财富。斯科特提出的有些荒唐的解决方案是让工程师控制经济，关键任务之一是用某种能源货币取代黄金。实施这一激进计划将没有任何障碍，斯科特高傲地宣称："技术治国专家对政治手段不感兴趣。"

主流经济学家没有为解决大萧条问题设计出神奇的方案。然而，值得称道的是，他们也从未认可过汤森计划和技术治国论等流传一时的妄想。

一个解决大萧条问题的设想赢得了经济学家的认可，尽管它不在经济学家的专业知识范围内，那就是商品储备货币计划。这一概念是指定可兑换固定数额美元的基本"市场篮子"，从而维持总购买力。该计划的发起人正是证券分析之父格雷厄姆（托马斯·爱迪生在之前提出过该设想的更初级版本）。

格雷厄姆正式学习经济学的时间仅限于1912年在哥伦比亚大学的四个星期。在1912年某一学期过去一半时，他曾休学负责美国运通公司的一个项目。正是该项目让他看到了IBM的光明前景。尽管格雷厄姆从未重修中途放弃的经济学课程，但他说自己"通过阅读、思考和实践经验"自学了这门学科。显然，格雷厄姆的自学效果不错，因为他的商品储备设想得到了普林斯顿大学著名经济学家弗兰克·D.格雷厄姆（Frank D. Graham，两人并无亲戚关系）的称赞，也引起了约翰·梅纳德·凯恩斯（John Maynard Keynes）的注意。

其他人同样认真对待格雷厄姆提出的商品储备建议。后来担任美联储主席的威廉·麦克切斯尼·马丁（William McChesney Martin）在参与编辑的一份杂志上提出了该计划。农业部长亨利·华莱士（Henry Wallace）似乎也对这一概念进行了探索。格雷厄姆进一步了解到，自己的一个朋友碰巧是小罗斯福的同学，这个朋友让新当选的总统对该想法产生了兴趣。

最大的突破来自总统的亲信伯纳德·巴鲁克，格雷厄姆提议巴鲁克跟小罗斯福谈谈这个设想。巴鲁克想把它跟一项人们相信有价值的提议联系起来，与小罗斯福进行讨论。但显然，总统认为已经推出了这么多经济创新举措，再实施一项的话，从政治上来说不太明智。巴鲁克像扔掉烫手山芋般放弃了这个想法（格雷厄姆认为，对这位出了名的以自我为中心的金融家来说，这就是他的典型反应）。

电影行业无法独善其身

老练的投资者经常听说电影行业不受经济衰退影响。欢快的电影歌舞片在大萧条时期风行一时证实了股票周期性轮换的核心概念。公众发现难以应对严酷的现实，便转而投入了逃避现实的幻想中。因此，当美国经济的其他领域萎靡不振时，好莱坞却赚得盆满钵满。这是一个值得好莱坞最了不起的编剧一写的故事，只不过，他对事实的改编不甚可靠。说电影行业不受经济周期影响，正如一首歌的歌词所唱："不过是栋纸糊的房子，虚假之极。"

诚然，1929年的大崩盘确实没有给电影公司或影院经营者（放映商）造成直接的损失。然而，这在很大程度上要归功于出现不久的有声电影。罗伯特·斯克拉（Robert Sklar）在《电影创造美国》（*Movie-Made America*，1994）一书中提到，1930年电影的上座率和放映商的利润是上涨的。1931年，影院经营者和制片厂仍保持盈利，但收入较前一年大幅下降。斯克拉写道："1932年，再没有一个人声称电影行业'抗萧条'了。"整体来看，制片厂和影院经营者当年损失了8 500多万美元。

1933年，制片厂的亏损越来越大。到这年年底，几乎1/3的电影院都关门了。由于平均票价从30美分降至20美分，上座率较1930年的高点"仅"下降了25%。默片时代的主要电影公司派拉蒙破产，而雷电华和环球影片则处于破产在管阶段。

令人难以置信的是，人们通常认为大萧条是好莱坞不受整体经济波动影响的时期，但事实是，电影公司深陷泥潭。但没过多久，它们就想出了一个解决办法：加入更多的性元素。淫言秽语和裸露镜头是刺激票房的完美方式。

为回应这一挑衅行为，美国罗马天主教的主教们成立了"正派军团"。该组织从1933年开始抵制被教会视为引人不快的电影。新教和犹太教的多个组织都对此努力表示支持。

电影行业很快因经济压力而屈服了。电影观众本来就在减少，电影行业无力承受抵制带来的后果。因此，制片厂承诺认真遵守1930年订立的《电影制作准则》。用斯克拉的话说，该准则"在不把电影从娱乐变成通俗神学的前提下，尽可能地表达了天主教主教们的观点"。

在电影行业和"正派军团"的权宜之计下，性和犯罪元素继续出现在电影中。双方都认识到，如果去掉了这些基本元素，电影观众会少到几近于无。然而，任何电影角色，只要做出了不良行为，都必须在最后受到惩罚，或是改过自新。这一限制极大地约束了编剧的创造力。要不是屋漏偏逢连夜雨——本来就受大萧条的影响，还要面临抵制的威胁，制片厂恐怕不会接受这样的条件。看起来，说电影行业不受经济衰退的影响，就像是大萧条时期歌舞片所描绘的生活愿景，纯属美好的想象。

产业政策之辩

根据许多分析师在1933年及随后的冷静判断，早期的新政主要通过货币扩张来影响经济和股市。多年以来，站在保守派立场批评小罗斯福的人总是认为，美国最终走出大萧条完全是因为第二次世界大战的刺激作用。尽管如此，在20世纪30年代的两个好年头，产业政策仍引发了大量的评论。

讨论的焦点是1933年6月2日国会通过的《全国工业复兴法》。简单地说，该法案旨在通过企业、劳工、政府之间的合作来重振经济。在该法案的帮助下，全国复兴总署监督制定了700多个行业的公平竞争守则。联邦政府对企业串谋的打击在坚持40年后实际上已宣告中止。

一开始，全国复兴总署的一个关键目标是提高价格。当时的想法是，一旦人们认为通缩结束，他们就会开始消费，企业也会增加生产，以防止价格进一步上涨。不过，成立不到一年，用《华尔街日报》的话来说，全国复兴总署就被当成了控制和影响国家经济生活的长期媒介。

小罗斯福认为全国复兴总署是"美国现代化工业结构的永久特征",而不仅仅是对抗大萧条的紧急举措。1933年底,《华尔街日报》写道:"那些如今怀疑其持久性的人,几乎只是微不足道的少数人。"两年后,美国最高法院裁定《全国工业复兴法》违宪,要求全国复兴总署停业。那时,这套方案因内部矛盾的重压,已逐渐分崩离析。事实最终证明,大企业、小企业和劳工之间的利益冲突不可调和。按照 W. 埃利奥特·布朗利的判断,小罗斯福使用的实质上是强制性的、由政府背书的产业协调措施,在他有意采取的经济补救措施中效果最差。以今日之眼光来看,该法案想同时追求工资和就业水平的提高、生产和消费的促进、物价问题的解决、企业利润的增加,是不现实的。历史学家布罗德斯·米切尔(Broadus Mitchell)总结说,《全国工业复兴法》是"新政中明显混乱的典范"。

全国复兴总署的使命或许有些混乱,但它所追求的目标一直以来都得到大企业的热烈支持。第一次世界大战后,在联邦贸易委员会的默许下,多个行业都制定了各自的公平竞争守则。法律并不强制企业签订守则,但凡是签订守则的企业,倘若未能遵守规定,将被司法部起诉。在胡佛担任总统期间,棉花、纺织、制糖、铜和橡胶等行业机构主张放宽反垄断法和行业协议,以控制生产。通用电气总裁兼美国商会主席杰勒德·斯沃普(Gerard Swope)呼吁实行轮岗制和调整工资,以缩小生产能力和总购买力之间的差距。根据斯沃普的提议,生产和消费将由具有强制性会员资格的行业协会加以协调。总而言之,该计划在本质上与《全国工业复兴法》没有任何不同。

事实上,一些企业领导者已经准备好在行业内部进行远远超过全国复苏总署所倡导的协调。约翰·C. 克雷斯威尔（John C. Cresswill）在 1934 年 1 月 20 日的《华尔街杂志》上称，大企业中"更具民主意识"的负责人已经接受了现实：在 20 世纪 20 年末，企业相对政府占优势的局面结束了。他们认为，企业最明智的做法是接受行业的必然社会化，同时远离有害的教条主义。

日程上紧随其后的议题是，通过至少 24 个"协会团体"，以原材料或市场等共同利益为纽带，对数百个行业协会进行更大规模的协调。克雷斯威尔写道："它们相当接近中世纪的同业行会。"在他看来，除了复兴中世纪的行业组织形式，实现进步还需要有国家经济规划。持怀疑态度的人认为没有任何人具备足够的知识来完成这么复杂的任务，对此，克雷斯威尔回应说，制定规划前没人知道得足够多。

失望的下半年

1933 年，道琼斯工业平均指数在 7 月 18 日达到了本年度的最高位 108.67 点。此后 10 来天，指数下滑到 88.42 点。美国商业酒精公司的股价在短短 4 天内从 89.875 美元跌至 29.125 美元。受全国复兴总署"一揽子法"规范的行业，生产成本增加，投资者受到了打击。世界货币经济会议未能取得任何成果，也被视为悲观迹象。人们还逐渐意识到，工业活动的激增不可持续。部分而言，回升仅仅反映了为应对全国复兴总署准备提价而进行的购买。生产未获吸收，货币政策又不确定，因此经济复苏放缓。

8 月的行动主要是全国复兴总署推出了行业规范。钢铁行业规定每星期的工作时间为 40 小时，每小时最低工资为 40 美分。

第五章　1933年

对纽约证券交易所来说，这是一个多事之月，它收紧了对保证金交易的限制。事有凑巧，两天后，一枚瓦斯炸弹在纽约证券交易所爆炸，逼得它中午停业。(1933年9月，纽约证券交易所曾打算搬到新泽西州，以逃避纽约市新增的税项。纽约市政府做出了让步，纽约证券交易所就此打消念头。但这件事跟爆炸案并无直接关系。)8月29日，小罗斯福解除了黄金禁运，允许新开采的黄金按国际市场价格出售。黄金股大幅上涨，第二天的活期借款利率跌至0.75%，为1908年以来的最低水平。

若按纽约证券交易所所有上市股票和债券的市值衡量，9月1日标志着1933年的股市高峰。小罗斯福签署了更多行业的全国复兴法规，包括石油业和烟煤业。商业指标转为下行，工人罢工此起彼伏。整个10月，钢铁产能利用率从37.5%下滑至29%。

反对全国复兴总署的呼声越来越高，尤其是农业地区。10月中旬，小麦和棉花价格暴跌，紧随其后股价也下跌。很快，总统批准成立了商品信贷公司，以减少种植面积为基础来发放农业贷款。小罗斯福还承诺，在尝试稳定美元之前，将大宗商品价格大幅提升至更高水平。他批准建立了政府黄金市场，人们将之视为迈向货币管制的一步，股市应声大涨。但当重建金融公司的黄金收购计划未能如愿提振大宗商品价格时，股市又跌了回去。

在当年剩余的时间里，股市反复波动。禁酒令终遭废除，是股市间接走强的部分原因。此外，政府还同意购买白银，并将其中一半铸成硬币。建筑施工和钢铁生产等商业指标在12月出现好转，而一波恢复和增加股息的浪潮进一步让市场偏向乐观情绪。然而，也是在12月，阿特拉斯塔克公司的股票池崩溃，带动相当大一部分市场下跌。

20世纪最好的一年

尽管起伏不断，但1933年标准普尔500指数的总回报率高达53.97%。这是20世纪最好的一年。道琼斯工业平均指数在1932年7月8日触底，为41.22点，到1933年结束时已达99.90点。

1933年底，人们对小罗斯福及其智囊团的看法仍然存在分歧。约翰·C. 克雷斯威尔在《华尔街杂志》上抱怨说："就在我们眼皮底下，日复一日地进行着大规模的财富再分配和罚没巨额收入。"该杂志的另一位专栏作家也看不惯"新政机构里自作聪明的教授和领取象征性薪酬的家伙"。

然而，没有人能否认小罗斯福是个说干就干的人。如今，他所做的事情确实不会赢得太多掌声。从政治上看，他提升通胀率、限制竞争和扩大政府作用的政策并不可取。而且，也说不清股市会不会因为这样的举措而上涨。20世纪70年代末，高通胀率似乎并没有给股价带来多大帮助，与此相对的是，1995年的股市大涨则发生在通胀基本得到控制的背景下。

不过，大萧条是一个很不一样的时期。斯特兹·特克尔在《艰难时代》中采访了酒保斯利姆·科利尔（Slim Collier）。科利尔回忆说，当时现金稀少。有一次，他找到了1美元，他的父亲严肃地接管了这1美元，并把它兑成散钱，一次只给他1美分。科利尔说，没有电视机，也没有收音机，就连隔壁农户丧失赎回权的法拍房也能变成娱乐场所。

1933年，商人和工人对经济停滞同样感到厌倦。弗雷德里·刘易斯·艾伦写道,各大日报都赞扬全国复兴总署开创了产业界与政府合作的新时代。(艾伦把柯立芝执政时期的"新时代"一词用到新政上,或许是一种无意识的讽刺。)哪怕1932年人们仍认为通胀是利空的消息,但到1933年也成了利好的消息。

不管怎么说,在小罗斯福创纪录的漫长执政期之初,投资者是颇为欢迎他的。新政加强对证券市场的监管所带来的苦头,此时尚未显现。全国复兴总署带来的融洽局面也并未持续很久。随着劳工纠纷的加剧,新的经济压力出现,股市对此做出了反应。

事实证明,20世纪30年代是道琼斯工业平均指数最为动荡的10年。然而,波动意味着这一时期除了暴跌也有暴涨。20世纪30年代出现了两个大好年头,但40年代、60年代和80年代就连一个也没有。显然,经济繁荣并不是普通股获得绝佳回报的必要前提。

第六章 1935年

今年秋天,黄金大量涌入美国,进一步增加了银行储备,对推动股市创下自1931年以来的新高产生了至关重要的影响。

——《商业周刊》

商界越是强大,对新政及其取得的所有成果就越是强烈地谴责。企业和政府彻底决裂了。

——《公开决裂》,刊载于《华尔街杂志》

在这个国家,执政党总是因为经济状况令人满意而受到赞美,也因为经济状况令人不满而遭到指责,不管它的政策跟经济的好坏有没有关系。

——劳伦斯·斯特恩(Laurence Stern),《管理下的复苏与萧条》,刊载于《华尔街杂志》

第六章　1935 年

政府和商界决裂

和 1933 年一样，1935 年，尽管大萧条仍在持续，股市却迎来了大涨。与人们日后对这一时期的印象相矛盾的是，小罗斯福在这两轮上涨中都把持着白宫。如果小罗斯福真的背叛了富裕阶层，在每一轮上涨中都推行反商业政策，投资者何以如此乐观？

1933 年的经济好转，从"新政"之初小罗斯福政府与商界保持合作这个角度来看，至少还可以理解。《全国工业复兴法》实施了一些已经在商界流传了一段时间的设想。生产和价格方面的协调带来了利润。盈利能力的恢复，向人们许以重返工作岗位的前景，这反过来意味着人们口袋里有更多的钱，对商品和服务的需求也增加了。

然而，到 1935 年，蜜月期已宣告结束。《华尔街杂志》在年底回顾时预测，小罗斯福会在 1936 年的连任竞选中转向左翼。遗憾的是，竞选言论有可能会让"新政中'政府和企业是永恒的对头'这一概念变得更加明确"。虽然小罗斯福在 1933 年春因遏制住了危机而值得称赞，但他在这一年里犯下的罪过颇多：

- 货币政策摇摆不定。
- 政府对商业的各个方面加以干涉。
- 保留了大批"业余顾问和咨询师"。
- 危害公用事业和金融市场。
- 仓促地采纳了一套注定会加剧不安全感的"庞大"社会保障计划。
- 不断贬低商人。

《华尔街杂志》悲哀地得出结论：曾经试图与小罗斯福合作

的产业界现在意识到,必须停止朝着政府指明的方向前进。

那么,至少直至1935年,商界愿意承认小罗斯福的早期计划有可能对经济产生积极影响。然而,随着1936年大选的临近,较之个人主动性,共和党人不愿过多地肯定政府政策的作用,这一方面是出于政治考量的斡旋控制,另一方面又是因为他们的确梳理不清各种经济影响,投资者不知道应该怎样回应华盛顿政治舞台上的进展。

不足为奇,最高法院在5月27日裁定《全国工业复兴法》违宪时,最初迎来了民众极大的困惑。虽然这一决定看起来意义重大,但市场的反应却很平淡。7个月后,《华尔街日报》刊载了一篇分析文章,文章错综复杂到令人难以置信。文章称,1933年颁布该法案是个好消息,因为它减少了因危机而要求政府进行激进干预的需求。但它又说1935年宣布该法案违宪同样是个好消息,这表明美国《宪法》并未遭到破坏,最高法院还减轻了企业的负担,让它们无须再去揣度监管机构不可猜测的意图。

全国复兴总署临近被废除时效力有所下降,让这一阐释变得更加复杂。授权法案原定于6月到期。人们普遍认为,如果国会要延长对全国复兴总署的授权,就必须修改限价条款。然而,事实证明,限价规定本就几乎无法实施。在木材行业,限价令已经崩溃。早在2月2日,《华尔街杂志》上的一名作者E.K.T就认为最高法院有一半的概率将废除全国复兴总署。

按《巴伦周刊》的说法,全国复兴总署只有在工业价格下跌时才发挥作用。商界欢迎小罗斯福的举措,希望他惩罚那些在竞争中低价倾销的"无赖"。商界接受与劳工进行集体谈判,并将之视为一种合理的交换条件,以换取他们长久以来梦寐以求的操纵价格又不必担心被起诉的机会。然而,一旦小罗斯福的通货膨胀政策开始生效,降价的企业就不再构成威胁了。企业对全国复兴总署的支持很快消失。用《华尔街日报》的伯纳德·基尔戈(Bernard Kilgore)的话来说,1934年,在削减工时和提高工资的尝试失败后,全国复兴总署"陷入了狂乱的倦怠状态"。

也许,真相就是,政治上的进展,包括全国复兴总署的垮台,对普通股的价值影响不大。阅读财经刊物能让我们看清楚一件事:社论家喜欢对政府政策高谈阔论。就这些事务发表观点,无疑满足了他们的自负心理。然而,市场的旁观者真的能比其他人更好地理解国会山上发生的事情吗?没人说得清。一如《全国工业复兴法》的短命历史所暗示的,立法和道琼斯工业平均指数之间的关系往往十分模糊。

复苏迹象

与社论家不同,投资者似乎对1935年政府与企业之间日益加剧的对立关系并不担心。相反,他们受到经济复苏的强劲迹象鼓舞。据《华尔街日报》报道,清醒的民众已经认定,"不管是支持新政还是反对新政,甚至有没有新政",一轮正常而自然的复苏都会发生。

专家们支持公众"再喝杯咖啡,再吃块馅饼"(此话出自欧文·伯林的歌词)等着大萧条自行调理的决定。《华尔街日报》的年终总结用了这样一个乐观的标题——《1935年的趋势标志着大萧条的历史翻到了最后一章》。不过,按文章作者的统计,6月开始的经济好转是1929年大崩盘以来的第7轮好转。然而,1937年还会再上演一轮经济衰退,部分原因是小罗斯福重新唤醒了平衡联邦预算的冲动。

事后看来，1935年股市的乐观情绪可能显得格外目光短浅。但当时出现的好转，是大萧条开始以来所观察到的持续时间最长的一次。据《华尔街日报》报道，它的持续时间也比从以往经济衰退大多数失误中复苏的时间更长。尽管建筑和资本品行业仍萎靡不振，生产指数却超过了1933年不可持续的繁荣时期的高点。到1935年底，就连那些滞后的行业也显示出复苏的迹象。根据当时的信息，1935年的反弹看起来并不像今天这般不和谐。

小罗斯福挣扎着让美国摆脱困境

1935年初，股市的前景或许很好，但肯定没有形成势头。自1933年的狂欢以来，美国经济和市场都在原地踏步。与1923—1925年的均值相比，经联邦储备委员会调整后的工业产出指数在1934年上半年平均在80%以上，下半年则跌至75%以下。当年，道琼斯工业平均指数仅上涨了3.7%。1934年，随着投资者对监管风向做出反应（至1935年颁布《公共事业控股公司法》时达到巅峰），公用事业公司的股价平均跌了近一半。

就当时有限的统计数据来看，1934年底的失业率并不比1933年初低。尽管为刺激经济，政府支出达到了历史上和平时期的最高水平，但失业情况未有好转。1934年，为填补赤字，信贷扩张，银行存款急剧增长，但私营企业对商业贷款却没什么兴趣。公共证券发行同样停滞不前。货币政策缺乏可预测性被认为是商业瘫痪的一个原因。《华尔街杂志》认为："政府负债越多，私人资本越不愿意进入正常的长期就业市场。"

第六章 1935 年

市场的金窟窿

黄金的不稳定状态加剧了货币的不确定性。小罗斯福政府从1933年开始操纵黄金价格，之后发展到追求"精简版"金本位制。1934年的《白银购买法》代表了对金银复本位制的一次短暂尝试，进一步搅乱了这个问题。

与此同时，因政府废除了公共和私人合同中要求用黄金付款的条款，最高法院需对政府是否有此权力做出裁决。《商业周刊》认为，这个源于第73届国会一项联合决议的问题，成为南北战争以来摆在大法官面前的最重大的货币决策。考虑到政府根据《反囤积法》将黄金从流通领域撤出，民间再无黄金可用于支付。国会同时让其他所有货币在偿还债务方面有了同等权力。故此，《商业周刊》得出结论：任何坚持要求用黄金支付的人，都在威胁国会对货币进行界定的权力。有人反对上述推理，其中最为突出者是一个叫诺曼·诺曼（Norman Norman）的人，他持有一张巴尔的摩与俄亥俄铁路公司发行的1 000美元债券。

如果废除用黄金支付的条款得到支持，预计不少铁路公司、公共事业公司以及一些工业企业将受益。由于小罗斯福将美元兑换黄金的价格提高了40%，这些公司无力偿还与黄金等值的债务。而如果否决该条款，许多持有债权的公司将破产，从而阻碍美国的复苏。这对股市来说会是个坏消息。然而，通缩的结果令人甚感厌恶，此种前景兴许会吓得政府采取新的通胀措施。而这对股市来说就很棒了。

缓慢启动

1935年1月,道琼斯工业平均指数以104.51点开盘,以101.69点收盘。在最高法院尚未就黄金支付条款问题做出裁决之前,看涨股市的人不愿加入股市。据报道,一位著名的宪法专家兼参议员预测会出现"分歧性决定"。他认为,最高法院将迫使政府履行其在黄金方面的义务,但否决私人合同中的黄金支付条款。马萨诸塞州联邦地区法院的裁决增加了市场上的货币不确定性。1月4日,该法院裁定《黄金囤积法》中强迫公民将私人持有的金币交给政府的条款违宪。小罗斯福预算不平衡的提案,以及他所推动的要求工业界支付大笔费用的社会保障计划,也在人们的担忧之列。

合同还有效吗?

在最高法院对黄金支付条款做出裁决之前,《商业周刊》曾对看过本案主要案情摘要的律师进行调查。大多数律师认为原告在诉状中提出了充分的理由。毕竟,拟议的合同明确规定必须用黄金付款。没有迹象表明债务人受到胁迫或误导。支持政府立场的先例十分可疑。后来,在最高法院做出裁决的时候,法官詹姆斯·麦克雷诺兹(James McReynolds)代表4名持不同意见的法官称,支持废除黄金支付条款将导致财产充公和国家赖账。尽管如此,在《商业周刊》采访的20位律师当中,有19人预测大法官将判决黄金支付条款无效。

每当投资者寄希望于合同的神圣性,人们都应该记住《商业周刊》做过的调查。20世纪80年代初能源价格的暴跌就是一个很好的例子。对普通投资者来说，情况一目了然。根据天然气管道公司的采购合同条款，它有义务按照如今高于市场价格的合同价购买天然气。在非法律人士看来，管道运营商做出的不可抗力声明，无耻地公然违背了明确的、可强制履行的义务。不过，天然气管道公司到底还是就采购合同条款成功地重新进行了谈判。天然气生产商勉强接受了聊胜于无的新价格。

每当法律体系威胁要推翻"生意就是生意"这一原则时，预言家们就会发出警告：常规的商业关系将要解体。然而，这套商业体系最终延续了下来。那么，一份像黄金一样宝贵的合同到底有多宝贵呢？显然，它并不比1935年宝贵多少。

成交低迷

3月，纽约证券交易所的成交量为10多年来的最低值。道琼斯工业平均指数从103.37点回落至100.81点，其间还跌到过96.71点。投资者对小罗斯福向国会传达的信息感到不安，他呼吁废除公共事业控股公司。国会也要求对美国电话电报公司展开调查。汽车、橡胶和烟煤行业面临罢工的威胁。除了国内的所有麻烦，国外的形势也趋于黯淡。德国宣布要重新建立军队，比利时内阁危机导致货币贬值。

好几家公司宣布增发股息，打破了这一连串普遍看跌的事件。《巴伦周刊》形容信贷市场变得极为宽松。此外，英镑对黄金的价格跌至历史最低，这给美国带来通胀压力，可能有助于股市上涨。然而，股市并未从这些因素中理出头绪。

牛市开始骚动

1935年，小罗斯福发布了两项公告，将新开采的白银的价格从每磅71美分提高到每磅77.57美分，股市终于进入了牛市。白银矿业股引领了新政期间所有主要股市的上涨，白银投机行为极大地推动了股票交易量。《巴伦周刊》报道，股市随后的上涨来自投资者，而非投机客。企业和投资信托机构用之前闲置的现金，以及通过债券赎回等渠道获得的新资金来购买股票。截至4月底，道琼斯工业平均指数为109.48点，当月上涨8.6%。

5月上旬，一项退伍军人津贴法案引发了通胀影响，物价上涨。针对拟议举措，人们提出了各种各样的融资方案，对此参众两院均已通过，但最终被小罗斯福否决。一种设想是把联邦政府通过美元贬值实现的剩余利用起来。得克萨斯州国会议员赖特·帕特曼（Wright Patman）提出了一种引发更大通胀可能性的替代方案，即通过新发行20亿美元来支付津贴。5月23日，参议院维持了小罗斯福对帕特曼方案的否决，股市暴跌。接着，27日，最高法院裁定《全国工业复兴法》违宪，这是最高法院第一次对重大新政法规做出此类无效裁决。5月在前途未卜的气氛中结束，道琼斯工业平均指数从月内最高的116.58点降至110.64点。

6月，尽管国会正在审议几项被认为对企业不利的法案，股市仍恢复了上涨势头。这时，坏消息又增加了一个：芝加哥与西北铁路，以及芝加哥、密尔沃基、圣保罗与太平洋铁路这两家公司进入重组程序。月底，小罗斯福向国会发表特别讲话，主张就大额收入、公司、礼物和遗产"让富人纳重税"。尽管如此，道琼斯工业平均指数还是从109.74点涨到了118.21点。

第六章 1935年

靠着重建信心、推行经济改革以及通货膨胀，富兰克林·罗斯福将市场从大萧条的深渊中拉了出来。

横生枝节

小罗斯福政府并不是三权分立的强烈支持者，因为这一原则妨碍了它推行政策。然而，让并非由中央掌控的独立的联邦储备系统屈从于中央的意志绝非易事。正当此时，联邦储备委员会的一个高级职位（当时叫作"理事"）出现空缺，一位观点与白宫高度一致的候选人出现了。犹他州的银行家马里纳·斯托达德·埃克尔斯（Marriner Stoddard Eccles）没上过大学，也不是民主党人（尽管他给小罗斯福投了票）。但他确信，宽松的货币政策是让美国走出大萧条的关键。

从银行家的身份来看，埃克尔斯的立场更为激进，他主张将赤字支出作为一种提振总需求的手段。小罗斯福仍在为1935年预算失衡而心怀歉意，但看到1937年的经济复苏来得跌跌撞撞，他转而接受了埃克尔斯的观点。顺便说一句，虽然埃克尔斯的分

163

析跟凯恩斯的极其相似,但那样的主张却是前者独立想出来的。

埃克尔斯接受了小罗斯福的任命,担任联邦储备委员会的理事,条件是承诺支持小罗斯福全面改革联邦储备系统的结构的计划。尽管埃克尔斯的提议存在争议,但其中大部分都通过《1935年银行法》得以正式确立。最重要的是,新的结构实质上大大集中了联邦储备公开市场委员会的权力。这一变化惹恼了卡特·格拉斯(Carter Glass):1913年,卡特与人合作执笔《联邦储备法》时,坚持主张采取分散的区域性结构。

现在,埃克尔斯不得不避免进一步激怒这位弗吉尼亚州参议员。格拉斯是参议院银行与货币委员会关键小组委员会的主席,成了埃克尔斯出任新设立的联邦储备治理委员会主席一职的绊脚石。因此,虽然埃克尔斯私下里继续敦促白宫增加公共工程,但由于担心惹恼格拉斯,埃克尔斯拒绝参加演讲活动。"他拒绝了各种邀请,其中一些对我们很有好处,"总统新闻秘书斯蒂芬·厄尔利(Stephen Early)抱怨说,"因为我们最好的枪哑火了,我们正遭受攻击。"

汽车行业推动复苏

从6月开始,美国工业经历了自大萧条以来持续时间最长的复苏。1935年,国民生产总值增长了16.5%。生产指数超过了1933年繁荣时期的水平。

推动1935年经济复苏的是汽车销量同比增长52%。通用汽车公司的股息增长了51%,股价上涨了65%。铁姆肯轴承公司的每股收益翻了一倍多,股价飙升了157%。克莱斯勒汽车公司的股价从这年的低点到高点,增长了两倍。年底,W.K.凯尔西在《巴伦周刊》上写道:"今天,底特律再也没有人提起大萧条,因为它结束了。"

好转来得非常明显。1933年6月,底特律的银行存款较1929年同期下降了75%。这4年间,建筑工程减少了96%。按凯尔西的说法,在大百货公司的过道上,就算有人用机关枪扫射,也不会击中顾客。此刻,当地的就业率回到了1929年水平的80%左右,而1933年的最低点仅为1929年水平的40%多一点。(仅1934年11月15日至12月15日,就业率就增长了62%。)11月,纽约汽车展比往年提前两个月举办,汽车制造商亦可比通常的时间表提前两个月推出新车型,汽车销售实现了一轮特别的提升。

然而,尽管有种种复苏迹象,失业人数仍维持在1000万左右,国民收入仍比20世纪20年代的峰值低200亿~300亿美元。《华尔街杂志》指出,大肆宣扬的复苏在一定程度上是统计错觉。没错,商业活动指标已反弹,与1923—1925年的平均水平相差不过3%~4%。但似乎没人考虑这期间人口的增长。农业部长亨利·华莱士提供了一些人均数据,这些数据描绘出的图景不如传统经济指标所暗示的那么乐观。根据华莱士的计算,包括汽车在内的消费品的实际数量,只恢复了大萧条时期下降幅度的一半左右。按人均计算,资本品数量仅从底部上升了1/3。

夏天生意红火

7月,由于钢铁产量、电力产量和住宅建设在增加,市场成交量提升,带动了市场的上涨。在政治方面,众议院否决了政府的《公共事业控股公司法》,国会对小罗斯福的其他提案也表现得甚为冷淡。与此同时,波士顿联邦上诉法院宣布,农业调整局处理税务的做法违宪,这进一步助长了通过司法手段废除新政的希望。

8月,交易量和价格继续上涨。各行各业都生意红火。钢铁生产、电力输出、住宅建设、零售贸易、汽车生产等都出现了利好信号。此外,意大利和埃塞俄比亚之间的战争威胁,也推动了化学工业、钢铁行业和铜业的股价再创新高。国会休会,共和党在罗得岛州的国会特别选举中获胜,暗示了公众舆论逐渐开始反对小罗斯福。

一连串利好的股息公告和令人鼓舞的贸易发展,带来了更多的好消息。另一波令人振奋的发展是,小罗斯福与斯克里普斯-霍华德报业公司董事长罗伊·W. 霍华德(Roy W. Howard)之间的往来信件曝光。小罗斯福承诺让企业在新的监管约束下喘口气。

顺便补充一下,霍华德在新闻界有着漫长而杰出的职业生涯。29岁时,他成为合众社的首任社长。在他的领导下,斯克里普斯-霍华德报业公司下辖的报纸从8种增长到29种。他还是报道1918年11月德国和协约国签署停战协议的知名记者。霍华德传来的第一次世界大战结束的消息,迎得了一片欢呼声。在英国、法国和美国的大街上,人们都跳起舞来。最终证明,霍华德的独家报道比事实早了4天。

1935年,关于战争的谣言四起。尽管当年夏天的经济和政治形势令人欢欣鼓舞,但到了9月的第三个星期,欧洲爆发的战争仍令股市下跌。在随后的市场复苏期间,只有可能得益于战争的公司的股价才有所上涨。纽约中央铁路公司的管理层遭重建金融公司批评的消息曝光,以及其他铁路公司面临困难的传言,削弱了铁路股的实力。

任用前操盘手打击投机

9月12日,约瑟夫·肯尼迪宣布辞去美国证券交易委员会主席一职,股市短暂下跌。媒体称赞他在担任监管机构首任负责人期间的表现。社论家们称,肯尼迪靠着非凡的精力和为证券交易委员会招募杰出人才(包括后来的证券交易委员会主席及最高法院大法官威廉·道格拉斯)的能力,为经济复苏出了力。

肯尼迪在担任证券行业的首席监管者期间广受赞誉的成绩,让许多曾在1934年反对他当选的新政人士困惑不解。《新共和》的专栏作家约翰·T. 弗林(John T. Flynn)指出,这位即将离任的主席是证券交易委员会里最有用的一员。一年前,听说肯尼迪出任该职位的消息后,弗林还曾气急败坏地说:"要我说,这不是真的。不可能。这不可能发生。"他在社论中写道,小罗斯福找到肯尼迪可谓"江郎才尽"。农业调整局的总法律顾问杰罗姆·弗兰克(Jerome Frank)在形容总统的决定时称"(这相当于)让一头狼来看守羊群"。

对于小罗斯福任命肯尼迪担任美国证券交易委员会主席,人们的错愕可想而知。肯尼迪早年是华尔街的操盘手,专门从事虽不违法但被公认为不光彩的内幕交易。仅仅因为事先知晓庞德煤炭公司会遭到收购,肯尼迪个人就从24 000美元的投资中净赚了67.5万美元。"在市场上赚钱太容易了,"肯尼迪对哈佛大学的一名同学说,"我们最好在他们通过法律反对这种做法之前进场。"

内幕消息是肯尼迪成功的基石。他跟著名的熊市抛空者伯纳德·史密斯携手操盘，开始获得机密贷款数据。两人会先锁定一名保证金很高的投资者，接着对他投资组合中的股票发起做空突袭。等银行要求这位杠杆太高的贷款人提供抵押品时，肯尼迪和史密斯就会出现，提出以极低的价格收购这些股票。

在小罗斯福任命肯尼迪为证券行业最高监管者不到一年之前，后者参与了一项股票投机。肯尼迪将利比-欧文斯-福特公司的股价从每股 20 美元人为推高到每股 37 美元。按当时流行的说法，在操盘手们"拔掉塞子"之前，肯尼迪赚了 6 万多美元。这一操纵行为无所顾忌之极，相关人员甚至收到了美国参议院银行和货币委员会就股市滥用行为而举行的佩科拉听证会的传唤。也难怪《新共和》杂志会称肯尼迪是美国证券交易委员会主席的"畸形"人选。

然而，在小罗斯福看来，肯尼迪是名合乎逻辑的候选人。小罗斯福对自己的顾问詹姆斯·法利（James Farley）说，要以毒攻毒，用贼抓贼。肯尼迪为小罗斯福的竞选活动贡献了 5 万美元（这是肯尼迪自己的说法，他很可能把这个数字说得很小），也起到了帮助的作用。据一名知情人士所说，肯尼迪还部分地为希望隐瞒身份的捐款人充当渠道，至少从其他人那里筹集了 15 万美元。最后，肯尼迪在 1932 年的民主党大会上发挥了关键作用，他说服了自己的朋友——报业巨头威廉·伦道夫·赫斯特（William Randolph Hearst）从最初支持众议院议长约翰·加纳转向支持小罗斯福。

1934 年 6 月，心怀感激的总统任命肯尼迪担任新成立的证券交易委员会主席。从技术上讲，总统的权力仅限于为该机构任命

5名委员,然后由这些委员选其中一人担任主席。然而,小罗斯福以他典型的方式将自己偏爱的主席人选透露给了其他委员,以确保肯尼迪当选。小罗斯福热心地为肯尼迪争取这一声望颇高的职位,部分地反映出他的另一个打算:他并不想把肯迪尼真正想要的职位——也就是美国财政部长——赏给他。

对于肯尼迪的执行天赋,小罗斯福的直觉很准。美国证券交易委员会的一位高级官员称,只要瞥一眼股票的盘面动作,肯迪尼就能觉察股票投机的运作。在短暂就职于证券交易委员会期间,肯尼迪狠狠地打压了从前使得自己致富的活动。随着新政开始整治华尔街,他的前合作伙伴史密斯永远放弃了熊市抛售的做法。一些市场专家赞扬肯尼迪打破了美国证券交易委员会各种监管规定造成的新股融资僵局,助推了1935年股市的上涨。

然而,肯尼迪的新闻形象也不是百分之百受称赞。1935年股市大涨快结束时,《巴伦周刊》抱怨美国证券交易委员会的监管规定目光短浅:"驱逐了大型操盘手,摧毁了场内交易员和专业人士的信心。"《交易员》专栏称,这么做的结果是市场空前冷清,并因此波动连连。此外,公司董事的个人交易需每月公开,他们不愿再为将来承担巨大风险。因此,《巴伦周刊》哀叹道,市场不再提前为发展贴现,而是在消息传出后才开始调整。

年末动荡

10月的活跃交易和价格上涨由海外买盘支撑。意大利在埃塞俄比亚的军事行动最初让市场走低。然而,在国内贸易利好消息、公司收益改善和一系列股息增加的推动下,股市很快反弹。

到11月,股市连续8个月上涨。19日,道琼斯工业平均指数达到148.44点,为1931年7月以来的最高水平。这一指数当月平均收于142.35点。交易量达到了1933年7月以来的最高值。有利的贸易报告支撑了上涨,来自欧洲的黄金也加速流入美国证券市场。公用事业股受益于一项认为《公共事业控股公司法》违宪的法院裁决。在12月的大部分时间里,由于美国政府削减了在伦敦市场上的白银购买量,股市不规律地走低。银价急剧下跌,股市动荡不安。

战争并不全是坏事

尽管投资者最初对发生于埃塞俄比亚的风暴感到不安,但他们很快就发现了一线希望。国内外的军队建设推动了战机订单的增加,使得飞机股上涨了50%。

1935年12月,《华尔街杂志》颇有先见之明地讨论如果美国试图在英德之战中保持中立将会面临什么样的困境。这份刊物还警告说,一旦发生对外冲突,一位强势的总统会带来宪法上的困境:

> 只有国会可以宣战,但如果将国会的中立决策权授予独断专行的政府来执行,总统在任何时候都可能把我们卷入不可避免的国际困境中,届时国家就只有参战一条路可走了。

孤立主义者后来指责小罗斯福将手伸得太长,将美国拖入了第二次世界大战。然而,从1935年描绘的情景判断,小罗斯福的军事行动不应该让任何人感到意外。

证券化和存货减少

那几年值得指出的两种关键经济趋势是证券化,以及在技术的推动下存货减少。敏锐的观察人士指出,商业银行的贷款业务正被股票市场和债券市场抢走。与此同时,先进的数据处理技术和实时生产系统的引入,让制造商得以节省与存货相关的持有成本。

老话说得好,太阳底下无新事。不过,和当时近数十年的许多其他"创新"一样,证券化和存货水平合理化体现的是渐进式的变化,而非翻天覆地的变化。到1935年的好年头结束时,《华尔街日报》指出,大萧条迫使银行转移了焦点。它总结了以下两点根本原因:

- 在更大规模上,企业的融资活动在资本市场上完成,而不再通过银行贷款。
- 新的改良的生产方法使得企业不再需要持有大量存货。

记者和被引用的专家这么说实在是很方便,因为了解新主题是很少见的需求。

额外的信用

道格拉斯所著的《社会信用》(此书促使卓别林精明地将股票清盘)并未被遗忘。在加拿大阿尔伯塔省,道格拉斯的门徒们组成了一个政党。到1935年,"社会信用"计划上台,并承诺给每个人每月25美元的津贴。怎样承担这笔费用呢?显而易见的解决办法是削减省级政府的其他开销,这些开销里有很大一部分是债券利息和救济款。该省总理、绰号为"圣经比尔"的威廉·

阿伯哈特（William Aberhart）认为，债券持有人应该乐于接受息票利率从5%降至2.5%，同时，加拿大自治领应该乐于接管该省的救济款。"我们想把阿尔伯塔省的普通信贷变成镀过金的，"这位电台传教士出身的政治家解释说，"接着再把它作为社会信贷的基础。"换句话说，《华尔街杂志》解释称，用于收入再分配计划的资金将由债券持有人和加拿大其他省份的纳税人提供。

为上涨提供资金

1935年，美国人并没有普遍把股市的暴涨看成好消息。对于大崩盘，人们仍然记忆犹新。人们对20世纪20年代投机过度的指责也很常见。数十年之后，人们对猖獗牛市的恐惧依然存在。例如，1954年股市出现了一轮看似危险的上涨，股价一路飙升到25年前的水平，国会感到必须为此举行听证会。

11月，美联储主席马瑞纳·伊寇斯（Marriner Eccles）试图缓解公众对1935年牛市的担忧。他指出，当前的牛市是由现金支付支撑的。与1927—1928年的情况相比，推动价格上涨的不是经纪贷款。因此，伊寇斯表示，没有必要立即提高保证金要求。他发表声明后，股市以新一轮的上涨作为回应。

就情况本身而言，这位美联储主席的观察是正确的。截至1935年12月1日，纽约证券交易所的会员借款不到交易所股票总价值的2%。1929年黑色星期二前夕的可比数字接近10%。占交易量约1/3的散户以现金买入的程度远超以往。

不过，尽管保证金贷款受到抑制，1935年的股市上涨仍有信贷方面的诱因。J.S.威廉姆斯（J.S. Williams）在《华尔街杂志》上撰文指出，观察到的现金购买行为实际上是联邦政府赤字提供的资金。得益于在秋季大量黄金涌入美国，到当年年底，银行超额储备达到创纪录的 30 亿美元。《1935 年银行法》虽然放开了国家银行发放房地产贷款的权力，但这些闲置资金并没有获得足够多的出路。商业银行考虑进入新的业务领域，如个人贷款和分期付款融资。可放贷资金过剩，使债券收益率维持在 20 世纪初以来的最低水平。因此，投资者必然会将投资从债券转向股票，接着不可避免地转向质量较差的股票。

诚然，汽车行业带动的经济复苏为 1935 年股市的上涨出了很大的力，也为人们恢复对银行系统的信心出了一份力。停业的银行总数从 1933 年的 4 000 家直降到 1935 年的仅 34 家。股息普遍增加，是支持股价上涨的另一个基本因素。但尽管美联储主席发表了免责声明，市场上涨仍然至少在一定程度上得到了有利的货币环境的支持。市场专家在解释股市上涨时也指出，通胀预期的上升与宽松的货币环境不无关系。

盘点上涨情况

1935 年，华尔街再现辉煌。在 2—11 月，交易量增长了两倍。道琼斯工业平均指数从 3 月 14 日 96.71 点的年内低点，到 11 月 19 日飙升至 148.44 点。从 4 月 1 日到 12 月 1 日，在纽约证券交易所上市的所有股票的总市值涨了 46%。

这是 1929 年以来规模最大、持续时间最长的一轮上涨，但人们并不普遍认为这是一件值得欢欣鼓舞的好事。《商业周刊》提醒读者："1929 年的缥缈幻境消失了，股市深陷黑暗的泥淖。"按照这种周期性观点，此刻该是消停的时候了，市场听从了吩咐。上涨停止，成交量下降。

就全年而言，道琼斯工业平均指数上涨了38.5%，标准普尔500指数的总回报率高达47.66%。领头羊通用汽车公司的股价上涨了153%。美国无线电公司的股价翻了1倍，美国电话电报公司的股价涨了3倍，美国钢铁公司的股价涨了5倍。

给预测人士打打分

1935年伊始，小罗斯福政府的官员或许是出于对总统的忠诚而对工业复兴的信心增强。但柯立芝的副总统查尔斯·G. 道威斯（Charles G. Dawes）同样乐观。他认为，耐用品消费将在年中左右出现回升，无非是因为前五年没能得到满足的需求必须得到满足。道威斯说，哪怕没有新政存在（而不是因为新政存在），情况仍会好转。（道威斯还担任过美国货币总核查长、驻英大使、重建金融公司总裁和美国第一任预算负责人。此外，他还创作了一首小提琴家弗里茨·克莱斯勒经常演奏的曲子，并与张伯伦共同获得了1925年的诺贝尔和平奖。沃伦·哈丁在提到道威斯那极富激情的演讲风格时说："他是我见过的唯一一个能双脚朝天倒立着继续说话的人。"道威斯还因在公共演讲中推广使用脏话而闻名。）

对公共生活存在为数不多的悲观主义者，其中之一是小罗斯福的预算局前局长刘易斯·O. 道格拉斯（Lewis O. Douglas），他对赤字支出的危险提出了警告。《华尔街杂志》的 A. T. 米勒和道格拉斯一样，也对预算不平衡感到担忧。他认为，必然会出现具有破坏性的通货膨胀。诚然，从短期来看，农民的购买力上升，消费者的支出也恢复了。但消费者并未购买住房，因为住房建设成本仍然高得过分。米勒表示，经济持续复苏和股价提高取决于企业愿意恢复对工厂和设备的投资。而他坚持认为，只有当小罗斯福减轻人们对财政政策的担忧，停止向美国劳工联合会卑躬屈膝，并引导国会放弃激进的立法时，企业才会这么做。

虽然米勒指出的基本面前景令人颇为沮丧，但他的技术评估相当乐观。他认为，1934年7月和9月，股市出现了典型的双底。到了年底，在两个星期的水平波动之后出现了乍看起来令人担忧的单日下跌。不过，市场没有跟进这一趋势，成交量也随抛售而下降。此外，米勒认为，由于察觉到小罗斯福政府的态度和政策发生了深刻的转变，市场情绪有所改善。"很明显，政府几个星期以来一直在努力恢复私人资本和私人积极性方面的信心。"他断言。

米勒从技术的角度描述事件，这比他秉持传统所做的描述更准确。1935年底，《华尔街杂志》仍在猛烈抨击小罗斯福的极端主义，股市却大幅上涨。劳伦斯·斯特恩也在《华尔街杂志》上撰文，同意市场的看法，即1934年底小罗斯福的反商业立场有所缓和。他认为，不可否认的是，政府实验的高峰期已过。斯特恩提出，尽管实现预算平衡在短期内不可行，但沿着平衡的道路前进将恢复企业投资的勇气。通过将重点从成本高昂的公共工程项目转移到创造就业机会的项目，他争辩说："当局在现实和政治上都有可能削减当前财政年度的赤字，同时仍然为本国任何有需要的人士提供足够的救济。"

《商业周刊》和斯特恩持有同样乐观的看法，并对1935年的经济做了相当准确的预测。该刊物还准确地预测了当年汽车销售的增长。它还很不错地预见了政府将对监管公共事业控股公司展开一轮全新的尝试。在货币方面，该刊物认为，最高法院"几乎没有可能"在废除黄金支付条款上受挫。然而,对最高法院将很快着手废除新政的产业政策,《商业周刊》毫无着墨。预测人士认为,对《全国工业复兴法》中价格操纵条款的任何修改或取消,都将由白宫决定。

《华尔街日报》的伯纳德·基尔戈是另一位很好地把握了1935年积极进展的预言家。"生意可能会好一些;从公认的指标来看,可能好很多。"他写道。然而,由于货币和银行的非常规状态,基尔戈认为,这奠定好的基础只足以支持短期的繁荣,而非持久的兴盛。不过,这套制度也并不像反对小罗斯福的一些人认为的那样岌岌可危。"通过一系列前所未有的金融工程壮举,"基尔戈提出,"我能够看到将来会有更好的基础来取代现有的底层架构。"(有些人坚决认为"金融工程"是20世纪八九十年代才出现的新事物。)

预言家与《华尔街日报》

准确描述了1935年所发生事件的基尔戈,26岁时就当上了《华尔街日报》华盛顿分社的负责人。到1934年,总统决定让美国脱离金本位制,竟为基尔戈带来了一些名气。在一次记者招待会上,记者们要求小罗斯福就货币问题给出超出他专业知识范围的技术细节。最后,小罗斯福气急败坏地对一名提问者说:"去读读基尔戈今天早上的《华尔街日报》,你会得到答案的。"

基尔戈进而负责《华尔街日报》的每周头版专题栏目《华盛顿电讯》。时隔60年,这个栏目仍然蓬勃发展。1941年,他回到纽约,被任命为《华尔街日报》的执行主编。在此职位上,他迅速结束了报业在星期六就确定好星期一版面的传统做法。《华尔街日报》第一次在星期日付梓时，刊登了一篇按传统做法很可能错过的重要报道——轰炸珍珠港。（这并不是基尔戈第一次展示他对时机的完美把握。他是在1929年9月股市创下历史新高的那一天开始了在《华尔街日报》的职业生涯。）

1945年，基尔戈担任道琼斯公司的总裁，他将《华尔街日报》从大崩盘后的低谷中带了出来。该报在1929年的发行量为50 000份，1936年发行量下降到最低点28 000份。而等到1966年基尔戈退休时，《华尔街日报》的发行量超过100万份，在美国的众多日报中仅次于《纽约新闻报》。

基尔戈从未声称自己是股市专家，但他非常清楚地看到了全国性商业报纸的潜力。为了实现自己的愿景，他鼓励技术的发展，并力争促成此事。依靠受专利保护的电子排印机，分散在全美各地的人第一次能看到印刷得一模一样的报纸。

下次大牛市要等20年

1935年牛市的回报率超过了35%（9年来的第4次）。20世纪唯一一次连续两年（1927年和1928年）股市表现这么好，也落在1927年到1935年这一时间范围。不管是此前还是之后，再也没有出现过牛市年这么集中的时间段了。其间不仅出现了1929年的大崩盘，还出现了更严重的衰退，直至1932年才触底。

如果有人预测要过近20年才能迎来下一个大牛市，早就习惯了股市过山车般表现的投资者一定会表示怀疑。但事实证明，这一悲观预测是正确的。直到1954年，新一轮的兴奋才再次出现。

牛市的理由

　　在此期间，1937年的衰退中断了美国的经济复苏。接着，第二次世界大战造成了巨大的混乱，阻碍了新工业的发展。然而，与许多经济学家所担忧的相反，战时的繁荣并没有为新一轮的萧条埋下伏笔。生产能力的分流使消费品变得稀缺。人们愿意多花钱来弥补失去的时光。与此同时，夫妻重聚引发了"婴儿潮"，创造了庞大的新需求。韩朝冲突推迟了这一不可避免的趋势，但到了1954年，道琼斯工业平均指数终于恢复到1929年创下的高点。

第七章 1954年

商业是美国的支柱。搞砸了商业,就等于搞砸了美国。与左派革命者不同,艾森豪威尔总统认识到了这一点。

——B. C. 福布斯,《福布斯》

美国本土生活水平的提高是显而易见的,但国外一些较落后的国家表现得没那么明显。比如说,美国游客到热带国家,看到当地人每天都穿鞋,想必不会吃惊。可在战前,这些国家的人就算有鞋,也只在星期日和少数节日场合穿。

——E. K. A,《华尔街杂志》

市场不再是商业前景的可靠晴雨表,甚至不再能可靠地反映当前的商业状况。第二次世界大战之前,股票价格和股票交易量的变化,是未来商业趋势合情合理的好兆头;1939年以前,在80%的时间里,股票价格的波动都预示着商业的波动。然而,从那时起,市场就成了曼哈顿下城荒野中的一个声音——不光没人搭理,还经常走调。

——《财富》

牛市的理由

新股发行热潮

1954年伊始，股价就普遍上涨了大约三个半月。1953年日益高涨的热情，促成了一轮新股发行热潮。这股热潮始于20世纪40年代末的加拿大。萨斯喀彻温省发现了一座大铀矿，这更使市场进一步高涨。接着传出了美国钢铁制造商大举投资加拿大矿山的消息。

到1954年，海因茨·别尔（Heinz Biel）为《福布斯》撰写专栏已进入第三个年头——这件事，他一直干了33年。1954年伊始，他尖锐地批评了当时的首次公开募股热潮。别尔对价格低证明价值高的观点持特别负面的看法：

> 加拿大的股票推销员利用美国股票买家的偏好，向轻信的公众出售了数百万美元的价格低但估值过高的股票。同样，金融版面上现在也充斥着美国投资公司向天真的公众出售低价股的广告。公司名称附加的诸如核、石油、原子、电子等描述性形容词所暗示的"投机机会"引诱着这些人。但似乎很少有人愿意费点心思把股票的价格和数量乘起来看。如果他们这么做了，一定会意识到，以现价的两倍购买杜邦公司的股票，得到的东西反而更划算。

很多年后，首次公开募股的推销员同样利用了热门行业（可替代能源、生物技术或互联网）的吸引力。而低价股错觉仍然存在。

第七章 1954年

慢舞

与1953年底飙升的股市形成截然对比的是，美国经济看起来很疲软。在当年早些时候，钢铁行业的额定产能利用率远高于100%，但当时已降至90%以下。导致下降的一个主要因素是汽车产量从7月预计的年产750万辆降至600万辆以下。此外，消费者不愿意购买新的大型家电，企业在资本支出计划上趋于保守。住房建设开工率也在下降。

尽管出现了衰退将至的迹象，但1954年的前景并不完全暗淡。《钢铁时代》杂志称，尽管钢铁行业的开工率下降，但订单前景有所改善。此外，货币和财政刺激有望使经济恢复增长。《巴伦周刊》的专栏作家H. J. 纳尔逊（H. J. Nelson）预测，对经济的第一轮打击会始于货币的宽松。减税是另一种可能的工具。万一经济真的出现紧急状况，还可以靠公共工程支出来加以补救。

美联储主席马丁

考虑到很难确定哪个理念在美联储中占上风，纳尔逊做出货币政策将走向宽松的预测着实需要一点勇气。当时领导美联储的是威廉·麦克切斯尼·马丁，20年前就是他发表了格雷厄姆关于建立商品储备的提议。马丁是小罗斯福的支持者，哈里·杜鲁门（Harry Truman）提名马丁担任美联储主席，接着共和党人德怀特·艾森豪威尔（Dwight Eisenhower）两度任命马丁担任美联储主席，之后民主党人约翰·肯尼迪和林登·约翰逊（Lyndon Johnson）也各自任命了一次。他从不就美联储的政策提出任何指导原则，只是说："我们的目的是顶住通胀或通缩之风，不管它们是从哪儿吹来的。"

对马丁来说，这种贴切的比喻比教条更值得期待。他有句名言："美联储的工作就是在聚会上充当监护人。聚会一开始，就必须把大酒钵拿走。"马丁对现有统计数据的质量以及经济学家的阐释能力表示怀疑，他评论说："我依赖幕僚，就如同醉汉依赖灯柱；不是为了照明，而是为了有个支撑别倒下。"

他自己的眼力主要来自长期以来解读金融市场基调的经验。马丁是圣路易斯联邦储备银行行长的儿子，24岁就成为当时规模尚小的爱德华兹证券公司的合伙人。4年后，他被任命为纽约证券交易所理事，绰号为"华尔街神奇小子"。1938年，31岁的马丁被纽约证券交易所选为第一任带薪全职主席。此前的制度是评选一名理事，由他负责领导交易所，但时任主席的理查德·惠特尼被逮到挪用公款，从而使得这套制度无以为继。马丁的任务是收拾烂摊子。

经过数十年来对市场的密切观察，马丁并不认同公众对股票的热情就代表公众对美国投信任票。当普通民众开始投身股市，他担心20世纪20年代的繁荣-萧条循环会重演。马丁就1965年的一轮牛市发出了这样的警告，并因此获得了一个新绰号：威廉·鸡仔儿·小马丁。30年前曾主张用通货膨胀来解决退役军人津贴问题的国会议员赖特·帕特曼提出，马丁丧失了货币政策监管人的资格。（后来，帕特曼还撰写了一份长达47页的抨击意见书，两相比较，这次的批评可谓温和。这位得克萨斯州的民粹主义者指责马丁的"货币独裁"行为让纳税人损失了2 000亿美元不必要的利息，创下了破天荒的浪费纪录。帕特曼还用"盖世太保"

一词来抨击美联储公开市场委员会的保密措施。)

撇开少数歇斯底里的批评不谈,马丁在其近19年的任期内赢得了广泛的尊重。理查德·尼克松认为,自亚历山大·汉密尔顿以来,没有人能像马丁这样,在这么长的时间里对经济政策产生如此重大的影响。尼克松曾将自己在1960年总统大选中失利主要归咎于美联储主席(也就是马丁)不愿放松信贷,这样的评论出自前者之口,可谓十分友好。尽管马丁鼓励辩论、力争达成共识,但他控制美联储靠的是自己的地位和个性力量。和马瑞纳·伊寇斯一样,他在担任美联储主席期间,有这么一句流传已久的俏皮话:联邦储备委员会由一位主席和随便六个面目模糊的无名小卒组成。

谁会买?

1953年,尽管有秋冬两季的上涨,华尔街人士仍度过了一个忧郁的圣诞节。许多经纪公司在这一年亏损,被迫关闭或合并。"在美国历史上最繁荣的时期,"罗伯特·M. 布莱伯格(Robert M. Bleiberg)在《巴伦周刊》上写道,"华尔街却变成了一个萧条之地。"

问题在于,虽然股票价格上涨,股票交易量却停滞不前。美国人从未摆脱1929年股市崩盘后对持有股票的厌恶情绪。对靠佣金维持运转的经纪公司不利的是,人们把资产委托给金融机构代为打理,而金融机构又并非活跃的交易者。1953年,尽管上市的股票数量增长了6倍,纽约证券交易所的股票交易量却低于1925年。由于成交量急剧下降,纽约证券交易所的席位售价仅比1899年略高。与此同时,由于二战后的高通胀,运营成本大幅上升。1953年底，纽约证券交易所会员公司上调了佣金率，但华尔街的获利前景并不乐观。

预测人士眼中的1954年

B.C.福布斯对经济持"谨慎但并非灾难性"的立场。甚至在1953年结束之前，就业率就已从历史最高水平开始下降，减产开始冲击汽车行业。钢铁行业和住宅建筑业的繁荣似乎也宣告结束。福布斯在同名杂志中指出，从好的方面来看，艾森豪威尔政府结束了民主党人20年来"不计后果、蛊惑人心、极具破坏力的挥霍性支出"。这位毫不掩饰党派色彩的出版商热情地表示"纳税人的钱再也不会被漫不经心地塞给世界各地无数的国家了"。共和党还削弱了（民主党为吸引选票而）对劳工领袖的过分偏爱。福布斯的结论是：尽管做空者可能在一段时间内占上风，但长期而言，股市的趋势向好。

1954年初，投资服务机构穆迪建议投资者以现金形式持有1/4~1/3的投资组合。穆迪认为，短期投机者在股票上的投资应该更少，因为近期的市场看起来不是很乐观。来自竞争对手标普的分析师认为，"在中期……不太可能出现朝任一方向的持续总体走势"。从这几个方面来看，没有迹象表明1954年将成为股市历史上最好的年头之一。

《华尔街杂志》的A.T.米勒与穆迪及标普持有同样的谨慎态度。他指出，就经济预测达成的共识是温和衰退，即工业生产下降5％~8％。由于专家们相应地预测企业收益将下降10％~15％，米勒认为股价的平均水平可能接近1953年的范围。不过，在短期，他认为价格的下行空间将大于上行空间。

第七章 1954年

米勒指出，从积极的一面看，债券市场正在反弹。财政部和美联储已经从用紧缩的货币政策对抗通货膨胀，转变为用宽松的货币政策对抗通货紧缩。与此同时，信贷需求下降。随着债券收益率的下降，投资者越来越倾向于转投股票，至少是高质量的股票。对投机的厌恶情绪进一步推动了蓝筹股的上涨，反映出商业活动和企业利润前景的不断恶化。

在米勒看来，让人感到安心的是股票估值合理，尽管1953年底股价曾出现过上涨。工业股当时的平均市盈率不到1953年的10倍。鉴于当时高评级公司债的收益率仅略高于3%，超过6%的股息率让股市更具吸引力。

根据《华尔街日报》的《了解市场》专栏，股票经纪人普遍同意米勒的评估，即不存在过度投机。他们认为对养老基金和利润分成计划的持有量将保持不变。此外，与几年前相比，许多主要机构减少了股票投资。《华尔街日报》的专家表示，它们可能会在疲弱时买入。最后，交易员认为，和收益比起来，股息是保守的；故此，如果收益小幅下降，股息将保持不变。

时事通讯记者卢西恩·胡伯尔（Lucien Hooper，他的职业生涯最终长达63年）相当看好1954年的前景：几乎每5只上市股中就有2只的收益率在6.5%以上。他认为，经济的下行趋势已充分反映在了股价中。胡伯尔此前曾担任金融分析师联合会的主席和新泽西州韦斯特伍德市的市长。他估计，平均而言，专业经济学家预计企业收益将下降5%~8%。基于这些条件，税前利润的下降比例会更大一些。

然而，胡伯尔预计净收入保持得相当好，理由是：1953年12月31日，针对朝鲜战争产生的超额利润联邦税已经到期。国会在1951年初征收了这一税项——可追溯至1950年1月1日。（此举是典型的华盛顿做法，它源自《1950年收入法》，最初是作为减税法案推出的。）1953年7月朝鲜战争停战，国会是时候采取行动结束征收超额利润联邦税了。

在胡伯尔看来，比取消超额利润联邦税更好的消息是近期金价下跌。他说，这表明人们对战争的恐惧正在消退。胡伯尔推断，恢复与东欧和中国的贸易可能是一大利好。

香烟股

胡伯尔短期内不看好的一类股票是香烟股。在他看来，问题不尽然出在对肺癌的讨论上。胡伯尔认为，香烟公司的广告风格危害更大："香烟对你有害，但我们的品牌不像别人的品牌那样有害。"许多吸烟者都被这种消极态度吓到了，这令他感到遗憾。尽管如此，胡伯尔还是看到了一些长期希望。他预测，生产商很快会改变广告的重点。说到底，人们还是会继续吸烟的。

在过去的几年里，有关肺癌的讨论在稳步增加，胡伯尔对此却轻描淡写。1953年底，斯隆-凯特琳研究所的恩斯特·温德（Ernst Wynder）医生就烟草和癌症之间的关系提出了令人震惊的新证据。温德发现，给剃完背毛的实验老鼠涂上液化的香烟焦油后，会发现它们表现出患上恶性肿瘤的显著倾向。

吸烟者可能觉得，如果焦油是这些动物吸入的，实验结果会更有说服力。

对健康倡导者来说，遗憾的是，温德认为，以这种方式设计实验不可行。像大多数小动物一样，老鼠只通过鼻子呼吸，而鼻子里有极其有效的过滤系统。为了将足够多的潜在致癌物注入老鼠的肺部以使测试结果可靠，研究人员不得不泵入大量的烟雾。事实上，这么多的烟雾会让实验动物因一氧化碳而窒息。

悲观态度

与 B. C. 福布斯和胡伯尔描绘的乐观的股市前景不同，一些专家在1954年初对股市持悲观态度。《商业周刊》报道，许多华尔街人士认为1953年末的反弹是一轮假上涨。

让这些悲观主义者担心的是商业竞争日后有可能加剧。他们担心，利润空间的缩小将抵消取消超额利润联邦税带来的好处。当时，总产量已经下降，资金需求疲软，企业倒闭率达到战后最高水平。事实上，《商业周刊》称，如果美国政府不通过赤字支出来支撑经济，商业状况就会更糟。

3D 热潮

在胡伯尔等着香烟股反弹的时候，他的同行、《福布斯》的专栏作家迈克尔·库尔戴（Michael Kourday）则敦促投资者赶上"婴儿潮"。库尔戴并没有明确地使用"婴儿潮"这个词，但他窥见了这股趋势。

库尔戴指出，二战后，由于生育率的上升和婴儿死亡率的下降，儿童消费者的数量大增。因此，他推荐婴儿配方奶粉、婴儿食品和牛奶等领域的股票。（当时，库尔戴大学毕业才三年，因此他熟悉年轻市场也就不足为奇。他后来在经纪行业工作，并在20世纪70年代初管理德莱赛工业公司的养老基金。）

库尔戴认为，制造电动火车模型的莱昂内尔火车公司同样大有前途。他指出，父亲和孩子对火车同样充满热情，因此也愿意为火车模型掏钱。最重要的是,莱昂内尔火车公司刚刚推出了一款三维(3D)摄像机。这家玩具公司因此进入了"快速发展的立体光学摄影领域"。

1954年,3D是摄像市场最热门的分支。二战后,这股热潮随着密尔沃基大卫·怀特公司推出立体写实相机而兴起。好莱坞明星约翰·韦恩(John Wayne)、鲍勃·霍普(Bob Hope)和简·怀曼(Jane Wyman,奥斯卡获奖女演员)的代言,推动了市场对立体写实相机的需求。不过,最大的推动力出现在1952年初:《生活》杂志刊登了一张3D照片,是艾森豪威尔在伊斯坦布尔。到了这一年的年中,这款相机的预计年销量达到4万台,竞争机型也纷纷涌现。这个领域如今早就被人遗忘的产品包括"斯普特尼克"(Sputnik)、"猫头鹰"(Owal)和"贝尔普拉斯卡"(Bleplasca)。到1952年秋,密尔沃基大卫·怀特公司可以自豪地称,40%的美国棺材制造商在销售过程中使用了该公司的立体写实3D照片浏览器。

然而,没过几年,公众就对3D摄像失去了兴趣。只有"立体写实"这一款相机的生产贯穿了整个20世纪60年代,它的累积销量达到13万台,于1971年停产。

从投资的角度看,3D热潮并未彻底退去。只不过,莱昂内尔火车公司放弃了这一领域,开始了漫长的衰落,并在1982年2月申请破产保护。莱昂内尔火车公司的股票(21岁的库尔戴推荐过)在申请破产保护的那个月里价格仅为面值的1.75%。但同年,有报道称,在二手市场上,性能良好的35毫米立体写实相机的售价高于最初的上市价。简言之,事实证明,莱昂内尔火车公司的这款产品比它的股票更值得投资。也许,套用一句老话来说就是，每一位投资者都应该有个业余爱好。

生意如何

到了 1954 年，消费者开始对自己的工作感到更有安全感。纺织品生产商报告称，消费者对服装和家居用品的兴趣有所增加。助力该行业反弹的是 1951 年积累的过剩存货在这时候处理售出。铁路设备制造商遭受的衰退远比一般行业严重得多。由于加速折旧的税收规定到期，自 1953 年以来，订单量跌了 30% 以上。不过，当年晚些时候，铁路行业的表现开始改善，设备订单量回升。这一年年中，起步缓慢的住房建设也开始加速。石油公司的股价先是上涨，而后下跌，但在年底表现强劲。

市场走向繁荣

股市在 1954 年初开始上涨。投机色彩从一开始就很明显，交易最活跃的股票名单上越来越多地出现了《福布斯》专栏作家海因茨·别尔大加嘲笑的低价股。3 月初，道琼斯工业平均指数比 1953 年的收盘点数上涨了 7%，突破了 300 点大关。这是自 1929 年大崩盘前不久以来的最高水平。

艾森豪威尔当选

到了秋天，注意力转向了 1954 年的国会选举。尽管艾森豪威尔在 1952 年取得了胜利，但共和党在参众两院只占微弱多数席位。历史表明，少数党往往在中期选举时获得席位，而民主党获得众议院控制权所需的席位数低于历史平均水平。共和党内部的争论让人们担心民主党会在参议院和众议院占多数席位。投资者担心艾森豪威尔的中间路线政策会被反商业立法取代。

然而，到了竞选后期，这位大受欢迎的总统把精力投入这场战斗中。他的参与，让那些对与苏联发生核战争这一前景深表关切的选民大感放心。毕竟，在公众的心目中，是这位前将军结束了朝鲜战争，他代表了不依靠绥靖政策实现和平的希望。

副总统尼克松不如艾森豪威尔那样阳光，但他作为共和党候选人付出了不懈努力。在48天的时间里，尼克松访问了30个州的95座城市，发表了204次演讲，并平均每天要握532次手。有人指责艾森豪威尔在打高尔夫上浪费了太多时间，尼克松则回应说，杜鲁门在打扑克上花的时间更多。特别是在竞选接近尾声时，尼克松对共产主义进行了猛烈的抨击。政治预测者认为，如果艾森豪威尔在1956年不寻求连任，尼克松将是共和党提名的主要候选人。

统计得票时，民主党在众议院和参议院勉强获得了微弱多数席位。商人们这下松了一口气，因为知道结果本可能会更加不利。温和派中的共和党人和民主党人组成的联盟则继续主导着立法议程。

选举结束次日，道琼斯工业平均指数创下了1939年9月5日以来的最大单日涨幅。在随后的一个交易日，该指数收于25年来的高值366.95点。企业销售和收益强劲的报告，强化了政治方面的好消息。人们预期第四季度的表现会更加强劲。

"华尔街最知名的女性"

1954年，一位年轻女性申请到美林证券公司工作。她是克利夫兰人,未能完成本科学业就从西储大学退学了。因为没有学位,美林证券公司拒绝了她,但她决心迎难而上。她又向巴奇公司提交申请,并撒谎称自己完成了大学学业。

缪里尔·西伯特(Muriel Siebert)得到了一份作为证券分析师的工作,之后再也没有回过头。1967年,她成为第一位在纽约证券交易所购买席位的女性。西伯特也是第一位拥有并经营自己的经纪公司的女性。1977—1982年,她担任纽约州银行督管。在竞选纽约州共和党参议员提名失败后,她重返经纪行业。《纽约时报》称,她"大概是华尔街最知名的女性"。

无论是在金融领域、政治领域还是在其他领域,西伯特都能轻松地与男性一较高下。"我们的生意仍然包括坐下来跟人们一起喝酒。要是你不能喝,那就只有乞求上帝保佑了。"1986年,她在接受采访时这么说。谈及最近跟一个喜欢喝酒的人共进午餐,她说:"他喝的是苏格兰威士忌,我也是。这里没有双重标准。"

虽然西伯特利用了随后酒类在证券行业地位下降带来的机会,但她并未失去对投资便宜货的兴趣。1994年,这位经纪公司负责人成为长岛布里奇汉普顿新开张的熟食店 Schmoozie 的 15 名投资者之一。股东们(每人出资 35 000 美元)不仅可以获得利润分成,还可以在周日早上享受面包圈、熏鲑鱼和报纸的免费送货上门服务。

小小快乐圣诞节

整体而言,进入 1955 年,商业基调似乎证明了股市一年以来的乐观情绪。感恩节次日,芝加哥卢普区便挤满了圣诞购物者，本就规模庞大的警察队伍不得不要求增援。受就业人数增加和失业率下降鼓舞，消费者松开了钱包。首付和信贷条件的放宽也促进了零售业的健康发展。考虑到消费者在1952—1953年的经济繁荣期承担了略微有些多的个人债务，企业认为这样的让步是有必要的。

后见之明

事实证明，就取消超额利润联邦税可能产生的影响而言，证券分析师卢西恩·胡伯尔所做的评估一语中的。标准普尔400指数工业股的税前每股收益从1953年的5.52美元降至1954年的4.98美元。然而，扣除税金后，每股收益增长了近5%，从2.57美元增至2.69美元。

福特汽车公司公布的汽车销量达到了1925年以来的最高水平。由于该公司并未上市交易，其收益仍是个秘密。因为所有的股票都由福特家族和福特基金会持有，这家汽车制造商并无义务公布财务报表。不过，公司总裁亨利·福特二世（Henry Ford Ⅱ）愿意透露的是，税后收入较1953年有强劲的增长。尽管该公司的税前利润有所下降，但净利润却出现了增长，这与胡伯尔年初对超额利润联邦税到期取消的看法一致。尽管该公司的盈亏底线有所改善，但高管的奖金却遭到削减。

美国的香烟消费量据估计下降了4%。农业部提到了将香烟与健康问题联系起来的宣传，以及达到吸烟年龄的青少年人数在下降。此外，特大号香烟的迅速流行，减少了人们的吸烟量。

1954年，航空公司的飞行里程有所增长，但增长主要集中在廉价长途航班上。运营商积极增加运力，成本的上升幅度超过了收入的上升幅度。航空股 1954 年涨了不少，但大多仍低于 1946 年的高点。

电台评论员开始荐股

在道琼斯工业平均指数冲破 300 点前后，电台评论员沃尔特·温切尔开始在周日晚间的广播节目中推荐股票。温切尔一直在寻找吸引观众的新节目，最初是在广播中传授赛马的技巧。股票是自然而然的延伸，因为他天生就为市场而生。他的叔叔乔治·温切尔曾是纽约路边交易所（美国证券交易所的前身）的董事。

温切尔并不提供精辟的金融分析，但听众已经学会严肃对待他的预测。早在 1932 年，温切尔就在报纸专栏中报道过芝加哥的枪手到纽约要杀死一个名叫文森特·"疯狗"·考尔（Vincent "Mad Dog" Coll）的纽约黑帮成员。就在那天晚上，考尔被诱骗到一处电话亭，60 多颗子弹把他的身体打得血肉模糊。（后来，温切尔被传唤到大陪审团面前，法官询问他的情报来源，他坚定地回答："我不记得了。"）

温切尔拥有大量追随者，这让他能够为他所吹捧的交易冷淡的股票创造奇迹。从 20 世纪 20 年代末开始，这位曾经的歌舞片演员就被公认为百老汇最有影响力的人物，也是全世界收入最高的记者之一。温切尔在专栏里提上一嘴，就足以把一些默默无闻的艺人推上星光大道。

温切尔从演艺圈转到了政治和世界舞台。他的声望随着时间的推移持续走高。在第二次世界大战期间，军方试图向电台施压，让他收敛自己的言论，出人意料的是小罗斯福总统竟亲自出

1954年,沃尔特·温切尔在周日晚间广播节目中传播的股票内幕消息在周一上午带来了巨大的交易量。图为这位前轻歌舞剧编剧在展现舞技。

面干预。有一次,纽约市长菲奥雷洛·拉瓜迪亚(Fiorello La Guardia)打算在温切尔的常规广播时段停电。"如果你执行已设定的停电计划,"这名生气的八卦记者对市长说,"我会宣布,纽约市唯一还亮着灯的地方就是市政厅,那里面的人正在打扑克。"市长立刻重新安排了停电计划。自1948年,温切尔开始大力支持艾森豪威尔入主白宫。1953年,在前往总统就职典礼的路上,一个朋友开玩笑地问温切尔当选总统是什么感觉。"你知道,这真的很了不起。"温切尔一本正经地回答。

一般而言,温切尔选的股票在他广播节目播出的次日早晨成交量会暴涨,但不久之后也会回归常态。金融专栏作家西尔维娅·波特不屑地说,尽管温切尔推荐的许多股票都能赚钱,但1954年正值股市大涨时期,投资者购买数百只股票中的任何一只都能赚到同样多的钱。作为报复,温切尔在报纸专栏里提到一位不知名的"女性金融天才"在一只白银股上赔了一大笔钱。(实际上,波特挺过了股票的下跌,最终赚到了可观的利润。)

25年重回高点

沃尔特·温切尔1954年选的股票就像他的个性一样不稳定,这使他卷入了大量传奇性的争议。不过,股票的平均价格在稳步上扬。道琼斯工业平均指数接近1929年的历史高值,为381.37点,仅在8月因传出苏联人拥有氢弹的消息后短暂下跌。9月,市场就恢复了上涨。11月17日,道琼斯工业平均指数25年来首次回升至之前的高点。

从1929年10月26日到1954年3月5日,道琼斯工业平均指数在近1/4个世纪里才重新回到300点。可在1954年不到10个月的时间里道琼斯工业平均指数就突破了400点大关。截至年底,道琼斯工业平均指数站上了404.39点,全年上涨44%。标准普尔500指数的总回报率高达52.62%,是1933年以来的最高水平。

市场为什么跑起来

为确定1954年牛市产生的原因,排除美国参议院银行和货币委员会一年后提出的一种假设或许是比较稳妥的。当时,参议员们决定,鉴于整体经济并不景气,需要调查股票价格上涨的原因。在举办听证会的第一天,据《纽约时报》报道,"占据主导

牛市的理由

地位的是沃尔特·温切尔的股市内幕消息"。

预期不高，收益不错

在1954年这轮大涨中发挥作用的是投资者最初并不高的预期。当年伊始，据《商业周刊》估计，美国历史上被渲染得最夸张的经济衰退本已拉开了序幕。工业生产正在下降。一些经济学家警告称，形势将恶化为全面萧条。20世纪30年代的大萧条还历历在目，消费者和投资者对此都非常谨慎。

结果，最糟糕的情况并未发生。没有形成大规模失业。6月，为了回应商界的请求，财政部和联邦储备委员会撤销了通货紧缩政策。（《福布斯》专栏作家H. J. 纳尔逊对货币事务的预测故此得到了证实。）到年底，工业生产呈上升趋势。人们产生了一种感觉：多亏了明智的货币政策和财政政策，周期性萧条不再不可避免。

卢西恩·胡伯尔报告说，在1954年，公众持有股票的意愿越来越强。"普通股长期遭到低估的局面即将结束。"他宣称。此外，在胡伯尔看来，这种乐观情绪是有道理的，尽管他也看到了一些市场过热的风险。公司在这一年总体上提高了股息。"婴儿潮"一代刚度过襁褓期，这意味着他们的消费将会增加。而加速的技术发展导致了淘汰的速度加快。此外，尽管股票价格在1954年大幅上涨，但上市公司的股票价格仍低于股票重置价值。胡伯尔总结说："除此之外，新一代投资者（或投机者）不清楚1929年发生了些什么！"

冷战的明显缓和进一步强化了看涨情绪。不利因素是国防开支的削减，但消费者支出的反弹和建筑业的繁荣应当能抵消这种

第七章 1954年

收缩效应。共和党在国会选举中的损失相对较小则进一步鼓舞了商界人士。1954年前后,股市受益于一种美国人在此后数十年都将深情回忆的普遍乐观情绪。在这种乐观心态短暂受挫之后,市场将在短短四年后迎来又一个"大好年景"。

第八章　1958 年

　　临近1958年，投机情绪仍然比近年来的任何时候都更加谨慎和忐忑，并且理由很充分。严重的市场衰退这一残酷事实令市场降温：这是自1946—1947年以来范围最大的衰退。商业衰退清晰可见，且最近明显可以感觉到衰退得越来越快，也让经济大受影响。

　　　　　　　　——A. T. 米勒特（A. T. Millek），《华尔街杂志》

　　你们可以指望美联储会继续促进信贷条件，这将有助于提高商业和就业水平……但你们不能指望美联储能搞定所有的事情：商业和就业不能只靠信贷推动。

　　　　　　　　——威廉·麦克切斯尼·马丁，美联储主席

　　对于普通股新声望的提升，机构投资者要负很大的责任。现在，每一家机构都认为股票是投资组合的重要组成部分，而且，在大多数时候，这部分还在不断增长。

　　　　　　　　——《商业周刊》

第八章　1958 年

航空航天技术落后

1958 年的上涨，以前一年秋季的急剧下跌作为铺垫。1957 年 10 月 4 日，苏联发射了第一颗人造卫星"斯普特尼克 1 号"。突然之间，美国似乎丧失了自己的技术领先地位。"苏联在某些科学发展方面占优势（暗含重要的军事意义）的证明，带来了一次完全出人意料的冲击。"

更糟糕的是，美国的政治领导层似乎无意对这一挑战做出回应。艾森豪威尔总统告诉媒体，人造卫星丝毫没有引起他的担忧。美国国防部长、通用汽车公司前总裁查尔斯·威尔逊（Charles Wilson）将苏联的成就斥为"不错的技术把戏"。在白宫对外经济政策顾问克拉伦斯·兰德尔（Clarence Randall）看来，"第一颗人造卫星"是"一个愚蠢的小玩意儿"。五角大楼宣布削减飞机采购费，进一步加剧了对美国威望的打击。

参议院多数党领袖林登·约翰逊后来回忆说，就连"斯普特尼克 2 号"进入轨道之后，自满情绪仍然控制着华盛顿：

> 我说我们最好快点行动，最好加快努力的脚步。我的对手大概是这么说的，"我并不担心有人把篮球扔到空中，哪怕那玩意儿发出'哔，哔，哔'的声音。我宁愿到克里姆林宫的男厕所里扔一个"。

火箭发射失败重创股市

到 1957 年 10 月 21 日，道琼斯工业平均指数较"斯普特尼克1号"发射前的10月3日下降了10%。10月23日，美联储放松信贷条件的迹象出现后，情况开始好转。根据《巴伦周刊》的纳尔逊所说，至少在一定程度上，由于"国防生产和资金陷入混乱"，这种放松是必需的。艾森豪威尔总统也在10月23日进行了全美巡回演讲，解释自己的经济和国防政策，为上涨助力。

改善的基调持续了6个星期。在此期间，货币政策明显放松对市场起到了助力作用。11月14日，包括纽约储备银行在内的4家联邦储备银行将贴现率从3.5%下调至3%。这一令人欣喜的消息出乎大多数投资者的意料。直至10月16日，纽约联邦储备银行主席阿尔弗雷德·海斯（Alfred Hayes）还在一场重要政策讲话中称："我希望你们同意，我们才刚刚看到所有人都热切期待的货币稳定方面的些许希望，这时就放松信贷限制会是一个巨大的错误。"此外，贴现率下调的前一个星期，美联储主席威廉·麦克切斯尼·马丁仍主张，政策应主要放在防通胀而非应对衰退上。

艾森豪威尔总统感冒的消息传出之前，股票市场一直运行良好。11月26日，道琼斯工业平均指数下跌了9个点，因为有消息称感冒实际上是轻微中风。这是艾森豪威尔两年多来第3次患上重病，一些专家认为健康问题可能会迫使他辞职。（《华尔街杂志》的米勒说，不管人们对副总统尼克松的地位有什么样的看法，他显示出越来越有能力在必要时承担重大责任，也赢得了公众的极大尊重。）

12月6日，美国付出了极大的努力想重返太空竞赛。美国海军使用一枚先锋火箭试图发射第一颗美国卫星。一如汤姆·沃尔夫（Tom Wolfe）在《太空先锋》中对这一太空项目现场画面的

第八章 1958年

描述,第一次全美直播的倒计时在巨大的噪声和火焰中达到高潮。接着,火箭升空了——大约两米。第一级火箭爆炸,而火箭的其余部分塌了,"非常缓慢地,像个胖老头栽倒在躺椅上"。"惨败特尼克!"报纸头条在这次美国大丢其脸的发射失败后惊呼。本就萎靡不振的股票市场再次吃了一记重锤。

消费者物价指数上涨

整个1957年,投资者都在担心通货膨胀。得益于集体谈判,工人们的工资在不断上涨。"投资者有理由担心,不负责任的工会提出的加薪要求,会越来越超出让工人分享劳动生产力提高带来的好处这一合理主张。"在当时的工业界,美国企业还没有太多的外国竞争对手能毫不费力地将劳动力成本转嫁给消费者。受此循环的影响,消费者物价指数自1956年2月以来几乎涨个不停。

福特汽车公司

1958年,福特汽车公司正开始从自己给自己挖的坑里爬出来。这场灾难叫"埃德塞尔",其代价之惨烈,使它成为新产品发布管理不善和运气糟糕的代名词。

首先,这个概念可能表明福特汽车的野心过大。福特汽车只有两款中等价位豪华车(林肯和水星),而与之竞争的通用汽车则有四款(凯迪拉克、别克、奥兹莫比尔和庞蒂亚克)。福特汽车一开始的设想不是单纯地推出一款新车型,而是推出一个新部门,与通用汽车50年前就创立的部门竞争。

据一些报道,新车型最初的设计非常棒。然而,不久之后,会计人员来到项目现场，要求改变设计以节省成本。这款车的车头曾被形容成"马项圈"和"马桶座"。福特汽车旗下的广告公司博达大桥为这款新车想出了18 000个有潜力的名字，接着筛选到出了16个。未能进入终选环节的名字，包括诗人玛丽安·摩尔（Marianne Moore）的以下提议：

- 抢先者。
- 风中燕。
- 猫鼬品德。
- 粉彩画。
- 普鲁马·普力马。
- 乌托邦龟壳。

最靠前的两个名字"嘉奖"和"海盗船"，以及第二梯队的"步行者"和"游侠"，成为新车4个车型的备选名字。但福特汽车拒绝了前述18 000个候选名字，选择了"埃德塞尔"这一名字。在福特汽车高管们看来，这个名字"有着人格尊严和意义"，反映出埃德塞尔·福特在底特律颇受敬重。可在其他地方，埃德塞尔听起来就有几分好笑了。

1957年经济开始衰退时，中档汽车在总销量中的份额正在下降。最终，福特汽车打算让埃德塞尔车型在8月27日上市。苏联则在同一天宣布它拥有一种导弹，可在美国任何地方投下。

乐观主义者可能会推断，美国将增加国防开支。这样的发展有望为经济和股市带来可喜的推动作用。尽管如此，苏联的声明仍然无法让人产生买车的情绪。虽然新车型频频推出，信贷条件也变得更宽松，但所有的汽车制造商都发现需求惨淡。新车型价格上涨，限制了消费；与此同时，二手车的换购价值又在下降。

第八章 1958年

福特汽车先天不良的新产品还将面临进一步的障碍。1958年初，纽约市最大的埃德塞尔车型经销商放弃了特许经营权。汽车行业的低迷似乎对股市而言是个坏兆头。乔治·W. 马蒂斯（George W. Mathis）在《华尔街杂志》上评论说："汽车行业要是不行了，钢铁、原料金属行业，机床公司、工业机械制造商，以及推而广之的橡胶公司、化学工业公司，当然，还有数百家为汽车制造商生产零部件的小企业，也都会不行。"

错综复杂的高速公路网

"网络开始生长。"1958年1月11日，《商业周刊》上的一篇文章如此宣称。这是20世纪关于信息高速公路最早工作的独家报道吗？不，这只是一份关于美国州际高速公路系统建设的中期报告。

州际高速公路系统被美国人称为有史以来最大的公共工程项目，由66 000千米的高速公路和辅助道路组成。对投资者来说，最吸引人的关键一点是1958年将投入20亿美元，用于购买铺路材料、炸药和桥梁钢筋。

不足为奇，《商业周刊》还报道称，最初估计的13年建设期要延长。最初估算的270亿美元成本后来上升到370亿美元左右。不过，预算的一个方面还是显示出了有利的变化。为了支付州际高速公路系统的建设费用，政府对汽油、轮胎和其他汽车产品征收了特别税。简言之，政府从纳税人手里榨出了超过最初预期的收入。

烟草行业的恢复

"嘴巴和烟草之间隔了一段醋酸纤维素吸嘴,许多烟民便愉快地抽起烟来,不再担心所谓的有害焦油和树脂。"随着过滤吸嘴流行开来,烟草制造商的愁云一扫而空,乔治·J. W. 古德曼在《巴伦周刊》上这样说。

对癌症可能与吸烟相关的担忧,在1954年为烟草行业蒙上了一层阴影,而现在,又为它创造了一个新的机会。罗瑞拉德烟草公司总裁路易斯·格鲁伯(Lewis Gruber)说:"和任何大众消费品一样,香烟只面临一个总体销售问题——发现消费者想要什么,然后满足他们。"似乎有一半的烟民想要过滤吸嘴。

据古德曼说,市面上只有一种过滤吸嘴似乎真能过滤掉有害成分。可不管怎么说,烟草制造商仍然很高兴。加装过滤吸嘴香烟的售价高于传统香烟,而生产成本并未增加。(烟草含量的降低,抵消了生产和加装过滤吸嘴所增加的成本。)因此,整个行业的利润有所上升。

古德曼说,简言之,烟草行业已从人们对癌症的恐慌中恢复过来,恢复了健康(无讽刺之意)的增长。诚然,具有破坏性的新证据可能在任何时候让这个行业再次陷入困境。但胆小的烟民已经被吓跑了,至少,制造商是这么说的。此外,古德曼写道:"烟草公司还认为,如果情况变得更糟,出现确凿的证据表明癌症与吸烟有关,那么它们兴许能够分离出并除去任何致病元素。"

奋力脱困

1957年股市的低迷一直持续到1958年初。在费城联邦储备银行的带领下，贴现率从 3% 降至 2%，股市仍然只出现了小幅攀升。1 月 31 日，美国"探索者 1 号"（对"斯普特尼克 1 号"的回应）卫星成功发射，但股市反应冷淡。

汽车销售仍然缓慢，汽车制造商预计第一季度的乘用车产量将远低于 150 万辆——不光低于几星期前估计的 170 万辆左右，也低于上年同期的近 180 万辆。汽车生产的低迷反过来又抑制了钢铁需求。铜和铝的价格也明显疲软。

然而，事实证明，2 月只是股市在 1958 年的低点。这与一些分析师较早的观点一致，即 1957 年 11 月美联储降息的影响此时开始显现。3 月，道琼斯工业平均指数开始回升。

股市反弹，创业惨淡

在股市开始大幅反弹的那一刻，企业利润却十分惨淡。1958 年第一季度，道琼斯工业平均指数的收益率同比下降了 38%。铁路公司的跌幅达到了惊人的 85%。根据海因茨·别尔在《福布斯》杂志上的计算，基于这些数据，现行市盈率达到了 1946 年以来的最高水平。

从表面上看，市盈率让人乐观不起来。不过，这一观点存在一个谬误。"异常低的利润并不比繁荣年份里的利润峰值更能预示未来的盈利能力，"别尔写道，"以之作为衡量普通股长期投资价值的标杆，必然会得出错误的结论。"别尔确信，经济衰退的低点已经过去了，他敦促投资者不要等太久才进入市场。传统的估值指标给出了相反且错误的建议。

市场热起来了

4—6月，股市在共同基金加速流入的助力下开始攀升。养老基金也起到了助推的作用。《福布斯》的卢西恩·胡伯尔认为，股市持续上涨不合逻辑。他坚称，估值上升只是因为美元在寻求投资机会。投资者估算未来企业收益或商业复苏时间的企图，对股价飙升没有任何作用。（1908年和1915年的影子！）胡伯尔的同事、《福布斯》专栏作家海因茨·别尔证实了养老基金日益增长的影响力：

> 随着众多机构投资者以彻底的尽职调查梳理符合条件的股票名单，在投资级股票（即兼具高质量和机遇的股票）中发现突出的价值变得越来越困难。

估值过高成了金融专栏作家们最喜欢的主题。《华尔街杂志》的A.T.米勒认为，周期型股票和成长型股票的定价，都是以过去而非未来收益为基础的。美国烟草公司等价格相对固定的股票，在短短一周内仅因为不实的消息就上涨了33%，《福布斯》杂志的别尔对此种投资氛围大加谴责。别尔表示，基本的趋势仍然是向上的，但第二季度涨得太多也太快了。

米勒警告称，与1954年的上涨一样，市场走在了商业活动改善的前面。不同之处在于1953—1954年的衰退比1957—1958年的衰退要温和一些。1954年，随着与朝鲜战争相关的超额利润联邦税到期取消，企业收益较同期有所增加。相比之下，在1957年，对经济衰退敏感的行业的收益降幅是自1938年以来最大的。

年中,《华尔街杂志》的米勒估计道琼斯工业平均指数的收益率,能恢复到 1957 年水平的 70% 左右就很不错了。《巴伦周刊》的 H.J. 纳尔逊同样对美国的经济实力持谨慎态度。纳尔逊指出,自 1956 年底以来,所有制造业企业的未完成订单量一直在稳步下降。

诚然,某些指标表明经济已触底反弹。不过,米勒判断,即将到来的经济复苏已经反映到了股价上。然而,《福布斯》的卢西恩·胡伯尔问道:"如果投资者继续购买蓝筹股仅仅是因为他们有钱,而又想把钱放到股市里,那么,所有的投资逻辑又有什么区别呢?"他指出,投资顾问不愿建议客户为了收获更高的价值而坚持下去。资金太多了,同时愿意卖出股票的投资者太少了。

烟草公司大战

随着香烟销售重回正轨,五家主要竞争公司为争夺市场份额展开了激烈的竞争。1958 年伊始,新型薄荷醇过滤吸嘴成了一个关键的战场。雷诺兹烟草公司推出的"沙龙"牌香烟立刻大获成功。菲利普莫里斯烟草公司很快推出"斯巴德"牌香烟(这是从几年前艾克斯顿-费舍尔烟草公司清算中继承来的一个品牌)参与竞争。"'斯巴德'牌香烟出于某种原因,从未流行开来。"《巴伦周刊》这样说。或许菲利普莫里斯烟草公司可以通过分析福特汽车埃德塞尔车型的问题来解开这个谜。

跟着钱走

如果经济增长前景不足以证明 1958 年的上涨幅度是合理的，那么货币环境或许能证明。在 1933 年和 1935 年的大牛市期间，通胀被视为股票投资者的朋友。到 20 世纪 70 年代，普遍的观点是，通胀是一切金融资产的敌人。而在 20 世纪 50 年代中期，许多投资者可能仍然认为，通胀对债券有着明确的损害作用，这也是当时资本将向股市转移的信号。

截至 1958 年中，认为通胀将导致股市看涨的股票买家有足够的理由欢欣鼓舞。首先，艾森豪威尔总统此时承认，1959 年的预算无法保持平衡，可能会产生高达 100 亿美元的赤字。到了夏天，财政部长罗伯特·安德森（Robert Anderson）预计将出现 120 亿美元的赤字。艾森豪威尔预计联邦政府的支出将会出现回落，安德森则指出支出将达到新高点。此外，投资者认为，美联储在抗击通胀方面只是在耍嘴皮子功夫。至少，《巴伦周刊》的纳尔逊做出了这样的判断。毫无疑问，货币当局承受着压力——要提振依然低迷的经济。4 月 17 日，美联储副主席坎比·鲍德斯顿（Canby Balderston）发表的声明可视为人们呼吁采取逆周期举措的一个迹象：

> 仅凭美联储的政策，不足以遏制繁荣时期的过度行为，也不足以将衰退转化为复苏。如果（市场）心理失控，货币政策和财政政策都无法维持经济稳定。

但这里有一点未曾明说：实际上，如果能说服美联储增加流动性，市场心理肯定会呈现更加积极的变化。

老方法失效了

1958年6月，本杰明·格雷厄姆回顾了40年前一位睿智的老兵提醒自己要避开的计算机公司的进展。在格雷厄姆看来，IBM自1915年上市以来的历史说明了股市方向出现了根本性转变。投资者不再关注一家公司的内在特征，而是关注对未来的预期。

到1926年，前计算制表记录公司的净利润已经从69.1万美元提高到了370万美元。该公司的普通股已经与格雷厄姆的导师将其斥为"水"的时代不同，不再完全代表无形资产。此时，"新时代"正如火如荼地展开，人们即将迎来两个连续的"大牛市"。然而，1926年IBM的股票均价是45美元，其市盈率（7）和股息率（6.7%）与1915年一样。事实上，当年31美元的最低报价仅略高于有形资产的每股账面价值。从这个意义上讲，1926年市场对IBM的估值比11年前要保守得多，尽管该公司的资产负债表已得到极大的改善。

然而，20世纪20年代的大牛市之后，股票估值的老方法失效了。到1936年，IBM的市盈率平均为17.5。20年后，市盈率为32.5，1957年飙升至42。在格雷厄姆进入投资行业时，IBM的股票交易价是每股收益的7倍，而到1958年，它的估值达到每股账面价值的7倍。

在格雷厄姆看来，会计和企业管理上的改革已经挤掉了IBM等大公司资产负债表上的大部分水分。但他认为，投资者和投机者使得另一种不同的水分被重新计入了股价。越是强调未来的盈利能力，企业的真正价值就越难确定，普通股本身的投机性也就越强。根据格雷厄姆的思路，1915年以来市场的变化并不完全是好的。

上涨与急跌

虽然有人认为投资者夸大了经济复苏的希望，但股市仍然继续上涨。7月，艾森豪威尔总统派遣美国海军陆战队进入黎巴嫩。该国的亲西方总统卡米勒·夏蒙（Camille Chamoun）曾请求援助，以平息国内因亲西方政策所引发的叛乱。这引发了美国股市上的恐慌性抢购。威灵顿基金总裁沃尔特·摩根（Walter Morgan）说："总体而言，中东发展的经济效应是扩张性的。"他认为，美国国内的商业正在逐渐复苏，这场危机将人们的注意力从衰退上转移开来。德维格共同基金的伊姆乐·德维格（Imrie de Vegh）补充说，黎巴嫩事件可能导致美国的国防开支增加，从而刺激经济。同时，德维格指出，政府支出增加可能导致税收走高，对股价产生不利影响。

临近7月底，阿姆科钢铁公司引领钢板和钢带行业的价格上涨了3%。投资者对这一迹象表示欢迎，不管怎么说这暗示该行业能抵消劳动力成本的增长。铝业紧随其后也出现了价格上涨，尽管有1/3的产能尚处于闲置状态。就在一个星期前，铝材生产商还请求政府帮忙纾困。

8月中旬，美联储扭转了自1957年11月开始的信贷宽松趋势。贴现率从1.75%提高到2%，这表明对抗通货膨胀的战斗并未结束。股市急跌。

第八章　1958年

美国重返赛场

华盛顿最初对苏联"斯普特尼克1号"发射成功的自满反应遭到了林登·约翰逊的反对。他声称,任何能读会写的美国人都受到了惊吓。苏联似乎在军事上占了上风。

这位政治上精明的参议院多数党领袖逮到了一个达成协议的机会。国会中的民主党人一直抵制艾森豪威尔总统发展远程核导弹的提议。然而,"斯普特尼克1号"引发的恐慌,为支持导弹开发、探索太空提供了动力。与此同时,约翰逊还努力为家乡得克萨斯州创造就业机会。

约翰逊获得了共和党的支持,就太空竞赛召开了听证会,该听证会生动地说明了美国在这方面有多落后。在公众的强烈关注下,参议院成立了空间委员会,并由约翰逊担任主席。此外,《1958年太空法》确定成立美国国家航空航天局(NASA),总部设在休斯敦。投资者有了切实的证据,表明美国正重返太空竞赛以赢得胜利。

约翰逊巧妙地从国家安全的角度阐述了这个问题。后来,他用自己典型的家庭式幽默解释了为什么在导弹开支上跟上苏联如此重要——

1861年,有个得克萨斯州人应征入伍加入南部联盟军,发誓说自己很快就回来。"我们用扫帚就能把那些该死的北方佬打得一败涂地。"他夸口说。两年后,这个人回来了,少了一条腿。他的邻居们问这个邋遢的受伤老兵出了什么事:"你不是说拿扫帚就能轻易地打败北方佬吗?"老兵回答说:"问题是那些该死的北方佬不愿意用扫帚打仗啊!"

大丰收

秋季,美国经济开始出现实质性复苏。使用钢铁的行业企业的存货重建工作逐渐加速。钢铁制造商的开工率在 1958 年上半年降到 54%,但到 1959 年同期有望达到 80%。汽车公司显得更为乐观,尽管第三季度克莱斯勒和福特(埃德塞尔车型给它带来沉重负担)出现巨额亏损。

在企业利润疲软的背景下,10 月 21 日,联邦储备委员会理事 J. L. 罗伯逊(J. L. Robertson)说,股市上的热情并不完全让人放心。他认为,股价飙升或许在一定程度上反映了人们越来越接受通胀不可避免的理论。如果是这样,美联储就有责任通过保持美元的完整性来遏制"潜在的破坏性力量"。

两天后,金融当局将贴现率从 2% 提高到 2.5%。此举被描述为一项技术性调整,旨在阻止商业银行向美联储借款购买国库券。尽管如此,股市还是遭遇了自 8 月中旬美联储首次将方针从宽松转向紧缩以来的首次整个星期下跌。

伴随着美联储对通胀的抱怨,市场也因缺乏深度而受到阻碍。这一特点使得价格容易出现偶发性的突然调整。道琼斯工业平均指数在 10 月 14—16 日累计下跌了 20 个点,之后又在 11 月 17—25 日累计下跌了 34 个点。

然而,主要趋势仍是上涨的。《巴伦周刊》的纳尔逊认为,尽管人们都在谈论机构购买,但小投资者才是真正的推动力。"毫无疑问,投机热正处在自 1928 年和 1929 年那段激动人心的岁月以来的最高点。"他写道。实际上，纳尔逊计算出预期收益实现了比大崩盘前更高的倍数（接近 20 倍）。

平衡预算

临近年底，白宫宣布将提交一份平衡预算，此事令市场欢欣鼓舞。尽管在这一和平时期，美国的国防开支打破了纪录，也并未增加税收，但预算案仍然实现了这一壮举。艾森豪威尔政府提议终止农业、住房和失业保险方面的临时项目以削减开支。

然而，分析家们没有单纯地认为财政紧缩举措能不被批判地在国会获得通过。首先，房地产行业预计不会轻易接受新的紧缩措施。此外，国防预算还有待争取。尽管受到了斯普特尼克号人造卫星的冲击，但五角大楼并没有完全放弃节约开支的努力。由于"轩辕2号"导弹项目突然被取消，位于达拉斯的钱斯沃特公司受到的打击尤为严重。幸运的是，该公司在政治上有些强势的盟友。众议院议长山姆·雷伯恩（Sam Rayburn）、参议院多数党领袖林登·约翰逊和众议院国防拨款小组委员会主席乔治·赫尔曼·马洪（George Herman Mahon）都是得克萨斯人。

奇特的铁路运营方式

铁路股在 1957 年 12 月跌至 55 年来的低点，但到了 1958 年又创纪录地上涨了 61%。《华尔街杂志》的米勒称，该行业的增长反映了收入的增长，但其中部分是一种假象。为了重建枯竭的现金流，铁路公司在资本改善和日常维护方面都有所拖延。此外，米勒说，如果实现了任何永久性的成本节约，铁路工人工会迟早会分到好处。

牛市的理由

"征服重力"

1958年12月,《吉卜林杂志》发表了如下相当惊人的断言:"许多美国公司如今都在深入生产用于征服重力的东西。"罗杰·巴布森发起了对反重力物质的寻找行动,他难道是疯了吗?

实际上,《吉卜林杂志》上那篇文章的主题是蓬勃发展的航空航天工业。根据该杂志的说法,火箭和导弹只是个开始。"将来(很可能就在你的有生之年)会出现火箭邮轮、火箭客机、火箭货轮……这些项目的方案已经摆在设计桌上了。"文章作者预测。它们至今仍摆在设计桌上,但毋庸讳言的是,在斯普特尼克号进入轨道后,太空竞赛成了热门投资概念。

太空竞赛还带来了大量的笑话。"带我去见你们的领导"*,迅速从"口头禅"变成了金句。这个主题的一个版本是这样的——一个超矮的外星人走近一个地球人,说:"别管你们的领导,带我去看你们的梯子。"在另一个故事中,苏联的火箭科学家打算把几头牛送入轨道,接着就可以为牛群绕着地球飞而邀功了。与此同时,宇航员(来自讲笑话的人任选的某个愚蠢国家)宣布打算前往太阳。一个美国人喊道:"笨蛋!太阳强烈的热量会把你们的飞船烧成灰烬。"脑瓜子不灵光的宇航员说:"你才是笨蛋!我们晚上去不就得了!"

---

* "带我去见你们的领导"是一部科幻漫画里的口头禅,是刚乘坐飞船降落在地球上的外星人对碰巧遇到的第一个地球人所说的。漫画为达到滑稽效果,常常改变主题,根据环境将这句话做"双关"表达。例如,超级矮的外星人不需要见"leader"(领导),但需要用"ladder"(梯子)。——译者注

第八章　1958年

大涨的一年

1958年，股市以高涨收场。这一年，道琼斯工业平均指数上涨了34%。标准普尔500指数的总回报率为43.37%。

事实证明，米勒对盈利最多反弹到70%的预期过于悲观。道琼斯工业平均指数的收益率达到了1957年水平的77%。即便如此，1958年没有任何一个季度较1957年同期实现了增长。也不能说1958年的股市上涨是对未来一年利润大幅增长的预期。1959年全年的收益低于1957年的水平。总而言之，很难将1958年股市的非凡表现归因于投资者预期企业将实现超常利润。

"孤儿寡母"股变身成长股

美国电话电报公司史无前例地决定将自家的股票一拆为三，这助长了市场在年底的乐观情绪。该公司接着宣布，这一拆三的股票将获得每股9.90美元的年度股息，比之前的每股9美元增长了10%，这进一步震惊了市场。就在一个月前，美国电话电报公司的董事们还重申了原来的股息方案。每季度2.25美元/股的股息已经持续了很长时间，用《商业周刊》的话来说，"看起来如同不朽"。

按该杂志的说法，美国电话电报公司拆分股票是华尔街流传最久的一个谣言。就在猜测最终获得证实前不久，美国电话电报公司的股价攀升至200美元以上，但由于董事会没有做出任何声明，股价又回落至194美元。随后，股价达到202美元，拆分和提高股息的消息相继披露。买入订单蜂拥而至，交易被迫暂停。交易恢复后，第一笔订单以每股225美元的价格易手。证券交易机构表示,一夜之间,这只典型的"孤儿寡母"股变成了真正的成长股。

新股热

1958年底,《商业周刊》在市场中发现了一个危险的信号。首次公开募股在发行后溢价大幅上升。市场专家认为导致这种趋势的是盲目买进。一些观察人士说,自1946年以来,人们对首次公开募股的热情从未像现在这样高涨过。

德西鲁制片厂是涨幅最大的公司之一,认购截止后股价迅速飙升了32%。股价从最初的发行价10美元,涨到了29美元。按照这个水平,其创始人德西·阿纳兹和副总裁露西尔·鲍尔所保留的一半股权的价值就接近1 500万美元。就在不久前,他们拒绝了石油商克林特·默奇森(Clint Murchison)用这个价格收购整家公司的邀约。

这样的成功对两人来说已习以为常。他们公司的喜剧系列《我爱露西》(I Love Lucy)首播不到6个月就成为美国收视率最高的节目,2/3有电视的家庭会定期收看。鲍尔还搞了一场剖宫产现场直播,从而在演出阵容中加入了一个小婴儿。这场万众祝福的直播,吸引了4 400万人观看。另一个频道安排了艾森豪威尔总统的宣誓就职典礼,只吸引了2 900万观众。"这是辉煌的一周,"沃尔特·温切尔用他标志性的语调报道,"国家有了领导人,露西生了个男孩子。"

到1958年,阿纳兹和鲍尔放弃了打磨这一每星期播放一集的喜剧系列。由于埃德塞尔车型上市失败、福特汽车不得不放弃赞助,续集《露西和德西喜剧时间》也结束了。但德西鲁制片厂

第八章　1958年

推出了一部又一部热门剧,包括《十二月新娘》(收视率第二高的喜剧)、《我们的布鲁克斯小姐》,以及《为爸爸腾出空间》。

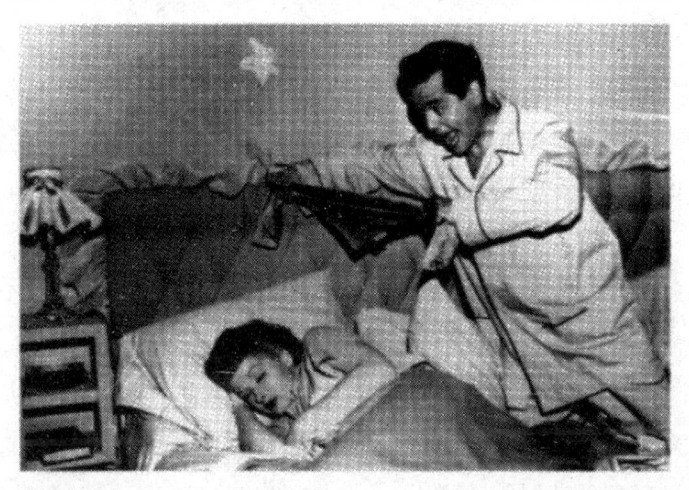

德西鲁制片厂的高管们在讨论公司战略。总裁德西·阿纳兹和副总裁露西尔·鲍尔(Lucille Ball)策划了1958年最成功的一轮首次公开募股。

在这个过程中,德西鲁制片厂又精明地收购了RKO电影制片厂。通用轮胎橡胶公司陷入了一场税务危机,需要快速的资本损失来抵消部分利润。阿纳兹获得了收购RKO的机会,前提是要在24小时内做出决定。他向两年前把RKO卖给通用轮胎橡胶公司的霍华德·休斯(Howard Hughes)寻求建议。"拿下它!"亿万富翁立刻回答,"就算你把它拆掉改造成停车场,你也能挣到钱。"(实际上,这块地的一个潜在买家正是RKO所持高尔市地块临近的一处陵园,那里的丧葬用地即将用完。)

通过这次收购,德西鲁制片厂成为全世界最大的电影和电视制作公司。阿纳兹和鲍尔似乎在赚钱方面有无限天赋,他们在RKO所持卡尔弗城地块上发现了石油。根据制片厂一名看门人

牛市的理由

透露的小道消息，他们打出了一口日产120桶石油的油井。

某年，有商业头脑的阿纳兹需要为新的节目系列找一名解说员。这一节目系列是根据禁酒令时期黑帮老大艾略特·内斯（Eliot Ness）的回忆录改编的，据说内斯把阿尔·卡彭（Al Capone）送进了监狱。阿纳兹以每集2.5万美元的价格聘请了声音独特的沃尔特·温切尔。日后，《铁面无私》成为德西鲁制片厂的又一部热门作品，前一举动在其中发挥了重要的作用。但这一举动并未征求副总裁鲍尔的意见，鲍尔勃然大怒——温切尔就是播报差点毁掉她的事业那条新闻的播音员。不久之后，阿纳兹和鲍尔的婚姻破裂，此事是原因之一。

实际上，《铁面无私》给阿纳兹带来了更多的心痛。首先，来自迈阿密的儿时好友桑尼·卡彭（Sonny Capone）以该片对父亲的无情刻画为由起诉德西鲁制片厂（但失败了）。此外，黑帮杀手阿拉德纳·弗拉蒂安诺（Aladena Fratianno，外号"黄鼠狼吉米"）声称，犯罪头目山姆·吉安卡纳（Sam Giancana）强烈反对《铁面无私》中的种族色彩，甚至找了杀手想干掉阿纳兹。对德西鲁制片厂及其股东来说，幸运的是对这件事没那么冲动的"服务生"保罗·里卡（Paul Ricca）和"大金枪鱼"托尼·阿卡多（Tony Accardo）没有按吉安卡纳的要求做。

股价何以起飞

年底，罗伯特·C. 林斯塔德（Robert C. Ringstad）在《华尔街杂志》上指出："在这股疯狂的股市热潮中，主要股票的价格被炒到在资深市场观察人士看来有违现实的水平。"他说，上涨的根本原因是经济出人意料地从衰退中复苏。此外，债券市场在

第八章 1958年

夏季遭到沉重打击增强了投资者对股票的偏好。林斯塔德列举了某些股票的价格剧烈上涨的几个原因：

- 通胀心理。
- 希望从新产品中获得高额回报。
- 在经济衰退期间进行的成本削减提高了盈利预期。
- 特定行业或股票的市场人气。

《福布斯》的卢西恩·胡伯尔将市场强劲归因于买家多于卖家这一经典现象。他认为，买家在过去几年中发现持有股票是世界上最赚钱的投资方式之一。由于资本利得税的征收前景和过往利润带来的乐观情绪，已经持有股票的人不愿卖出股票。胡伯尔写道："当前，投资大众，无论对错，都被'灌输'了一种观点，即美国的增长是永久性的，他们在过去10年获得的股票投资经验可以在未来10年中重复使用。"最后，机构投资者日益增长的影响力支撑了优质公司的股价。这类投资者把更多的资产配置到股票上，而配置到债券上的资产相对减少，而且，它们买入是为了持有，而不是为了卖出。

在解释1958年的牛市时，《商业周刊》同样强调机构投资者的作用变大了。大多数主要养老基金已经放弃了对股票的陈旧保守的厌恶观念。美国电话电报公司旗下的养老基金在当年夏天宣布将买入股票。在晚些时候，一些银行的信托部门也增加了股票配置。

据《商业周刊》报道，机构把对股票的热情传染给了公众。购买股票型共同基金的投资者越来越多，直接购买股票的投资者也增加了。纽约证券交易所的交易量达到了1933年以来的最高水平。蓝筹股估值出现溢价，根据《商业周刊》的判断，这表明需求远远超过供给。

尽管优质股供不应求，企业却并未趁机有所动作。在1958年的大部分时间里，企业很少发行新股。12月，承销量终于较1957年同期出现大幅增长，但这一趋势主要由小企业主导。

蓝筹股不仅不愿筹集新的股权资本，反而开始增加股息。到了年底，大量企业都取消了在经济衰退期间削减股息的做法。当时预计1959年的股息将普遍增加。投资者将股息不断上涨的趋势视为收益也在上升的信号。

新的"新时代"

在《华尔街杂志》的米勒看来，到1958年底，股市似乎已经涨得太高了。但他指出，基本价值并不会阻止牛市："那些能因为市场强劲收获既得利益的人，尤其是经纪人，仍然会把'不可避免的通胀'吹捧成股价进入'新时代'的充分理由。"

米勒引用柯立芝执政时期的"新时代"概念并非偶然。正如《商业周刊》所指出的："在一些华尔街资深人士看来，这一轮股票狂热与20世纪20年代末的新时代存在一些丑陋的相似之处。"该杂志特别提到历史市盈率又成了无人在意的东西。在《巴伦周刊》上，纳尔逊注意到，未来估值同样没人看重了。米勒评论道："我们以前看到过过度行为，我们也很熟悉对它加以合理化的说辞。"活得足够长的投资者还会多次看到这种情况。

1997年2月9日，随着股市再次创下历史新高，托马斯·L. 弗里德曼（Thomas L. Friedman）在《纽约时报》上为牛市欢呼。他认为，美国对全球经济的独特适应性证明价格是合理的。诚然，这个国家饱受公立学校薄弱、主城区破败、收入差距扩大和储蓄率过低等问题的困扰。"但在我看来，"弗里德曼写道，"美国正发生着更多的事情，这不仅仅是经济周期中的又一轮上升。这还是一场结构性变革，它让美国非常适应这个美丽的新世界。"（半个世纪前的影子！）

两天后，1997年2月11日，《纽约时报》的记者乔纳森·富尔布林格（Jonathan Fuerbringer）在一篇题为《把握市场脉搏的新时代：分析师辩论股票估值》的文章中，更直接地引用了柯立芝精神。华尔街人士接受了20世纪20年代"无限繁荣"的说法。他们将"婴儿潮"一代储蓄的增加视为抛弃传统估值标准的理由之一。"新时代的分析师认为，过去行之有效的指标现在必须要更新了，因为投资气候已经发生了改变。"富尔布林格写道。

整整70年前，即大萧条开始前不久，威廉·R.比格斯同样为市场偏离历史估值基准做出了辩解。小投资者变得老练，联邦储备系统也终于征服了经济周期。关于股市的陈腐和不可靠的观点永远不会消失，它们甚至不会渐渐褪色。

"新时代"部分得以证实

在关注历史的分析师眼里，1958年过度投机的迹象并不仅限于市盈率达到峰值。《商业周刊》还指出，相较于优质公司债券利率的溢价，股息率低到了历史上前所未有的水平。

《巴伦周刊》的纳尔逊写道："在过去，债券收益率与股票收益率之间的差异迅速降低，最终会给试图将未来'贴现'的股票投机活动带来麻烦。"《华尔街杂志》的米勒也附和说："一轮重要的周期性市场调整结束时，工业股的收益率没有大幅超过当前水平，股票收益率与债券收益率的差异也没有大幅超过当前水平,这样的情况前所未有。"可这一回,本来就小的收益率差异反而变得更小了。最后,到 1959 年,股息率首次跌破债券利率。

在人们的记忆中,普通股的收益率历来比债券高,因为人们认识到普通股的风险更大。自然,关注过历史的投资者认为,如果两者的关系发生逆转,那么股票价格就过高了。然而,在过去,只要股票收益率下降到债券收益率附近,股票价格就会回落,使得情况恢复正常。

资深市场观察人士彼得·伯恩斯坦(Peter Bernstein)回忆起当不可能发生的事情发生时资深同僚们的反应。他们郑重地向伯恩斯坦保证,现在应该减持股票,将它们换成债券。可这一回,预期的回归常态始终没有出现。股票收益率仍低于债券收益率,股票也没有遭到抛售。

在伯恩斯坦看来,股票-债券收益率关系的一次性永久变化,是通胀长期走高的结果。美国并没有经历间歇性的物价不稳定,而是开启了似乎无法避免的工资-物价螺旋走高趋势。在股票和固定收益投资之间来回切换,并不能解决美元实际价值长期降低的问题。

首先,投资者现在不得不要求提高债券的通胀溢价。也就是说,利率必须提供给储蓄者更多的回报,而不仅仅作为延迟满足的回报(比如 3%)。今后,债券必须产生额外的利息基点,以抵消持有人本金购买力的下降。

与此同时,企业发展红火,开始稳步提高股息。由于预期未来会有更高的股息,投资者越来越愿意购买股票。在判断自己愿意在多高的价格买入时,投资者并未被股息率低于历史标准所吓倒。1958 年底,《福布斯》的海因茨·别尔评论说:"今天的股票市场,与一年前相比,显然对追求收入的投资者没有吸引力。"他表示为追求升值而投资"是在通胀条件下保全资本的必要条件"。成长型股票时代即将到来。

还有一个伯恩斯坦未曾提到的因素,兴许也对股息的重要性下降产生了一定的作用。机构投资者(也就是养老基金)的影响力不断扩大,意味着企业正向一类新的消费者推销其股票。随着员工人数的增加,企业的重大债务将来自未来,而非现在。1958年,《福布斯》杂志的卢西恩·胡伯尔在提到机构投资者时写道:"它们并不急于获得高收益,只要它们能想象到长期升值——长期指的是几年而不是几个月。"

无论如何,伯恩斯坦得出的教训是,有必要对过去的推断保持怀疑态度。事实上,当股票收益率低于债券收益率并保持该水平时,欢呼再次迎来新时代的人取得了胜利。一如他们所称(虽然并不一定是因为他们所给出的原因),历史分析在关键时刻被证明并不可靠。美国经济正在发生根本性的变化。与具有历史思维的投资者的想法相反,前所未有的收益率差并不真正表明股票价格过高。

投资者面临的挑战是,判断应该赋予这种情况多大的权重。未来,如果市盈率或市净率达到创纪录的高位,他们应该怎样应对?不可避免地,最新的新时代学派会提出一个现成的解释。最新的理由可能涉及结构性改革,从而让"过时的"基准变得无关紧要。

事实证明,偶尔忽视过去的教训有利可图。诚然,依赖先例来分析证券并不是一种无懈可击的方法。但任何方法都一样。从长远来看,不管是对历史太过重视还是太不上心,都不明智。

谁预测对了

在1958年的非凡上涨期间,《华尔街杂志》的米勒认为当前条件"绝非鼓励投资者扩大对普通股的投资"。他承认,投资者可能会受到美联储最近转向更宽松的货币政策的鼓舞。另外,美联储可能会对进一步放松信贷持谨慎态度,因为它还记得自己1953—1954年的行动造成了后来的通胀。从积极的方面来看,国防开支的增加缓解了投资者对经济衰退的持续担忧。这在很大程度上要归功于"斯普特尼克1号"造成美国举国震惊。此外,单从技术角度来看,也有理由支持反弹。即便如此,米勒说:"有别于短暂复苏,要实现全面持续的增长所面临的障碍非常明显,在我们看来,这也是有着决定性意义的。"这些障碍包括:

- 之前生产设施的过度建设,妨碍了资本品支出的反弹。
- 企业存货继续受到抑制,反映出消费者支出疲软。
- 1958年,汽车的生产前景颇成问题。

米勒说,专业人士认为道琼斯工业平均指数将在2—5月的某个时候触底至350点。他们还说,1958年晚些时候还可能出现500点的高点。事实证明,2月25日出现了1958年的最低位436.89点,这一年收于12月31日的最高点583.65点。米勒年初反复警告说资本品支出疲软,但投资者们并没有被吓倒。

《福布斯》的卢西恩·胡伯尔认为,道琼斯工业平均指数会在390点左右触底,这个数字比实际值低了10%。他没有具体说明1958年的最高值会是多少,但认为近期的上限介于450点和460点之间。他将当年的峰值低估了20%以上。

《巴伦周刊》的纳尔逊在一年前做出的预测也不怎么样。为

第八章　1958 年

了给牛市降温,他给增加国防开支将在短期内刺激企业利润的观点泼了冷水。据他计算,要到 1959 年或 1960 年,航空母舰的新订单才会带来实质性的制造活动或收益。纳尔逊承认,导弹项目已经进入国会拨款流程的快车道。然而,五角大楼一直强调,由于先导时间长,相关支出是慢慢进入经济流的。就在纳尔逊提出这些观点的时候,道格拉斯飞行器公司就充当了一个合适的例子。虽然获得了一份价值 4 000 万美元的运输机合同,但该公司宣布将解雇 200 名工人。

至于市场情绪,纳尔逊称,机构投资者对股市的兴趣不大。与此同时,个人投资者仍对股息的可持续性感到担忧。20 世纪的一个重大牛市年份即将开启,站在如此得天独厚的位置上,《巴伦周刊》的这位专栏作家却没有看到乐观情绪上升的任何迹象。

为《华尔街杂志》撰稿的迈克尔·斯蒂芬(Michael Stephen),在进入 1958 年的时候更加担忧。他相信,投资者误以为 1957 年 11 月 15 日贴现率下调解决了所有的经济问题。斯蒂芬认为,考虑到美联储突然从对抗通胀转向阻止衰退,商业状况可能比普遍认为的更糟。尽管放松了货币政策,美国的银行仍然处于自 1930 年以来最收紧的状态(除了 1956 年末到 1957 年初)。

在斯蒂芬看来,消费者在 1954 年拯救了经济,这一次却不见得能指望上。消费者信心调查显示消费者存在悲观情绪,疲弱的股价也普遍降低了他们的购买意愿。斯蒂芬甚至说:"在某些方面,当前的形势与 1929 年的情况类似。"他认为,有迹象表明,二战后的资本支出和建设热潮已经达到顶峰,"除了最大胆的人,其他所有人都务必要保持谨慎"。

《商业周刊》也秉持谨慎立场。1月11日,该杂志称:"那些声称在1958年投资收获颇丰的人并非指望出现新一轮的牛市。他们认为,这样的发展跟全面熊市一样可能性不大。"投资顾问安东尼·格比斯(Anthony Gaubis)预计价格不会出现大幅上涨。不过,根据以往对美联储政策变化的反应,他认为价格将在2月触底。尽管事后证明格比斯对市场前景的态度过于悲观,但他对企业收益下降的预测是正确的。

《商业周刊》称,认为股票投资者能在1958年赚钱的专家们说关键是要挑选注定会在经济衰退期间表现良好的股票。基于这一观点,共同基金管理公司三洲公司的副总裁瑟斯顿·P. 布洛杰特(Thurston P. Blodgett)对成长型股票和资本品生产商并不看好。相反,他看好消费类股票,包括食品零售商和药品制造商,因为他预计消费者的支出将保持良好态势。

完全看涨的情绪不足,并遭到严重对冲。《福布斯》的海因茨·别尔认为,诸如美国钢铁和福特汽车等周期性低迷企业很有价值(即便埃德塞尔车型的确失败了)。他认为经济衰退将是温和的,而且是相对短暂的。至于最重要的信心因素,《福布斯》的这位专栏作家认为市场已经触底。在这种情况下,别尔的观点让他成了乐观主义者,但他也警告说,不能排除真正发生萧条的可能性。

总的来说,1958年的牛市出乎专家们的意料。在这一年开始的时候,人们有充足的理由保持谨慎甚至悲观。然而,投资者没有按照"剧本"行事。上涨真正发生了,这对日后想要预测市场的人而言是一次发人深省的经历。

第九章　1975 年

我们现在有充分的理由相信,滞胀的漫长冬季可能很快就会让位于变暖的经济气候。

——彼得·伯恩斯坦,彼得·伯恩斯坦投资公司

近年来,政府内外的专业经济学家的预测准确性始终非常糟糕,他们的可信度低得可怜。

——海因茨·别尔,《福布斯》

社会的苦难,是经济学家的好运。

——伦纳德·斯克(Leonard Silk),《纽约时报》

蓄势待涨

在1972年首次突破1 000点后,道琼斯工业平均指数在1973年1月11日达到了1 051.70点的峰值。随后,受经济和政治动荡的持续冲击,该指数开始下滑。

1973年伊始,市场就受油价上涨、通胀加剧和美元贬值等相互关联的趋势困扰。为了遏制这些力量,尼克松总统在1973年3月对石油实施了价格管控。10月6日,阿拉伯国家联盟突然袭击了以色列,长期动荡的中东地区再次陷入失控局面。为了削弱美国对以色列的支持,石油输出国组织(OPEC)对美国实施了禁运。本已大幅上涨的油价,在1973年10月至1974年1月翻了一番。

与此同时,美国社会因迅速发酵的水门事件威胁要把尼克松从白宫赶出去。最后,1974年8月9日,深陷丑闻的总统辞职了。次月,尼克松的继任者杰拉尔德·福特(Gerald Ford)召集商界、劳工界、金融界和经济学界的领袖,举行了一场关于通胀的峰会。美联储主席阿瑟·伯恩斯(Arthur Burns)宣布,尽管美国经济正在迅速收缩,但他下决心要坚持限制货币总量的增长。

直到8月,伯恩斯仍拿不准美国是否真的处于衰退之中。尽管GNP价格平减指数呈两位数增长,但与所有先例相反,1974年美国实际国民生产总值连续4个季度都在下降。通胀率的飙升掩盖了经济衰退的迹象,美联储则继续保持货币紧缩政策。

更糟糕的是,在经济衰退期间,存货规模异常大。快速发展的通胀促使商家增加存货,以避免价格进一步上涨。而随着消费者购买力减弱，通胀逐渐得到控制，大规模的存货清理行动就又开始了。对新产品的需求消失了，这导致在 1973—1975 年的整个经济衰退期，工业生产下降了 15%。失业率几乎翻了一番，达到 9%。

从另一个角度考虑，这是一个持有金融资产的惨淡时期。根据财政部的统计，1973 年美国的物价水平上升了 8.7%，1974 年上升了 12.3%。长期债券在通胀面前表现糟糕，在这两年的回报率分别为 -1.1% 和 1.6%。股市也出现了同样的萎靡不振。道琼斯工业平均指数从 1973 年 1 月 11 日的最高点到 1974 年 12 月 6 日跌至谷底（577.60 点），下跌了 45%。股息在 1973 年有所上涨，在 1974 年只是稍有下降，但却没能遏制住下滑的趋势。1974 年，道琼斯工业平均指数的收益率为 6.12%，是 1950 年以来的最高水平。道琼斯工业平均指数的市盈率曾在 1972 年达到 15.2 的最高点，在 1974 年跌至 6.2 的最低点。自 1929 年大崩盘以来，还从未出现过这么低的估值。

一个普通人

在 1975 年的大牛市，一个从没想过入主白宫的人登上了总统之位。1973 年，因为斯皮罗·阿格纽（Spiro Agnew，当时阿格纽面临两项指控，一项是逃税，另一项是更为严重的贿赂。为此，他对较轻的逃税指控选择了"不予抗辩"，也就是事实上的服罪）辞职，杰拉尔德·福特当选副总统。

作为众议院少数党领袖，福特为人正派而公正，深受其他共和党国会议员的钦佩。但才智就是另一回事了。林登·约翰逊曾经指示一名助手用积木向福特解释立法，劝"小男孩"（福特

牛市的理由

别再反对模范城市计划。《华尔街日报》的评价也有贬低之意：

> 这位密歇根州国会议员不是个有创造力的人。更确切地说，他是一名和蔼可亲但又慢吞吞的忠诚的共和党人，他说话和思考似乎都因循守旧。

据报道，就连亲自选择福特接替阿格纽的尼克松，也对这位极其忠诚的副总统表示不屑。事实上，在尼克松看来，明显缺乏才干恐怕才是让他担任当时美国第二号人物的主要原因之一。如果把总统拉下马意味着福特将取而代之，民主党人大概会更费心掂量一下。

尼克松下台后，接替他的是一个对经济学知之甚少的人。（公平地说，同样的说法也适用于20世纪的大多数美国总统。）1966年4月22日，福特召开新闻发布会，谴责"约翰逊通胀"，呼吁约翰逊"刹车"。5月3日，当汽车销售在4月头两周出现下降的消息传出时，福特指责民主党总统踩刹车踩得太猛。当记者问及约翰逊采取了哪些"刹车"措施时，福特提到了5个月前的一次加息。美联储采取的这一行动，并不在总统的职权范围内，但约翰逊仍对此提出了反对。而后，当汽车制造商公布4月后两周汽车销量创下纪录时，福特再次攻击"约翰逊通胀"，使后者的声誉加倍受损。

暴雨将至

1975年的某个时候——可能是年底——发生了自20世纪30年代初以来最严重的金融崩溃。这是历史上第一次通胀失控先于全面萧条到来，并与后者有所重叠。此事不可避免，全球没有任何人也没有任何政府能够阻止它的发生。

1975年3月2日，《纽约时报》为《资本家报道》杂志刊登的广告文案如是说。这是一次精心策划的宣传，旨在吸引读者订阅这本专注于"从经济崩溃中获得难以置信的机会"的杂志。受1973—1974年严酷经济形势的影响，美国人对经济阵痛将持续并恶化的预言反应热烈。

《资本家报道》介绍的一些赚钱计划确实令人难以置信，另一些则更加离谱。以下是其中的一些选项：

- 仅用60美元就能游遍东西海岸。
- 以正常价格的一半购买干制食品。
- 免费从联邦政府那里获得动物，以便为一家新奇宠物店供货。

编辑部主任帕特里克·W. H. 加勒德（Patrick W. H. Garrard）甚至吹嘘，这是唯一一本刊登黑市活动内幕消息的杂志。这为读者提供了一个利用长期短缺的难得机会。

"如果真的需要这样的出版物，"加勒德写道，"那一定就是现在。"基于金融崩溃迫在眉睫的假设，这一观点无可争议。（《资本家报道》称"最糟糕的事情即将发生"。）但事实证明，这种生存主义式的末日场景是"靠后视镜预测未来"的典型例子。广告刊出一个月后，经济衰退触底。正如加勒德所言，在最糟糕的时候，在最不可能的地方，金融机会无处不在。考虑到1973—1974年金融危机所预示的灾难，这个最不可能的地方就是股市。

牛市的理由

阳光普照

1975年的反弹始于利率的大幅下降。随着失业数据继续令人担忧，美联储开始放松对货币供给增长的限制。事实证明，1974年9月标志着通胀的周期性高峰。

银行系统的问题给了美联储第二个不再强调抑制货币供给增长的理由。位于长岛的富兰克林国家银行——美国的第20大银行，1974年10月倒闭了。这是当时美国最大的银行破产案。

尽管富兰克林国家银行的业绩一度下滑，但其倒闭的直接原因是在外汇交易中损失了4 000万美元。富兰克林国家银行的7名高管后来承认参与了未经授权的交易。在存续的后期，该银行受米歇尔·辛多纳（Michele Sindona）控制。辛多纳曾是一名农产品运输商，后来成为金融家，一度担任教皇保罗六世的投资顾问。他被指控挪用了富兰克林国家银行的4 500万美元。1979年，就在即将接受审判的一个月前，他失踪了。他的家人坚持认为他被一个左派组织绑架了，但美国检察署仅将他列为失踪人士。几个月后，辛多纳重新露面，腿上有一处伤口，医生说可能是子弹造成的。

富兰克林国家银行的倒闭是1974年几起著名的银行倒闭事件之一。3 000万美元贷款损失的消息，使得比佛利山合众银行的一家子公司（也就是人们熟知的"明星银行"）存款外流并最终破产。同样破产的还有美国圣迭戈国家银行，该银行由尼克松的朋友兼财务支持者C. 阿恩霍尔特·史密斯（C. Arnholt Smith）控制。据报道，数千名南加利福尼亚人对这些事件大感不安，他们从当地银行取出存款，把钱藏在饼干罐里和盆栽底下。虽然没有出现全面的银行挤兑现象，但根据《商业周刊》的托马斯·C. 奥康奈尔（Thomas C. O'Connell）的说法，美国人"对银行的信心处于40年来的最低点"。

为了防止金融恐慌出现，美联储打开了贴现窗口。1974年11月，贴现率达到了8%的周期性峰值。美联储在1975年6月将贴现率分阶段降至6%。这确保银行能够在公开市场上为自己融资，并向无法将商业票据展期的公司放贷。幸运的是，欧洲主要央行的降息行为让美国较为轻易地改变了路线。

商业银行迅速领悟了这一暗示。1975年1月，它们4次将优惠贷款利率下调0.25个百分点；到月底，优惠贷款利率降至9.5%。道琼斯工业平均指数以上涨14%作为回应，创下35年来的最大单月涨幅。当年2月，政府又4次下调优惠贷款利率，使基准贷款利率降至8.5%。经历了另外3轮下调后，优惠贷款利率在3月中旬跌至7.25%的低点，之后又回升0.25个百分点至7.5%。至此，1973—1975年的经济衰退，也是二战结束以来最严重的一次衰退，终于结束了。

突然间，投资环境变得友好起来。通胀对金融资产的威胁逐渐消退。根据美国财政部的数据，1975年前3个月的价格水平仅上升了1.5%，低于1974年后3个月的2.6%。

通胀的缓解有几个原因。首先，大萧条以来最严重的经济衰退把企业弄得措手不及。企业迅速采取行动，通过降价来控制存货水平。汽车制造商向消费者提供折扣，甚至建设成本也显示出下降的迹象。与此同时，石油短缺的威胁让位于暂时的供给过剩。这降低了能源类股票的吸引力，但提振了汽车股和汽车旅馆股。世界各地的食品短缺问题似有缓解，这带动了食品价格下降,并进一步缓解了通胀压力。

通胀威胁的缓解使得对衰退会变成萧条的担忧也开始消退。3月底,美国参众两院通过了一项价值228亿美元的减税计划,旨在减缓经济下滑。投机者开始将注意力转向小盘股,这是典型的繁荣迹象。

恪尽职守直到檀香山时间12∶01

据报道,带头推动本轮降息的是一个威廉·麦克切斯尼·马丁曾暗自希望不会接替自己担任美联储主席一职的人。马丁竭力将资历斐然的学院派经济学家排除在央行决策之外,而阿瑟·伯恩斯正属此类人士。

对此,伯恩斯做出了回应。当选总统后,尼克松许诺由伯恩斯担任美联储主席,但伯恩斯一直在以首席经济顾问的身份承担工作,直到马丁结束任期。在任职近20年后马丁不愿提前辞职,这让作为经济顾问委员会核心人物的伯恩斯大为恼火。"在他任期的最后一天,马丁一直坐在那张椅子上,直至夏威夷时间的午夜。"

在马丁担任美联储主席期间,美联储的独立性一再受到质疑和挑战——当然,后来马瑞纳·伊寇斯甚至艾伦·格林斯潘(Alan Greenspan)担任主席时也一样。而伯恩斯上任后让这样的争论黯然失色。"一些批评伯恩斯表现的人,"经济学家约翰·P. 库里蒂(John P. Cullity)在一篇传记中写道,"认为他策划了货币存量的大规模扩张,以确保尼克松总统在1972年秋季选举中获胜。"《财富》杂志称,在这一时期,美联储加速货币供给的增长令货币历史学家大为震惊,尽管当时美国已经开始从1970—

1971年的衰退中复苏。伯恩斯尖锐地否认了该杂志对自己代表尼克松把美联储当成政治工具的影射。1971年，这位美联储主席又接受了尼克松的工资价格控制计划下利息与股息委员会主席的任命，也让人大感意外。伯恩斯在国会作证时从未明确提到这一角色可能与他在美联储的职责相冲突。通过承诺保持低利率，他在事实上承诺了扩大货币供给。

公众对银行系统的信心日渐丧失，有助于说服美国联邦储备委员会主席阿瑟·伯恩斯放松对通胀的打击。1975年，随着利率下降，股价飙升。

纽约深陷泥潭

1975年，股票投资者看到了光明的前景。但在金融市场的中心，金融前景绝不乐观。纽约市深陷债务泥潭，3月初，各大商业银行都不愿再发放贷款。眼看工资发放日即将到来，外加两笔贷款将于3月14日到期，市政当局无力偿还的威胁近在眼前。

就在纽约市政当局即将违约的前一周,银行松口了。它们答应购买5.37亿美元的债券先期票据,这反过来为纽约市赢得了一些时间。然而,银行家们为此付出了高昂的代价。考虑到要承担巨大的信用风险,贷款人要求的利率为8.69%。

这一票据利率打破了该市此前在1974年10月创下的借款成本纪录——7.79%。在此期间,美国的利率呈下降趋势,但化学银行(美国一家私营商业银行)的一位发言人评论说:"银行辛迪加要求的利率反映了当前的市场状况。"政治家们对此有不同的看法。"这是一场无耻的抢劫。"市议会主席保罗·奥耶(Paul Owyer)咆哮道。主计长哈里森·戈尔丁(Harrison Goldin)则认为与纽约市的状况并无关系的纽约州的财政问题,在市场上制造了"一种毫无根据的怀疑气氛"。市议会财务委员会主席小马修·J. 特洛伊(Matthew J. Troy, Jr.)则要求对贷款机构可能共谋利用纽约金融疲软一事展开调查。特洛伊喊道:"银行(的抢钱手法)让杰西·詹姆斯(Jesse James,美国民间传说中的大盗)都显得像个外行人。"

纽约州的宪法似乎阻止了事态的这般走向。1884年,为回应市长威廉·马西·特威德(William Marcy Tweed)主导的财政骗局,纽约州通过了限制地方政府借款的修正案。首先,债务应仅限于应税财产价值的10%。其次,借款只允许用于资本项目,不得用于赤字运营。最后,债务期限不能超过所资助项目的可能期限。

市长约翰·林赛(John Lindsay)认为这些限制"过时了"。他的意思是,借款限制妨碍了他运作数十亿美元年度赤字的能力。这位颇上镜的市长巧妙地绕过了宪法带来的障碍,在截至

第九章　1975年

1974年6月30日的8个财政年度里，让纽约市政当局的债务翻了一番。林赛还腾挪闪躲，把借款从必要的资本项目上转移到了一个就业培训项目上。一位合规城市法律顾问认为后者是一个社会资本项目。

这位市长还发现了一种巧妙的方法，借此可以绕过项目预估年限对债务到期时间的限制。州宪法允许短期借贷（用于支付几个月的账单），直到产生正常的税收收入。按法律规定，短期票据必须在一年内偿还。但林赛不为所动。他借了10亿美元，不是为了满足临时的现金需求，而是为了弥补市政当局的年度预算赤字。次年，当法律规定这笔钱必须偿还时，他又借了20亿美元。他用其中10亿美元偿还了已到期的票据，用剩下的10亿美元弥补了新一年的赤字。第三年，纽约市政当局发行了价值30亿美元的票据。等短期借款规模达到60亿美元时，林赛借新债还旧债的金字塔骗局崩塌了。

政治系统对财政危机的反应是可以预见的。一方面，纽约市领导人建议通过借贷更多来补救过度借贷带来的弊端。然而，该市已经达到了10%的债务上限。但这一限制不适用于公共企业，因此市政府立刻成立了一家市政救助公司，它的任务是利用该市的销售税收入来筹集额外的资金。（尽管绕过债务限额的最后一个回合颇为棘手，但一家上诉法院以4∶3的投票结果支持这类计划，除非明显违法。）林赛的继任者亚伯拉罕·比姆（Abraham Beame）则走上了另一条显而易见的道路：寻求联邦救助。

财政部长威廉·西蒙（William Simon）对纽约市政当局的求助反应冷淡。他认为，华盛顿出面拯救会破坏宪法和联邦主义原则。（求救方是一个以民主党人为主的城市，不受全国各地喜爱，

牛市的理由

这或许也让福特政府更加铁了心地要坚持原则。)"我们要把纽约市卖给伊朗国王,"西蒙提出了一套新颖的新方案,"这是一笔绝妙的投资。"

快乐的五月

1975年5月1日是美国证券业的分水岭。纽约证券交易所放弃了1792年成立时所采用的固定费率佣金制。起初,这种价格竞争的新做法影响有限。牛市带来的巨大交易量抵消了对利润率的压力。然而,过去那种俱乐部式的好日子一去不复返,效率低下的经纪公司纷纷倒闭。

讽刺的是,证券业的洗牌说到底其实是过度繁荣的产物。在20世纪60年代,随着交易量不断扩大,按传统1%左右、毫无讨价余地地按固定费率执行交易变得极为有利可图。实力渐强的机构投资者看到经纪公司为了捞钱而牺牲自己的利益,因此强烈要求废除固定费率制。

在美国证券交易委员会的推动下,经纪公司开始打开竞争的大门。首先,对于超过50万美元的交易,佣金可以讨价还价。因此,很快就出现了可观的折扣。受到这些结果的鼓舞,美国证券交易委员会下令,自1975年5月初开始所有佣金都可以讨价还价。

据百骏财务管理公司的詹姆斯·吉普森(James Gipson)所说,这一天之于美国证券业的意义不亚于珍珠港纪念日之于美国海军的意义。吉普森认为,"在践行令垄断者愉悦的垄断和价格固定恶习时,几代人在宣扬竞争性资本主义的严酷美德"的日子结束了。

起初，为机构投资者服务的经纪公司宣布，把原来的佣金率下调到8%以内。可很快，后者的业务就萎缩了。短短几天，佣金降低50%就成了家常便饭。在旧有费率的基础上降低90%的情况也不罕见。

至于散户进行的小额交易，经纪公司试图守住底线，甚至提高费率。但很快，小额交易就通过接受某些限制条件获得折扣。不久之后，低收费经纪公司出现了，以迎合那些只想下单、无需投资建议的散户。最早进入这一领域的是女性先锋缪里尔·西伯特。她最初到华尔街找工作时，曾因为没有大学文凭而遭拒绝。

不可避免地，《新闻周刊》再次向柯立芝致敬，将可讨价还价的佣金率打上了"新时代"的标签。这个说法在当时显得很贴切。从此刻开始，证券业必须学会控制清算交易的成本，并将其服务商品化。

股市看涨

到了春天，美联储继续降低贴现率。银行在5月将最优惠利率降至7.25%，6月又降至7%。然而，接近6月底，开始出现美联储重新上调利率的迹象。即便如此，道琼斯工业平均指数仍在6月26日创下了874.14点的新高，不到半年时间便上涨近42%。

7月1日，海因茨·别尔在《福布斯》上指出，市场变得有点摇摆不定，偶尔甚至出现剧烈波动。不过别担心，别尔说，在这个阶段，强劲的阻力是可以预见的，它将产生良性的修正，以防止未来出现严重的过度。别尔指出，很少有人注意到，在大盘徘徊不定的情况下，许多优质的二级股票创下新高。对债券和公用事业股的强劲需求，为继续上涨提供了理由。"以我的经验来看，"别尔断言，"这些都是股市看涨的迹象。"

不过，事实证明，还有不到 3 个星期，再涨 1% 的话，道琼斯工业平均指数就将达到 1975 年的峰值。

福特总统

人们普遍认为杰拉尔德·福特是个正派人，在很多方面他都较前任让人松了一口气。公众在他身上既没有看到约翰逊那样的独断专行，也没有看到尼克松特有的狡猾、阴沉。遗憾的是，福特有一种用乡巴佬式的幽默来润滑政治车轮的本领，在这一点上他更接近尼克松，而非约翰逊。

以下是笑料写手鲍勃·奥本（Bob Orben）为福特写的笑话，前者用它来嘲讽福特就任总统前相对较低的公众知名度。

走廊里，福特从一位女士身边走过。

女士：你看起来很眼熟。
福特（试图帮忙提醒）：杰拉尔德·福特？
女士：你不是，但你有点像。

下面是福特在印第安纳波利斯一次演讲中的讲述：

女士：你看起来很眼熟。
福特：我是杰拉尔德·福特。
女士：你不是，但你有点像。

格雷厄姆的投资手法

"在过去30年,大量有天赋、有决心、有抱负的专业人士涌入了投资管理领域,"查尔斯·埃利斯(Charles Ellis)在1975年7/8月号的《金融分析师杂志》上发文写道,"他们中的任何一个人都不太可能从其他所有人的错误中频繁地获利,并以足够大的幅度战胜市场平均水平。"

并不是只有埃利斯一个人意识到聪明人很难再从股票上赚到超额利润。第二年,《金融分析师杂志》对一位著名投资专家做了采访,后者发表了以下言论:

> 我不再主张通过精妙的证券分析技术来寻找更好的价值机会。在40年前,这是一项有益的活动……可鉴于现在正在进行的海量研究,我怀疑,在大多数情况下,通过这种大范围的努力还能不能选出足够出色的股票,以证明为此付出的成本是值得的……

这位自称是"有效市场"学派的人,正是证券分析之父本杰明·格雷厄姆。可以肯定的是,格雷厄姆最著名的学生沃伦·巴菲特(Warren Buffett)似乎在接下来的许多年里仍战胜了概率。但在去世前不久,格雷厄姆得出结论称,寻找未获认可的便宜货的时代已经结束。

普林斯顿大学经济学家伯顿·G. 麦基尔(Burton G. Malkiel)对格雷厄姆的屈服发出欢呼声。前者认为这验证了"市场运转过于平稳、投资者无法从基本面分析中获利"的学术理论。相比之下，基金经理兼《福布斯》专栏作家肯尼思·L. 费雪（Kenneth L. Fisher）则认为格雷厄姆1976年的言论仅证明"他老得跟不上时代了"。费雪说，毕竟，计算机测试不是在格雷厄姆接受有效市场理论后就指出了有效市场理论的"各种漏洞"吗？

事实上，大多数"漏洞"都集中在股票价格运动是否存在可识别的模式方面。例子包括抛开季节性偏差（如"1月效应"），低市盈率股票的表现经风险调整后始终出众。如果股票市场以绝对的效率消化信息，那么就不应该存在此类非随机模式。但是，在一组股票或市场行为中识别出一种模式无法说明格雷厄姆式的公司评估手段能不能赚到钱。

在现实中，靠分析基本面能否赚到钱很难检验，甚至根本无法检验。每家公司代表的是一种独特的情况，而不是一个能轻松加以定量分析的数据点。当然，声称依赖基本面分析的基金经理，在一段时间内兴许绩效出色。可如果没有每笔交易记录，我们无法确定这种优于指数的回报是不是真的来自出色的选股表现。真正的原因可能是对市场时机的把握精准，或者仅仅是运气好。也许，真正的答案是，通过基本面分析能赚到钱，但只适用于极少数特别聪明的人。

格雷厄姆在1976年的评估是，随着时间的推移，哪怕是举世无双的天才也很难通过研究一家公司的财务状况来获取优势。他的比较依据是60年前自己进入投资行业时的环境。就在他去华尔街前不久，《蒙西杂志》还曾提议初步按美国钢铁公司的一份资产表来帮助投资者。这项任务比最初设想的要艰巨许多。公司称它没有这样的表格。在这不可知的汪洋大海中，格雷厄姆成为最先一批利用公司监管申报文件披露的宝贵信息的人之一。通过研读这些文件,他发现可以分配给股东的闲置资产。他还发掘了子公司的未合并盈余水平,这是其他投资者的投机对象。

随着岁月的流逝,部分原因是格雷厄姆喜欢分享自己的知识,他的创新方法成为标准实践。此外,新政所涉及的证券法改革要求企业更广泛地发布关键的财务数据。一句话:格雷厄姆对基本面分析的持续有效性产生怀疑并不是因为他落后于时代。相反,他承认,鉴于环境的变化,旧有的方法恐怕行不通了。

夏日时光

到了夏季,利率明显上升。7月,最优惠利率分两步涨到了7.5%。8月,该利率回落至7.25%,市场出现了短暂的反弹。然而,劳动节过后,由于纽约市政当局的财政危机,这一波上涨势头偃旗息鼓。9月,最优惠利率升至8%。

败给标题党

10月29日,福特回绝了纽约市政当局向联邦政府的求助。这对债券持有人来说是个坏消息,对纽约市长亚伯拉罕·比姆来说也是个挫折。这个故事复杂的金融维度给《每日新闻》的编辑们带来了一个大问题。纽约图片类报纸常见的头版主题——性和犯罪很容易用五六个字构成的骇人听闻的标题来加以概括。可一场财政危机该怎么配合这种形式呢?

主编威廉·布林克(William Brink)和同事们花了整个下午的时间尝试各种合适的措辞,但只是徒劳。负责新闻头条的乔·科瓦奇(Joe Kovach)拒绝了所有的提议。最后,随着付梓期限迫近，布林克绝望地喊道："你想说什么——'去死吧'？"

"就是它了！"科瓦奇高喊道。编辑迈克尔·奥尼尔（Michael O'Neill）也表示赞同。不一会儿，报纸就大肆吹嘘纽约市政当局为恢复财政秩序而采取的复杂策略：

福特对本市说：去死吧。

尽管总统从来没有说过这样的话，但这个标题朗朗上口，过耳难忘。一年后，哥谭人仍然"记得"福特"狠狠踹过自己的屁股"。在1976年的总统选举中，福特在纽约州败选，并因此失去了总统职位。人们普遍认为，《每日新闻》的夸张标题是福特败选的一个因素。

结束

在1975年最后一个季度，利率压力有所缓解。平均联邦基金利率从6.16%下降到5.41%。银行在10月份将最优惠利率从8%降至7.25%，除了11月份短暂上调至7.5%之外，这一年便在这个数字上宣告结束。秋季，纽约市的财政危机对股价产生了抑制作用。然而，联邦救助的承诺最终消除了财政危机令人沮丧的影响。临近年底，汽车股推动了新一轮的上涨。（那一年，通用汽车的股价从29美元涨到59美元。）

1975年的强劲上涨，发生在美国自20世纪30年代以来最严重的经济收缩期。4月是这一轮经济衰退的最低点，然而，道琼斯工业平均指数成分股的全年每股收益较1974年下降了24%。

第九章 1975年

除了利率的下降趋势，1975年对市场最大的利好因素是1974年低迷的股价。道琼斯工业平均指数反弹，实现了38.32%的高收益率。标准普尔500指数的总回报率为37.21%。

专家们的年初展望

在1975年壮观的牛市开始前的两个星期，《巴伦周刊》召集了一个市场专家小组，对未来一年进行了展望。以下是他们看到的一些亮点：

> 我们还需要好些年才能迎来新一轮的牛市。我想要等到20世纪90年代了。但我们会实现非常不错的复苏。
> ——埃德森·古尔德（Edson Gould），技术员，双月刊《发现与预测》的专栏作家

> 我们今年很可能会碰到一个走高的市场。但没有理由期待一轮疯狂的牛市。
> ——沃尔特·明茨（Walter Mintz），投资管理公司坎伯兰合伙企业

> 在我看来，在1975年极有可能出现可以买到翻2倍甚至3倍的股票的大好机会……在我看来，这有可能是我们在过去五六年里拥有的最大赚钱机会之一。
> ——欧文·库曼诺夫（Irving Komanoff），赫兹菲德-斯特恩经纪公司股票交易员

> 我没欧文那么看好，但也是看涨的……即便如此，我也不会把我所有的钱都投到股票上，因为我们正处在悬崖的边缘。石油、欧元和银行系统都存在流动性问题，情况可能变

得非常糟糕。

——罗伯特·威尔逊（Robert Wilson），对冲基金经理

总而言之，在进入1975年的大牛市之前，专家们的观点大相径庭。不管怎样，1975年似乎注定是高度波动的一年。兴许，要是有几次突破朝相反的方向发展，那些更可怕的预言就会变成现实。好在事实证明，1974年的极端金融状况为一次轰轰烈烈的反弹铺平了道路，这很像是1907年的大恐慌。

第十章 1995年

不可否认的是，外国投资者，尤其是各国央行，在拉低美国利率、推动债券市场步入正轨方面发挥了关键作用。

——兰德尔·W. 福赛思（Randall W. Forsyth），《巴伦周刊》

财政部长罗伯特·鲁宾（Robert Rubin）可不想因为救助了墨西哥而让山姆大叔破产。

——罗杰·洛温斯坦（Roger Lowenstein），《华尔街日报》

共同基金的表现跟整体市场一样好，尽管并不出众，但你也不会输个底朝天，除非你找上了某家购买衍生品的疯狂的管理机构。

——菲利普·卡雷特，卡雷特基金公司

牛市的理由

收紧利率

虽然 1994 年的股市略有上涨，但把 1995 年的牛市称为反弹也不能说不准确。1994 年 2 月 4 日，美联储主席艾伦·格林斯潘 5 年来第一次突然提高了短期利率，令大多数投资者措手不及。在此之前，股市一直在上涨。事实上，道琼斯工业平均指数距离首次突破 4 000 点仅一步之遥。但当格林斯潘察觉到有可能出现新一轮通胀的危险时，他决心将其消灭在萌芽状态。道琼斯工业平均指数随即暴跌了 96 个点，单日跌幅达 2.4%。1994 年，美联储总共将短期利率提高了 2.5 个百分点。

格林斯潘的政策转变打压了债券市场，因为 30 年期的美国国债收益率从 6.35% 升至 7.88%。根据伊博森顾问公司的数据，长期政府债券出现了自 1967 年以来最低的总回报率。"1993 年 10 月以来，债市的损失超过了 1987 年股市的损失。"投资银行所罗门兄弟的债务策略师格雷格·帕斯法安（Greg Parseghian）这样估计，并暗指了 7 年前 10 月的股市崩盘。一年前，债券买家还乐于承担风险，购买超长期债券以获得最高利率，现在却变得风声鹤唳。"如果说，1993 年是 100 年期债券之年，"摩根士丹利债券承销经理马克·西格尔（Mark Seigel）表示，"那么，1994 年就是 1 年期债券之年。"

对利率敏感的股票也遭受重创。道琼斯金融股下跌了 6.6%。公用事业股下跌了 13.7%，其中电力公司的跌幅最大，达 18.0%。

著名的对冲基金经理迈克尔·斯坦哈特（Michael Steinhardt）管理的基金在 1994 年跌了近 28%。他就利率下降押下了高度杠杆化的巨额赌本，前几年，这为他带来了惊人的回报，但现在却反过来了。更著名的乔治·索罗斯（George Soros）则勉强实现小幅盈余。但由于索罗斯未能保持1991—1993年间超过60%的年回报率，市场大幅降低了他的基金相对于净资产的溢价，买家因此损失了大约20%。根据《美国离岸基金目录》的出版商安托万·伯恩海姆（Antoine Bernheim）的数据，由于亏损和撤资，对冲基金的资产在1994年缩水了25%。

随着本土出现利率上升问题，边境以南的喧嚣引起了美国人的不安。1993年，国际新兴市场表现出色，墨西哥尤为耀眼。然而，恰帕斯州发生的一场印第安人起义让墨西哥市场在1994年走上了下坡路。当年3月，墨西哥执政党总统候选人遭到暗杀，原因不明。从寡头政治转向更开放、反应更迅速的政治体系的讨论，渐显空洞。由于新政府未能成功避免总是伴随总统换届而来的货币贬值，墨西哥的"大熊市之年"以一场全面的金融危机告终。墨西哥比索非但没能顺利适应当时的外汇市场条件，反而因公众普遍丧失信心而暴跌。墨西哥为严重依赖外国"热钱"的流入付出了惨痛的代价。（与生产性资产的直接投资不同，在短期货币市场持有的资产可以便捷地转换成现金，很快从该国撤出。）

12月，美联储主席格林斯潘表示，他尚未看到经济放缓的迹象。他的言论暗示，2月启动的利率收紧政策并未结束。尽管如此，在1994年道琼斯工业平均指数仍取得了2.1%的增长。然而，最近12个月的滚动市盈率却从25.6下滑至15.0。投资者对股市的近期前景并不太乐观。

衍生品风险

1994年利率的意外飙升重创了从事衍生品投机的金融机构。之所以叫"衍生品",是因为这些工具的回报源于基础投资,也就是股票与债券指数、货币和大宗商品等的表现。

尽管利用衍生品能有效地对冲价格风险,但衍生品也可以用来放大精明投机的收益。用户应该意识到,一旦对价格的走向做出错误的猜测,投资衍生品将造成数倍的损失。在1994年2月利率冲击之后的几个月里,许多本来不太可能亏损的部门都报告了巨额交易损失。原来,几家大企业的财务部门(传统任务是监管风险超低的现金等价物)一直在通过购买高风险衍生品来获取额外收益。由于在创新金融工具上遭受的损失,加利福尼亚州奥兰治县最终成为历史上申请破产的最大自治县。

就连专业人士也很难给"衍生品"下个简洁的定义。尽管如此,它如今已成为华尔街术语的一部分。证据是,投资银行安排了一些最聪明的人为这种易燃性极强的票据琢磨出了一个新名字来。

如果有人将"衍生品"一词用在通过切割和拼接基础资产池创造出的工具上,抵押贷款支持证券交易商会表示抗议。其中有些观点很有道理。诚然,1994年,一项抵押贷款支持杠杆投资组合让基金经理戴维·阿斯金(David Askin)的客户损失了6亿美元。但阿斯金的投资组合内爆的原因并不是投资组合的表现源于其他资产的表现;他的困难来自利率的波动,以及来自贷款人的压力(阿金斯坚持这么认为)。

投资者逐渐意识到,金融机构甚至工业企业都面临着尚未被充分了解的巨大风险。衍生品甚至不是故事的全部。1995年伊始,做多者不得不考虑这样一种可能性,即华尔街的金融工程将让整个系统陷入困境。

委屈的经济学家

1994年12月,墨西哥官员极有说服力地表示,他们可以战胜传统,不让比索贬值。不过,很多基金经理都持怀疑态度,他们与华尔街上的墨西哥支持者展开了激烈的讨论。

一家经纪公司的经济学家在听到经济压力将不可避免地导致汇率下跌的观点(但事实最终证明它是正确的)时变得不耐烦起来。他说:"墨西哥不会让比索贬值,旁托。"在西班牙语里,"旁托"(punto)的意思相当于"就这样"。

货币危机爆发后,人们不再直呼这位经济学家的名字,而是称他为"旁托"。这位经济学家委屈地说这种贬低"不太友好"。

克林顿

不能说比尔·克林顿总统在1995年初就支撑起了投资者的乐观情绪。他的政治命运正值低谷。克林顿立法倡议的核心——医疗改革已土崩瓦解。同年11月,他的政党失去了对国会两院的控制。此外,反对派抢先提出了新设想,而克林顿还没有开始像后来那样成功地在这些设想上借力打力。更麻烦的是,总统的意识形态的可塑性颇强,让各阶层的选民都产生了疑虑。

尽管随风而动是美国总统历来的传统,但克林顿似乎是名扎眼的政治机会主义者。和平候选人伍德罗·威尔逊因带领美国进入第一次世界大战而备受尊敬。冷战斗士理查德·尼克松虽然为此遭到许多人的谩骂,但他对中国采取的外交态度令他也颇受赞美。前自由派民主党人罗纳德·里根,被神化为坚决反对干预自由市场的人。而且,和克林顿一样,里根也素以讨女人喜欢闻名,但克林顿却把自己伪装成家庭价值观的推崇者。也许是因为这种名声还比较新奇,克林顿在宣扬美德方面不如里根成功。在所有总统中,"滑头威利"(克林顿的外号)竟以"不真诚"这一点脱颖而出。讽刺的是,如果真的曾有哪位总统长于表达诚意,历史反倒没有留下这方面的记录。

同样讽刺的是,依据他行政班底的内部看法,克林顿在华尔街激起了强烈的个人反感。社会福利倡议者抱怨说,总统的政策完全是为了迎合债券市场的预期反应。其他批评人士则指责克林顿依据民意调查进行过于细微的调整。1996年,他的再次当选继续强化了人们对他的印象:他在竞选中的表现远远超出上任后的领导能力。

从为克林顿辩护的角度出发,必须指出,华尔街习惯性地谴责在他之前的民主党人总统在税收和支出方面自由放任。然而,他看似缺乏哲学中心这一点,或许终将证明人们对他的怀疑:克林顿一定会背弃公开承诺的稳健财政政策。

不管怎么说,这位"希望之子"或许只是给一部分公民留下了"不胜任总统之职"的印象。他爱吃"巨无霸"汉堡包和炸薯条的名声,并不像里根爱吃软糖那么讨人喜欢。恐怕只有很少的选民相信,从前的历任总统从来没有人这样明显地背叛婚姻。可在克林顿之前,还没有谁被录下过与据称是"情人"的通话,他还在这通电话里把一个意大利裔的政治对手比作黑手党。除此,克林顿还有其他同样令许多人感到丢脸的事情。他戴着墨镜,吹

第十章 1995年

着萨克斯管参加《阿瑟尼奥·豪尔秀》，达到了把克林顿拉回平民阶层的预期效果，但或许有点过头了。

在主要的经济政策决策者中，比尔·克林顿的萨克斯吹得只能算第二好。1995年，克林顿在策划对墨西哥的救助时，萨克斯吹得最好的艾伦·格林斯潘做了精彩的伴奏表演。

就算克林顿的举止庄重，令公众敬畏，大概也并不会对股市产生任何影响。然而，精心打造的猫王形象显然也不会有什么帮助。当个人政治命运处于低谷时，相信自己是美国主要经济政策决策者中最棒的萨克斯手，兴许能让克林顿稍感安慰。但真可惜，他在这方面也只能屈居第二。

格林斯潘

美联储主席艾伦·格林斯潘原本打算从事音乐工作。他能同时演奏单簧管和萨克斯，曾就读于被称为艺术大师的摇篮的纽约茱莉亚音乐学院。格林斯潘的天赋让他在亨利·杰罗姆摇摆乐队中担任专业乐手。乐队里负责吹奏萨克斯的还有伦纳德·加门特（Leonard Garment），他后来成了理查德·尼克松的重要助手。格林斯潘的结论是：在音乐方面，他的能力不足以使他超越伴奏者的地位。于是他进入了经济咨询领域，并在此展开了一段成功的职业生涯。

在担任杰拉尔德·福特政府的经济顾问委员会主席时，格林斯潘48岁。他意识到精通网球在这项工作的政治层面大有意义，便开始打网球。尽管起步较晚，但他还是成为一名出色的选手。"就像经济学家爱做的那样，"他后来开玩笑说，"我总是在推断。我得出的结论是，我将在104岁参加职业网球巡回赛。"不过，从现实来看，格林斯潘压根不是前任威廉·麦克切斯尼·马丁的对手。马丁曾3次以优异的成绩打入全美男子赛第二轮。（顺便说一句，他岳父是戴维斯杯的捐赠人德怀特·戴维斯。）

格林斯潘在赛场上有一项扰乱人心的战术，那就是关键时刻从左手握拍换到右手握拍。这是他无意中对哈里·杜鲁门一句俏皮话恰如其分的致敬。杜鲁门希望经济学家只有"一方面",永远别说"从这方面来看……但从那方面来看……"身为美联储主席,格林斯潘专注于商品和服务的"实体经济"细节,这些跟金融市场有很大的不同。英格兰银行前行长罗宾·利-彭伯顿(Robin Leigh-Pemberton)取笑过他说的一句话:"我从艾奥瓦州的吸尘器行业中得到的信息表明经济正在好转"。格林斯潘在执掌美联储期间还以延续一项古老的传统出名,即通过混淆视听来掩饰货币政策的方向。"如果你觉得我说得太清楚,"他有一次说,"那你一定是误解了我的话。"

达成交易

要想寻找 1995 年初看涨经济的迹象,分析人士不得不回顾国会中新多数党(共和党)的自由市场议程。众议院议长纽特·金里奇(Newt Gingrich)大张旗鼓地计划用 100 天的时间着手制定《与美国有约》,这是共和党在 11 月竞选时提出的一揽子改革方案。(民主党人很快将该方案称为《美国契约》。)

并非所有人都认为金里奇的议程对金融市场有利。众议院的共和党人曾发誓要减税,但如果政府支出不下降,联邦赤字就会上升。(至少,除了供给侧经济学家,所有人都是这么计算的。)此举可能会让通胀加剧,并将迫使美联储继续提高利率。或许,这能解释为什么主要的共和党参议员,包括多数党领袖罗伯特·多尔(Robert Dole),都没有签署《与美国有约》。

不管怎么说,全面改革经济的提案并不能迅速解决股市问题。早在 1933 年的新政时期,在短期内恢复证券价格的是富兰克林·罗斯福的货币补助手段,而非他的长期社会改革。

钱都到哪儿去了？

1995年初，墨西哥的金融问题在美国产生了不受欢迎的连锁反应。1月3日，化学银行披露了一笔价值7 000万美元的比索交易税前损失，但称自己并未批准这一交易。银行有避免此类问题发生的程序。交易员维克多·戈麦斯（Victor Gomez）后来承认了合谋诈骗银行的指控，他本应拿出"相匹配的账簿"。但检察官说，他没有通过对冲头寸来抵消风险，而是在化学银行的电脑上输入了虚假交易。逃避管制将成为1995年反复出现的主题。愤愤不平的机构总是指责"流氓交易员"，但从不曾暗示可能是自己放松了警惕。

与此同时，华盛顿就救助墨西哥的努力展开了一场政治争论。克林顿总统认为，美国向一个主要的贸易伙伴伸出援助之手符合自身利益。国会上的反对者则以"道德风险"问题作为反驳的理由。他们声称，救助计划将鼓励其他发展中国家把美国当作安全网，使美国在财政上过度扩张。

批评人士还指责，拯救墨西哥还将拯救美国的投资银行和共同基金。这些金融机构在早些时候就从对新兴市场的投机中获利。现在，应该承担损失的是它们，而不是美国纳税人。进一步加剧政治阻力的是一种保护主义情绪，该观点认为墨西哥不仅以低工资窃取了美国的工作岗位，还试图向华盛顿寻求帮助。

克林顿和财政部长罗伯特·鲁宾投入了巨大的努力，以赢得国会对墨西哥一揽子救助计划的支持。尽管格林斯潘在道德风险方面持保留态度，而且他在国会的游说引起了一些人对美联储独立性的担忧，但他还是被说服了，出手相助。参众两院的共和党领导人、参议院多数党领袖罗伯特·多尔和众议院议长纽特·金里奇都支持克林顿。然而，事实证明，针对墨西哥的政治反弹是遏制不住的。

1月31日，克林顿绕过国会放手一搏，这让救助计划的反对者们大吃一惊。总统放弃了400亿美元的一揽子计划，找到了无须国会授权的资金。他从美国财政部的汇率稳定基金里拿出200亿美元。汇率稳定基金此前被用于管理全球市场上的美元价值。与此同时，国际货币基金组织执行了章程中的"例外条款"，除前一周批准的78亿美元，又向墨西哥提供了100亿美元的新贷款。其他国家也被要求提供120亿美元的短期信贷。这些大胆的计划也让欧洲领导人吃惊不小，他们本来习惯了美国就重大经济计划向自己征求意见，此刻他们的震惊程度不亚于克林顿的国内对手。

美国财政部长罗伯特·鲁宾就利用汇率稳定基金对外提供长期贷款一事表示："可以说，此事独一无二。"但这是合法的。国会领袖们大大松了一口气，纷纷为克林顿这一聪明的手法背书。这让立法机构从两难困境中解脱出来，也就是说，他们相信救助墨西哥在经济上是有必要的，但又知道许多选民并不这么认为。克林顿用一种堪比富兰克林·罗斯福的规避招数，绕过了传统的权力分立。

金融市场对克林顿的策略表示热烈欢迎。美国股市和债市上扬，美元走强。墨西哥股市创下了自1988年以来的最大单日涨幅，比索也立即收复了近期10%的跌幅。

牛市的理由

年初的货币形势

虽然事后看来1995年是投资者的丰收年,但最初的货币形势似乎并不特别令人放心。美联储主席格林斯潘坚决不肯给人希望,说对通胀的先发打击已经结束。过了一阵,他说,中央银行正在建造沙袋堤坝,以阻止洪水泛滥。这个比喻让人想起1955年威廉·麦克切斯尼·马丁对货币政策的描述:

> 我们有一条流动的河——资金流。我们希望河里的钱在河堤可以容纳的限度内增长。我们不希望它溢出堤岸。

纽约州国会议员莫里斯·辛奇(Maurice Hinchey)对格林斯潘的比喻不以为然。事实上,辛奇声称,通胀的"洪水"只不过是涓涓细流。对此,格林斯潘回答说:"我穿上了潜水服,所以我看得很清楚。"

2月1日,美联储非但没有逐渐放松反通胀举措,反而再次收紧了。美联储将贴现率(提升后为5.25%)和联邦基金利率(提升后为6%)分别提高了0.5个百分点。然而,格林斯潘的决定早在人们的意料之中。近一个月前,戴夫·坎萨斯(Dave Kansas)在《华尔街日报》上撰文指出:"许多经济学家都认为美联储将再次收紧信贷,最早可能会在1月31日。"事实上,在联邦基金利率提高到6%之后,美国银行家协会的一个经济学家小组就预测到年中它将上升到6.5%。因为美联储在2月1日采取的行动早在意料之中,股市对它几乎毫无反应。

事实证明,1月30日是道琼斯工业平均指数达到当年最低点的一天。该指数当天收于 3 832.08 点，之后在 1995 年连创 69 次新高。从低谷到 12 月 13 日的峰值 5 216.47 点，道琼斯工业平均指数上涨了 36%。美联储政策的急剧逆转提供了最初的推动力。

买烟人的集体诉讼

早在 1954 年，《福布斯》专栏作家卢西恩·胡伯尔就预见了香烟制造商的好前景。他主张，香烟制造商的问题并不全都来自关于肺癌的恐慌言论。相反，这是一种关于健康的负面广告的消极态度。胡伯尔确信，一旦香烟制造商重新强调吸烟之快乐，其前途就会大放光明。

此后的 40 年，数百万美国人对香烟照抽不误，这证实了胡伯尔的预测。然而，同一时期，法院越来越同情因健康问题起诉香烟制造商的吸烟者。

最后，1995 年，新奥尔良的一名联邦法官批准了代表美国所有从各主要供应商购买香烟的尼古丁依赖人士提起的集体诉讼。据《华尔街日报》估计，这类人可能包括了美国约 5 000 万烟民中的大多数。分析师估计，如果诉讼成功，市场领导者菲利普莫里斯和雷诺兹-纳贝斯克的净资产总和将化为乌有。

格林斯潘松开了螺丝

2 月 23 日，美联储主席格林斯潘告诉国会，他认为没有必要进一步提高利率。事实上，他表示，一旦经济出现任何衰退迹象，美联储就会着手准备降低利率。格林斯潘发表讲话后，道琼斯工业平均指数上涨了 30.28 点，有史以来首次收于 4 000 点

牛市的理由

以上。

美联储主席暗示经济增长减速让投资者大感意外。《华尔街日报》对此轮反弹持怀疑态度,并在头条新闻中警告说,道琼斯工业平均指数逗留在4 000点上方的时间可能很短。据《华尔街日报》报道,市场观察人士称,调整"不可避免"。甚至在格林斯潘发表上述言论的一个月之后,贝尔斯登的高级经济学家约翰·莱丁(John Ryding)对美联储已完成自1994年开始的利率紧缩政策的观点表示异议。他指出,在1994年第四季度,国内生产总值的年化增长率为4.6%,超过了大多数的预测。与此类似,《巴伦周刊》的艾伦·阿伯森(Alan Abelson)则指出房地产市场出现了强劲迹象。他还担心德国降息不会对外汇市场产生持久影响,但可能会迫使美联储提息以支撑美元。总而言之,阿伯森认为,股指再大幅上涨一个季度的前景"很成问题"。

不过,除了近期的增长前景,格林斯潘还有其他理由来考虑利率已经升得足够高的可能性。在他看来,货币政策紧缩是有必要的,部分原因是联邦政府长期缺乏财政克制。因此,国会中新多数党共和党迅速采取行动,向美联储主席保证,自己一方拟议的减税举措将负责任地以削减支出来抵消。"多数党将100%地致力于缩小联邦政府的规模和范围。"众议院预算委员会主席约翰·卡西奇(John Kasich)告诉格林斯潘。众议院在1月26日以压倒性多数通过了一项平衡预算的宪法修正案,至少象征性地对这种情绪表示了支持。格林斯潘知道白宫强烈反对这项措施,他颇有先见之明地担心预算问题可能会演化为危险的僵局。不过,总的来说,赤字问题似乎在减轻,而不是恶化。

最终,熊市被战胜了。到了7月,美联储开始降低利率。

1995年结束之前,道琼斯工业平均指数突破5 000点大关。

IBM 收购莲花公司

在道琼斯工业平均指数首次突破4 000点的同一天,莲花公司的股价下跌了1.25%,至43.5美元。公司高管嘲讽有关这家软件生产商成为收购目标的"愚蠢"传闻后,股价下跌便出现了。

3个多月后,6月5日的早上8点25分,莲花公司董事长吉姆·曼兹(Jim Manzi)接到IBM董事长郭士纳(Louis V. Gerstner, Jr.)打来的电话。郭士纳告诉曼兹,自己将在5分钟内对莲花公司发起每股60美元的恶意收购。

曼兹照章办事地宣布,董事会将把IBM的出价结合其他方案一起考虑。然而,从现实的角度来看,并没有太多需要考虑的事情。IBM的出价较莲花公司最近的股价溢价幅度超过85%,而且这项收购提议没有引起明显的反垄断担忧。股东们对莲花公司的表现并不感到欣喜,该公司1994年的股票交易价曾高达85.5美元。因此,分析人士正确地预测,这一切将很快结束。一周之内,莲花公司就成了"愚蠢的收购猜测"最新的受害者。

流氓交易员

约翰和弗朗西斯·巴林公司成立于1763年。在为英国参加拿破仑战争和路易斯安那购地案提供资金后,这家商业银行改名为巴林兄弟公司。巴林兄弟公司后来还为巴拿马运河的建设提供资金,并成为英国皇室的借款银行。1989年,该公司雇用了一个名叫尼克·里森(Nick Leeson)的22岁职员。不到6年的时间，里森升任新加坡办事处期货交易业务负责人，还把这家拥有232年历史的公司搞到破产。1995年3月，巴林兄弟公司被以1英镑的价格卖给了荷兰国际集团。

可想而知，这家老牌机构的覆灭被归咎于未经授权的交易。然而，经调查，英格兰银行得出的结论是：巴林兄弟公司内部严重的控制失误和管理混乱，也是导致它倒闭的原因。它在控制体系上犯了一个基本的错误，让里森同时负责交易业务和清算业务。这种存在致命缺陷的管理结构，让这位勇敢的年轻交易员将交易损失深埋在一个错误账户中，审计机构和监管机构均未能发现。

里森在他的狱中自传《流氓交易员》里说，巴林兄弟公司的文书系统完全配得上这家成立于1763年的公司。他早期的操作之一就是挖掘出一个簿记漏洞，因债券凭证处理混乱该漏洞导致了1亿英镑的损失。在这样一种不受控制的环境下，几乎不可避免地会有人利用这套系统，这样的人最终被贴上"流氓交易员"的标签。

越来越高

道琼斯工业平均指数摆脱了坏消息的影响，不断攀升。股票市场一次又一次地刷新历史最高纪录。

一部分投资者曾对激进的财政改革寄予希望，但参议院在3月2日否决了平衡预算修正案则令人失望。4月19日，美元在欧洲交易中跌至1美元兑1.3440德国马克，也让人感到不安。这是二战结束以来美元兑德国马克的最低水平。美元兑日元的汇率为1：79.85，比克林顿入主白宫的那个月下降了36%以上。一段时间以来,多位政府官员的声明一直暗示,为促进贸易平衡,将压低美元汇率。同一时期,日本正挣扎着想爬出经济衰退的泥淖,也在努力抑制日元,这使得克林顿让美元升值的做法更加缺乏吸引力。

与此同时,可怕的"低"字继续霸占新闻头条。杰弗里证券公司同意向一只共同基金的持有人支付7 000万美元(该基金因使用衍生品而一度蓬勃发展,之后却陷入困境)。奥兰治县被迫争取延长到期债务,与此同时,威斯康星州的州投资基金披露了9 500万美元的交易损失。

道琼斯工业平均指数接受了这一切,毫无压力地继续上涨。3月结束前,该指数在历史上首次收于4 100点之上。债券价格也大幅上涨,使得长期国债收益率降至7%以下。截至4月10日,道琼斯工业平均指数突破了4 400点。

幸运的小镇青年

"我的生活里没有任何真正的大动力,"投资家柯克·科克里安在年近70岁时回忆道,"起初只是挣够吃饭的钱,接着是挣买辆车的钱。"

这个初中就辍学、曾经做过业余拳击手的人,取得了远远超出这些普通梦想的成绩。年轻时,他拿着40美分的时薪,在米高梅电影公司的拍摄场地搬石头。多年后,科克里安靠着从航空业赚到的第一笔财富,买下了该电影公司的控股权。1968年,他在拉斯维加斯建造了当时世界上最大的酒店——拥有1 568间客房的国际酒店。5年后,他在拉斯维加斯大道又建造了拥有2 100间客房的米高梅大酒店,以及拥有5 005间客房的新米高梅大酒店，两者都是当时世界上最大的酒店。

1995年，科克里安的净资产估计值为25亿美元，他在美国富豪榜上排第23位。当年，他试图收购克莱斯勒汽车公司，这是美国有史以来规模第二大的收购案，此举加剧了牛市的戏剧性。这一恶意收购的标价高达230亿美元，仅次于1989年杠杆收购大户KKR集团对烟草公司雷诺兹-纳贝斯克的收购。克莱斯勒之战令投资者如痴如醉，一如80年前威廉·克拉波·杜兰特与通用汽车董事会的斗争一样。在满足了年轻时买车的愿望之后，77岁的科克里安在当时想要买下一家汽车制造商。

仅仅是这样吗？许多观察人士怀疑科克里安只是想利用他在1990年获得的9.8%的股份大赚一笔。他的收购要约似乎计划不周，忽视了融资安排这一相当重要的问题。科克里安最初购买了大量的少数股权，但远不足以支撑后来收购整家公司的尝试，这给一些人留下了鲁莽蛮干的印象。摩根·格伦费尔公司的分析师托马斯·高尔文（Thomas Galvin）称这位亿万富翁1990年在克莱斯勒站稳脚跟的消息是自己听过的"最疯狂的事"。科克里安在20世纪60年代末收购了弗拉明戈酒店赌场之后，被称为"维加斯的安飞士"。（绰号里的"安飞士"指的是全美排名第二的汽车租赁公司，它的广告亦一直以此为噱头。绰号的意思是，科克里安只是拉斯维加斯第二著名的拥有航空业及赌博业背景的富豪，略逊于霍华德·休斯。）

不是所有人都认为意图收购克莱斯勒的科克里安疯了。"这个人就像条梭鱼，"一位证券分析师表示，"他不会放你走，除非他咬掉自己想要的东西，甚至把你整个都吞下去。"这个低调的加利福尼亚州弗雷斯诺人拒绝了这样的赞誉。"我只是一个幸运的小镇青年。"他坚持说。

然而,在与克莱斯勒董事会的斗争中,科克里安拉到了一位宝贵的盟友,这靠的并不是运气。另一个走运的小镇(宾夕法尼亚州阿伦敦)男孩李·艾柯卡(Lee Iacocca)在1992年不情不愿地从克莱斯勒董事长之位退下来时,欠了科克里安一笔人情债。科克里安利用自己作为公司最大股东的影响力,说服董事们给朋友艾柯卡超出艾柯卡本人预期的更多期权。

艾柯卡为科克里安的交易带来了地位和色彩。他实现了传奇的成就,部分原因是他喜欢独霸所有的荣誉(当然,这一点也有人抱怨)。在福特汽车公司,这位叼着雪茄的高管因推出大获成功的野马车型而赢得赞誉。1978年,亨利·福特二世因为不喜欢艾柯卡,把后者从公司总裁的职位上拉了下来。几个月后,艾柯卡卷土重来,当上了克莱斯勒的总裁(后来又当上了董事长)。在联邦贷款担保的帮助下,他带领这家排名第三的汽车制造商摆脱了几乎注定破产的境地。艾柯卡拍了一段走红全美的广告(他在广告里呼吁说:"如果你能买到一辆更好的车,那就买吧!"),凭此成为全美名人,传言甚至说他可能担任美国总统。

艾柯卡的传奇故事还包括1987年发生的一起离奇事件。70岁生日过完没几天,亨利·福特二世躺在底特律一家由他祖父修建并以他祖父名字命名的医院里奄奄一息。9月15日,亨利·福特二世确诊患有病毒性军团病肺炎。医生不得不切开他的气管,以便输氧。尽管如此,他的家人仍然对他的康复抱有希望。事实上,这个将福特汽车公司从二战后的低谷中拉出来并将其打造为一家现代公司的人坚持到了9月29日。

9月18日,佛罗里达州海厄利亚市一教会的助理牧师约翰·

梅里坎特三世（John Mericantante Ⅲ）走进了亨利·福特二世所在的特护病房。在那里，他主持了罗马天主教的临终仪式。家人要牧师解释这种令人震惊的闯入行为，牧师提供了各种各样的说法：他的父亲曾是福特汽车公司在新英格兰地区的一名地区经理；福特家族的一名成员要求他主持这项圣礼，但他拒绝透露这名成员的姓名。然而，有一件事是清楚的。梅里坎特曾前往底特律参加艾柯卡的女儿莉娅的婚礼。他显然是艾柯卡一家的朋友，并且他是搭乘克莱斯勒的豪华轿车来到医院的。尽管如此，对9年前解雇自己的亨利·福特二世所遭遇的这场离奇送别，艾柯卡否认自己搞了任何小动作。

加入科克里安的恶意收购行动，并没有为艾柯卡的名声增光添彩。《汽车新闻》的出版人基思·克莱恩（Keith Crain）评论道："这一回，艾柯卡再次震惊了世界，而且眨眼之间就毁掉了他近50年来建立起的所有信誉。"科克里安对克莱斯勒公司治理记录的批评，刺痛了该公司董事长罗伯特·伊顿（Robert Eaton），后者展开了猛烈的回击。伊顿反驳了科克里安的说法，称公司是因为预计汽车销售将不可避免地出现下一次下滑，才在管理现金方面极度谨慎。掠夺者只是想通过快速分配现金来充实自己的腰包，才对捍卫克莱斯勒保守财务政策的管理层提出指控。董事会阻止艾柯卡行使1992年科克里安为他争取的期权，艾柯卡受到了特别沉重的打击。董事们声称，前董事长参与恶意收购，违反了授予他期权的条件。

科克里安和艾柯卡一直将他们岌岌可危的战斗推进到1996年初，才接受了休战。他们同意在未来5年内不收购克莱斯勒，科克里安则承诺他不会将自己当时持有的13.6%的股份提升至

15％以上。作为回报,克莱斯勒同意支付艾柯卡1995年期权价值的一半。科克里安因其努力在克莱斯勒董事会获得了一个席位。

市场惩罚做空者

投资者喜欢1995年的市场,也喜欢技术导向的成长型股票。截至6月初,计算机磁盘存储系统制造商艾美加的股价较年初上涨了400％以上。外围设备制造商美国机器人公司的股价也翻了一倍以上。此外还有美国在线,这是一家电子邮件、会议和其他服务的供应商。虽然外界对美国在线的会计做法颇有微词,但该公司当年截至6月初的收益率超过了40％。所有这些对股东来说都是好消息,但对做空者却是一场灾难。除了有充分理由上涨的股票在上涨,被他们视为投机性泡沫的股票也涨个不停。

哪怕他们的直觉是正确的,飙升的市场也在惩罚做空者。

例如,6月4日,《华尔街日报》报道称,印刷设备生产商Presstek的一些大股东正在抛售股票,该公司的股价迅速下跌了10％以上。然而,下跌之后,Presstek的股价当年仍上涨了42％,这使得空头头寸大幅缩水。该公司后来透露,在事情发生期间,美国证券交易委员会正在研究"该公司和其他公司所做财务报表的充分性和准确性"。这个消息一经披露(1997年4月),Presstek的股价从最高点下跌了近75％。然而,做空者却因为过早地察觉到问题付出了高昂的代价。

与此类似,事实证明美国在线的会计做法的确如做空者所说的那样相当激进。最终,该公司冲销了3.14亿美元的递延成本。这家公司自成立以来的累计利润被反复冲销了好几次。实际上,管理层承认了做空者的观点,即美国在线一直低估了吸引用户的巨大成本。可是很遗憾,直到1996年10月,市场才证明做空者是正确的。与此同时,美国在线的股价几乎不间断地上涨,从1995年6月的20美元出头一路飙升到1996年4月60美元左右的最高点。做空者在跟市场较劲,市场一直占上风。(公平地说,哪怕是到了1996年10月,美国在线的股价跌至25美元左右,也仍然维持在做空者最初瞄准它时的水平之上。)

据投资顾问哈里·斯特伦克(Harry Strunk)所说,在他两年前监测的20只卖空基金中,有9只在1995年中期就垮掉了。至于那11只幸存的基金,斯特伦克报告说,有10只在1995年头4个月里赔了钱。另有一些消息来源指出,与大多数同行不同,做空机构Kodiak Capital在1995年实现小幅上涨。然而,主要原因是它的现金头寸占比高达60%。

这种规避风险的策略,对最著名的做空者詹姆斯·查诺斯(James Chanos)没有吸引力。他坚决继续做空科技股、医疗股和餐饮股。据报道,整个4月,坚强的查诺斯亏了30%。根据洛克布里奇合伙企业的迈克尔·R. 朗(Michael R. Long)的计算,1995年全年做空者的整体总回报率为−15.53%。这意味着比标准普尔500指数的表现落后53个百分点,这几乎令人难以理解。事实证明,与之前的历次牛市一样,在1995年期间,关注基本面价值的做空者是缺乏智慧的。

日本的衰退

日本出现了自二战以来最严重的衰退,可日元的持续走强却妨碍了该国为摆脱衰退所付出的努力。破产的公司越来越多,在前一个刚结束的财政年度里，该国四大证券经纪公司的证券资产损失近 10 亿美元。投资者原本预计日本央行会通过降低利率来解决这个问题，但此次降息的幅度让他们吃了一惊。中央银行将贴现率降低了 0.75 个百分点，达到了战后最低的 1%。

通过大幅降低以日元计价的工具的收益率，日本央行给了投资者将资产转移到其他货币的巨大动力。美元是受益者之一。随着货币压力稍有缓解，美联储停止反通胀的可能性增加了。格林斯潘坚持认为，降息之前必须先削减联邦赤字。但经济统计数据开始显示，但凡任何进一步加息都可能导致经济衰退。因此，受日本央行政策的影响，美国市场上的证券价格再度攀升。

不过，日本投资者对本国政府的经济刺激计划并不满意。他们抱怨说，计划里并未包括削减公共开支的目标。此外，官员们在未来放松商业管制方面含糊其词。诚然，政府发誓要在三年内实施之前宣布的五年放松管制计划。但投资银行所罗门兄弟的经济学家杰弗里·杨（Jeffrey Young）表示，加快这一计划无异于"用一个更大的数字乘以零"。不管怎么说，日本央行采取了更激进的措施，将贴现率降至 0.5%。

新瓶装旧酒

1975 年，威廉·西蒙在财政部长任上开玩笑地建议把纽约市卖给伊朗国王。西蒙认为，联邦政府救助财政困难的纽约市政当局，违背了神圣的美国原则。

大家或许推断西蒙是个冷酷无情的人，但事实并非如此。西蒙离职并重返私营部门，获得了惊人的丰厚回报，成为一名享有盛誉的慈善家。但很明显，他施行善举并不是因为渴望获得更多的名望或荣誉。1995 年 1 月，西蒙写信给新时代慈善基金会，表示愿意匿名捐款。

匿名捐赠者是新时代慈善基金会成功的关键。该组织于 1989 年由小约翰·G. 贝内特（John G. Bennett, Jr.）创办。贝内特是医学院肄业生，先是从事药物滥用项目的管理工作，接着开始筹款。贝内特最初发起了以下提议：找 20 个有慈善意向的人，让他们每人向新时代慈善基金会存入 5 000 美元，为期 6 个月。到期时，一位身份不明的慈善家将根据他们的捐款等额捐赠。然后，他们每人可向自己选择的非营利事业捐赠 1 万美元。整个计划既简单又成功。两轮之后，参与这一"慈善界新概念"项目的人，从 20 个增加到了 50 个。

新时代慈善基金会还在受益者方面做了工作。新时代慈善基金会向慈善机构许诺说，如果向本基金会捐赠，便可获得与捐赠金额相匹配的超额多倍捐赠。例如，总部位于科罗拉多州、开展夏令营活动的青年生活国际服务中心为新时代慈善基金会提供 250 万美元，以换取 850 万美元的赠款。"有点难以拒绝，不是吗？"新时代慈善基金会的主席评论说。

一些捐赠者对资金存入时间必须达到 6 个月的要求感到奇怪。然而，贝内特解释说，新时代慈善基金会需要从存款中赚取利息，以支付自身的运营费用。在另一个场合又被问及此事时，他说 6 个月的规定是匿名捐赠者提出的不可谈判的条件。准备好收到相匹配捐赠的慈善机构没有进一步追究这个问题。贝内特在介绍这个故事的时候说，它们是根据各自的特点被特别挑选出来参加这个项目的。潜在的受益者担心，鲁莽的问题可能会危及自己的入选地位。

第十章 1995年

宗教慈善机构没有资格获得许多非宗教基金会的资助，因此特别受到新时代慈善基金会的青睐。众所周知，贝内特热衷于参与教会活动，这对他很有帮助。J. 道格拉斯·霍拉迪（J. Douglas Holladay）为新时代慈善基金会带来了来自宗教界的更多人脉。他是前总统罗纳德·里根与新教团体之间的联络人，担任新时代慈善基金会的顾问后获得了六位数的收入。位于曼哈顿的高级俱乐部链接俱乐部，每月一次的非正式早餐会经常以霍拉迪的祈祷作为结束。该聚会也给他带来了传播慈善界非凡创新方面好消息的机会。

许多新时代慈善基金会匹配捐赠的受益者很乐意为向自己介绍这个项目的一家费城神学院捐出5%的"感谢费"。这些汇款也被称为"掮客费"，尽管神学院院长说接受匹配的受益者没有义务非要支付这笔费用。

不久，数以千万计的资金流入。在无限繁荣的愿景的推动下，新时代慈善基金会将总部搬到了一个更豪华的地方，并在伦敦和香港开设了办事处。新时代慈善基金会最初的匿名捐赠者又增加了8名，但并不包括前财政部长西蒙。奇怪的是，贝内特对西蒙的慷慨毫无兴趣。

在阿尔伯特·迈耶（Albert Meyer）看来，这并不是新时代慈善基金会唯一让人感到奇怪的事情。举例来说，该组织没有注册为基金会，账簿也从未有机构审计过。迈耶是斯普林爱伯大学的会计学教授，这是一所密歇根州的小型大学，曾向新时代慈善基金会捐款25万美元。他越来越担心，于是用了近两年的业余时间来调查贝内特的经营情况。

通过自己的挖掘，迈耶确信，哪怕披着宗教外衣，新时代慈善基金会也不过是一个巨大的庞氏骗局。这种骗局类似于连锁信。参与者靠随后几轮受害者来赚取现金获利。为了让整个过程持续下去，这个圈子必须继续扩大。最终，业务会因规模太大无法维持而走向崩溃。

斯普林爱伯大学并不急于处理能创造非凡价值的迈耶。院长对迈耶的发现不予理会，还评论说，尽管持怀疑态度是有益的，但"过度的狂热"可能会产生适得其反的作用。迈耶不愿放弃斗争，于是写信给美国证券交易委员会和美国国内收入署，还有新时代慈善基金会总部所在地宾夕法尼亚州的总检察长。

当局展开了调查，最终证实了迈耶的指控。新时代慈善基金会的匿名捐赠者是虚构出来的。贝内特只是用现金偿还了前几轮的捐赠者，从而制造出庞大的匹配资金正涌入的假象。这就解开了为什么必须延迟6个月才发放资金的谜团。庞氏骗局的特点还说明了它在最后的几个月为什么转而要求慈善团体将全部捐款捐给匹配的项目。

其他不一致的地方，证实了纽约非营利组织国际价值变化研究所的托尼·卡恩斯（Tony Carnes）最初提出的怀疑。例如，在新时代慈善基金会成立的头几年，它没有提交联邦纳税申报单，也没有在宾夕法尼亚州注册为慈善机构。捐赠者和受益者忽视的另一个危险信号是，它没有为存入的资金设立托管账户。相反，新时代慈善基金会将资金存放在一个可提取的普通经纪账户内。最后，贝内特教会的牧师总干事在将近一年的礼拜活动中都没有看到这位本应虔诚的筹款人。

面对新时代慈善基金会违规操作的说法，贝内特坚持认为本机构的财务状况完全正常。新时代慈善基金会的外部审计师安德鲁·坎宁安（Andrew Cunningham）否认新时代慈善基金会的匿名捐赠者是虚构的说法。"这个世界上愤世嫉俗的人太多了，"他哀叹道，"人们无法接受有一个富有的慈善家拥有数亿美元的净资产，并愿意大量捐赠却不谋求赞誉的事实。"次年，坎宁安承认自己参与了一起电信诈骗。

贝内特的否认并没有持续太久。1995 年 5 月 13 日，他召集新时代慈善基金会的员工，承认自己捏造了匿名捐赠者的事实。贝内特没有向含泪的员工们解释自己的所作所为。现场很快来了哀伤辅导师。

5 月 15 日，新时代慈善基金会申请破产。该组织声称有 8 000 万美元的资产和 5.51 亿美元的负债，负债数字有些夸大，因为其中包括承诺的 100% 或更多倍数的匹配捐赠。几天之内，美国证券交易委员会和宾夕法尼亚州总检察长以欺诈罪名起诉新时代慈善基金会。与此同时，保德信证券起诉新时代慈善基金会和贝内特，要求追回该组织以保证金名义借入但尚未偿还的 4 490 万美元。联邦当局后来指控贝内特将该组织 350 万美元的资金挪为个人使用。

曾表示愿意加入匿名捐赠者行列却遭贝内特拒绝的西蒙，捐了近 100 万美元以求获得匹配资金。他就自己损失的钱，以及新时代慈善基金会承诺给他的另外 100 万美元匹配资金提出了索赔。

西蒙并不是唯一一个受新时代慈善基金会创始人蒙蔽的金融老手。传奇投资者约翰·邓普顿（John Templeton）对贝内特的印象尤其深刻，曾任命后者为自己 24 只共同基金的董事或托管人。新时代慈善基金会最著名的捐赠者之一是西蒙的前商业合伙人雷蒙德·钱伯斯（Raymond Chambers）。据说，他在和西蒙搭档期间，在幕后筹划了对吉布森贺卡公司的杠杆收购，这笔交易轰动一时，获利极丰。此外，直接或通过基金会捐款的还有富达麦哲伦基金的冠军经理彼得·林奇（Peter Lynch）、慈善家劳伦斯·洛克菲勒（Laurance Rockefeller）和美国最著名的对冲基金运营商之一老虎基金的朱利安·H. 罗伯逊（Julian H. Robertson）。

高盛前联席董事长约翰·C. 怀特黑德（John C. Whitehead）是另一位热情的参与者。"听上去好得叫人难以置信，"他在新时代慈善基金会崩溃前对一名采访者说，"尽管如此，它是真的。"怀特黑德还提到了该基金会支持者里的重磅金融人物。"我们不是天真的傻瓜，我不这么认为。"得知新时代慈善基金会已经破产时，这位曾经的副国务卿做出了不同的反应。"哦，天哪，我真不敢相信。我通常对这类事情非常怀疑，很难相信我被人耍了。"

贝内特的个人资产在新时代慈善基金会申请破产后不久就遭冻结。后来，他交出了价值120万美元的现金和证券等财产，并同意未经破产受托人许可不出售自己故事的书籍、电影和电视版权。1997年3月，联邦政府指控贝内特犯有欺诈、洗钱和提交虚假纳税申报单等罪行，贝内特不认罪。据贝内特的律师说，不认罪"与贝内特先生深厚的宗教信仰一致"。然而，这位虔诚的筹款人表示，如果法庭允许他出示精神病学证据，证明自己无意犯罪，他就撤回申诉。

相比之下，联邦起诉书包含了82项罪名，指控贝内特从一开始就有意欺骗捐赠者。如果是这样的话，把自己的组织称为新时代慈善基金会就是把这一点昭告天下最有效的法子了。一如前面章节提到的,"新时代"一词表达了当时流行的无限繁荣概念,但1929年的大崩盘和大萧条彻底否定了它。1958年,《华尔街杂志》的米勒察觉到了日益增长的股票狂热,认为"这与20世纪20年代末的'新时代'有着丑陋的相似之处"。贝内特或许也是在通过这个名字宣布"我对慈善事业的创新方式是个泡沫,到了某个时候注定会破裂"。

更令人震惊的是,即使是这一轮最新的"新时代"灾难,也没有这个概念对投资者的吸引力致命。1995年底,《巴伦周刊》的艾伦·阿伯森感到有必要挑战美国已经进入了"投资新时代"的"流行观念"。他赞许地引用了美林银行的罗伯特·法雷尔(Robert Farrell)的话:"每一种极端在产生之时都有充分的理由,并得到了合理化。"

据阿伯森估计,有一点真的很重要,那就是在20世纪还没有哪个时候标准普尔500指数的股息率像现在这么低,股市总价值相对于国内生产总值像现在这么高。然而,近一年后,做多者仍宣称这种历史估值标准已不再适用。这些评论呼应了威廉·R.比格斯在1927年提出的一个问题,即不断变化的环境是否已经淘汰了旧的比较标准。但欧米茄投资公司的资深基金经理李·库普曼(Lee Cooperman)持不同的意见,他说自己"从不相信牙仙子,也不相信新范式"。

尽管如此,柯立芝时期的"新时代"说法仍然无处不在。1997年,格林斯潘正准备采取货币紧缩政策,他认为"新时代"不能证明当前证券估值的合理性。当利率开始攀升时,《新共和》指责美联储主席无视美国经济进入"新时代"的可能性。该周刊的社论指出,"对增长持乐观态度的人"或许是对的。这些乐观的经济学家以"不同程度的可信度"论证了适度的通胀率与比过去更低的失业率是一致的。他们声称,生产力在计算机的帮助下有所提高,而全球化又让美国公司更难以提高价格。

不管怎么说,"大多数(尽管并非全部)"经济学家都认为政府的通胀数据有些夸大。然而,《新共和》的社论作者不得不承认一点:支持新时代假设的确凿数据仍很粗略。

尽管一再对"这次是不同的"这一说法持谨慎态度,许多投资者仍然设定了很低的门槛以求看到经济结构变化的证据。从之前的周期中观察到的现象很容易被认为是偏离而非重现。教一只新时代的狗认清旧把戏,实在是太难了。

美联储转向

6月29日,一场繁荣恐慌席卷了债券市场。经济报告显示,首次申请失业救济的人数出乎意料地大幅下降,新房销售意外地大幅增长。或许,《巴伦周刊》的艾伦·阿伯森提醒得很对:房地产市场的繁荣将引发短路,让美联储明显向降息政策过渡。30年期美国国债下跌了1.875个点,这对该市场来说是一个巨大的变化。道琼斯工业平均指数最初下跌超过34个点,但最终反弹至仅下跌了6.23个点。

货币市场经济学家针对美联储在随后一星期将采取何种行动产生了分歧。国民银行的米基·D. 列维(Mickey D. Levy)坚持个人观点,称进一步宽松是明智之举。但另一位一直在期待降息的权威人士即保德信金融集团的理查德·里佩(Richard Rippe)却说,"降息会是个很糟糕的决定"。摩根士丹利的史蒂芬·布罗奇(Steven Broach)则更进一步,称降息"为时过早"。

然而，在美联储公开市场委员会召开会议之前，降息的一个关键障碍开始消失。美元兑日元的汇率从一度跌至 1∶80 以下的水平开始回升。日本和美国在紧张的汽车进口谈判中取得了突破，转折点出现了。

即使对美元的威胁逐渐消失，美联储公开市场委员会在降息是否明智的问题上也有着不同的意见。格林斯潘随后为这一举措辩护，理由是通胀威胁已经消退，劳动力成本、产能利用率和大宗商品成本的趋势均证明了这一点。尽管如此，他的一些同事却赞成按兵不动，其他人则主张采取超过格林斯潘认为适度的更积极的宽松政策。在这种情况下，很难指责货币市场经济学家预测不准确。

然而，到 7 月 5 日，投资者拿定了主意。他们得出结论：利率正在走低，并将道琼斯工业平均指数推至 4 600 点。7 月 6 日，美联储将联邦基金利率下调 0.25 个百分点（至 5%），这一举动颇有点虎头蛇尾的意思。不到一星期，在 7 月 10 日，道琼斯工业平均指数又突破了一个世纪关口，收于 4 702.73 点。

股市一路上涨

股价上涨的声音继续伴随着交易损失的不协调音符。首先，总部位于宾夕法尼亚州的第一资本策略为其客户"共同基金"带来了坏消息。基金经理在 7 月 5 日宣布，一名交易员"未经授权的私下行为"使这家监管着 1 400 多家金融机构托管资金的机构损失了 1.28 亿美元。与早些时候的化学银行和巴林兄弟公司事件类似，所谓"适当的安全措施"只存在于纸面。正如"共同基金"所解释的那样，交易员肯特·阿伦斯（Kent Ahrens）本应通过买卖股指衍生品，利用市场间的微小价差。但相反（以下是"第一资本策略"的说法），他在未经授权的情况下押注在市场方向上，带来了巨大的损失。

当然，"巨大"是一个相对术语。9月，大和银行披露，交易员井口俊英在11年里累计造成了11亿美元的损失，超过了阿伦斯所造成的损失。不出所料，该银行将这场灾难归咎于未经授权的交易。与此同时，道琼斯工业平均指数突破了4 800点。

10月份传来了一个罕见的好消息。墨西哥宣布，它将开始提前偿还美国提供的紧急贷款。在那之后，股市又传出刺耳的音符，在10月9日科技股大幅下跌。接下来是联邦预算僵局。当年早些时候，话题依旧与墨西哥有关，克林顿政府的官员们认为政府债务违约是一个可怕到无法想象的场面。到1995年底，美国政府违约似乎并非绝无可能。市场的反应是，11月下半月，道琼斯工业平均指数突破了4 900点、5 000点甚至5 100点。

百岁基金经理

敏锐的读者可能已经注意到了，本书在1927年那一章埋了一个伏笔，但到现在它都还没派上用场。《巴伦周刊》的员工菲利普·卡雷特的财务报表分析文章极为权威，本书本应在接下来的章节里重新介绍他。时近70年后，他发生了什么呢？

答案是，尽管年近98岁，卡雷特仍然每星期工作40小时。（快到100岁时，他才缩短到每星期工作3天。）除了是世界上最年长的执业基金经理，按他的朋友和巴菲特的说法，他还保持了迄今为止华尔街上最好的长期投资纪录。

1928年，卡雷特创立了先锋基金，此后55年该基金均由他

第十章 1995年

本人管理。在此期间,他创造了13%的平均复合回报率,比标准普尔500指数高出4个百分点。先锋基金在1995年2月号《共同基金》杂志评选的自1929年以来运营的美国基金中总业绩排名第一。

卡雷特成功的秘诀是什么呢?一个关键是避免用保证金购买。"如果你不借钱,就不会破产。"他解释道。卡雷特还强调拥有"金钱头脑"的重要性。这意味着有能力发现一种受欢迎或可能受欢迎的产品,并能够想办法将其转化为投资机会。

例如,有一次,卡雷特对在一家酒店里看到的一种花哨香皂产生了兴趣。这款香皂叫"露得清",是洛杉矶一家上市公司生产的。他买了该公司的股票,该股票在8年里分拆了6次。其间,卡雷特卖出了很多,获得了丰厚的利润,最后以大约1美元的平均成本持有了几千股。1994年末,强生公司以每股35.25美元的价格收购了露得清。

卡雷特以巴菲特的伯克希尔-哈撒韦公司的股票长期升值为例,来证明过早抛售是愚蠢的。1995年,该公司的股价达到每股2.9万美元;他报告说,10年前他曾以每股400美元的价格买入。(卡雷特的儿子也是一名基金经理,他告诉记者他父亲的持有基准成本是每股200美元。两种说法的差异,或许反映了卡雷特的谦虚、卡雷特儿子的孝心,或是他曾在不同价位上分批买入。根据股价记录,10年前,卡雷特不可能以低至400美元的价格买入伯克希尔-哈撒韦公司的股票,但在这里准确度并非关键。)

有这么一家公司,卡雷特不愿意投资,那就是巴菲特最喜欢的可口可乐公司。这也是让棒球名人堂的泰·柯布发财致富的公司。尽管有这样的背书，这位被巴菲特称为"投资界王牌投手"的基金经理仍然没法证明可口可乐公司的高市盈率是合理的。此外，卡雷特说："我碰巧也不喜欢这该死的饮料。"

美国政府会违约吗？

7月6日降息后，美联储一直观望到了12月。格林斯潘认为，经济已经挺过了衰退风险的最高点。因此，他表示投资者不应期待短期内会有任何进一步的货币宽松政策出台。市场现在将注意力转向了隐隐欲现的联邦预算危机。

1995年5月，参众两院预算委员会都已批准了在2002年之前实现收支平衡的计划。克林顿总统坚持一个更循序渐进的预算平衡计划，同时否决了共和党提出的开支削减计划。美联储观察员史蒂文·K.贝克纳（Steven K. Beckner）在《悬崖勒马：格林斯潘时代》（Back from the Brink：The Greenspan Years）一书中做出了解释，各方固执己见，互相拆台，以至于威胁到了政府继续为自身运转提供资金的能力：

> 当年早些时候，金里奇愚蠢地发出挑战，威胁说如果不通过平衡预算法，就拒绝提高债务上限。这是一场政府非常乐意奉陪的懦夫博弈，而且还打算赢。

双方言论不断升级。克林顿的一位发言人一度将共和党人减缓医疗保险支出增长的努力描述为希望看到老年人生病和死亡。众议院议长金里奇则大声"咆哮"，他认为违约前景不应成为实现预算平衡的障碍。"我才不在乎60天内没有行政班底和债券呢——这一次不行。"（与他的前任约翰·加纳不同的是，金里奇没有恳求与会的众议员真正站起来支持平衡预算。）

众议院议长金里奇自信地预测，债券持有人会明白遭到真正的违约和由于政治争论而不能按时拿到钱之间的区别。乔治·索罗斯旗下对冲基金的首席投资官斯坦·德鲁肯米勒（Stan Druckenmiller）认为，如果"违约后进行权益改革，市场不仅会表示谅解，利率还会降至更低水平"。

格林斯潘并不这么乐观。他警告说，如果政府不守信用，未来几年它的债券都将笼罩在阴云之下。格林斯潘之前的美联储主席保罗·沃尔克（Paul Volcker）也表示，违约"不符合一个肩负国际责任的大国的要求"。

不管怎么说，时间已经不多了。财政部长鲁宾宣称，如果国会不提高现有的4.9万亿美元的债务上限，10月份就将迎来"彻底崩溃"。后来，他把自己的末日预测修改为11月，但他没有投入时间寻找非传统的资金来源。跟当年早些时候的墨西哥僵局一样，政府好像不得不空手抓兔子了。

最新的"兔子"竟然是联邦雇员的养老基金。鲁宾表示，他将借助这一资金来源维持政府超过11月13日的运转。（国会和白宫已经同意将财政部的借款授权暂时延长到这天。）国会提议禁止鲁宾动用养老基金作为提高债务上限的条件，但克林顿否决了该提议。鲁宾随后要求联邦雇员退休系统政府证券投资基金将215亿美元的特殊一日期国库券转换为闲置现金。他还做出了一项技术性决定，将公务员退休和残疾基金中的398亿美元从证券变成现金。鲁宾估计，这些策略将把违约推迟到12月底。与此同时，11月14日，联邦政府让80万雇员暂时休假。

克林顿与共和党人制定了另一项权宜之计,让政府能够持续运转到 12 月 15 日。共和党人希望届时能达成一项永久性协议。毕竟,克林顿表示,他愿意为在 7 年内实现平衡预算而努力。然而,事实证明,他仍然希望政府保持比共和党所预想的更多的开支。总统对企业利润和利率持有更乐观的假设,但只有他的这些假设变成现实,预算才能实现平衡。

12 月 15 日星期五午夜,政府雇员再次休假。针对这个坏消息,金融市场没能安然挺过。相反,道琼斯工业平均指数在星期一下跌了 101.52 点。

此前,市场一直认为预算僵局不过是政治姿态而已。哪怕政府第二次发布休假令,投资者也并不认为美国政府真的会违约。但许多人认为美联储即将再次降息。

首先,降息将使联邦基金利率与自 7 月 6 日美联储实行宽松政策以来的整体利率下降保持一致。此外,消费支出、生产和就业都不太强劲。另一点考虑则事关对世界金融体系可能产生的新冲击。本已陷入困境的日本银行,因与大和证券庞大的债券交易损失有关而再受牵连。贷款机构提高了提供给日本银行的贷款的利率风险溢价。通过降低美国利率,美联储可能会缓解由此造成的对金融机构利润的挤压,以及对其偿付能力构成的潜在威胁。

支持美联储新一轮宽松政策的最有力论据是,华盛顿似乎在削减赤字方面有所进展。投资者认为,一旦格林斯潘对联邦预算步入正轨感到满意,他就不会再担心降低利率再度引发通货膨胀。然而,由于克林顿和金里奇已走投无路,人们认为美联储不会降息。

然而,12 月 19 日,美联储公开市场委员会一致投票决定将联邦基金利率下调 0.25 个百分点,至 5.5%。格林斯潘的官方解释是通货膨胀低于预期,但此举起到了阻止金融市场下滑的良好效果。政府停摆直至 1996 年 1 月 6 日,而预算协议直到 4 月 24 日才达成。但由于美联储采取了众人期待已久的降息举措,股市在 1995 年收盘时弹出了积极的音符。

"违约"风声

11 月中旬,"违约"风声四起。美联储主席格林斯潘和财政部长鲁宾都对美国有可能破坏其从未不履行义务的纪录表示遗憾。然而,芝加哥联邦住房贷款银行行长亚历克斯·J.波洛克(Alex J. Pollock)说,一切已经太晚了。

"早在富兰克林·罗斯福担任总统的时候,美国就明确地公然以拖欠债务为权宜之计,而且之后还得到了最高法院的支持。"波洛克写道。在这里,他指的是国会废除黄金支付条款,关于这一内容本书在 1935 年那章做过讨论。他概述了国会的论证,即这些条款阻碍了国会行使权力,但废除该条款则等于否定了国会的权力。"历史早就表明,"他总结说,"如果国会足够在乎某件事,违约也不见得能拦住它。"

爆发力为什么小了?

1995 年,道琼斯工业平均指数接二连三地翻越新的里程碑。截至年底,该指数达到 5 117.12 点(一年前,这个数字仅为 3 834.44 点)。标准普尔 500 指数的总回报率为 36.89%。这次大牛市在 1900 年以来股市表现最好的年头里排名第十。

不断上涨的股价让企业用股票进行收购变得格外具有吸引

力。企业合并以节约成本的时机已经成熟。整合有望成为保持盈利势头、推动股价继续上涨的一种手段。按照证券数据公司提供的数据，美国并购规模飙升至4 580亿美元，较一年前创下的纪录高出32%。

按照普遍的说法，股市自1982年以来一直处于长期牛市状态，这么说当然很有道理。然而，距离上一轮标准普尔500指数一年就涨了35%以上的情形，已经过去了整整20年。这是20世纪里间隔最久的一次。回报高峰之间的距离拉大是否表明随着时间的推移市场正变得更加稳定？

至于1975年的大牛市，它距离上一轮标准普尔500指数一年上涨35%以上的情形，已经有17年。第三个类似的间隔期同样发生在20世纪的后65年，即1935—1954年，跨度是19年。从1900年到1935年，标准普尔500指数一年上涨35%以上的情形平均每隔5.4年就出现一次。而在那以后到1995年，平均跨度为15年。此外，自1958年以来，再也没有出现过一年上涨超过40%的大牛市了。

关于市场波动的长期趋势，其他统计数据可能会讲述不同的故事。分析师可能不会研究回报率最高的各年份，而是关注完整的市场周期从高峰到低谷的价格波动幅度。其他很多书和文章则专注于市场的崩盘，这也有好处。还有一种衡量市场稳定性变化的方法是衡量每月、每日甚至日内的波动幅度。

不过，让人很感兴趣的是，随着时间的推移，股市在一年内出现爆发性惊人表现的可能性为什么越来越小？本书后记将逐一回顾自1900年以来的历次大牛市，届时我们会看到：货币因素似乎一直发挥着重要的作用。随着时间的推移，有可能是越来越不需要动用特别措施（这些措施会影响信贷和货币）。另一种可能是，冲击兴许仍像以往一样有规律地出现，但世界各国央行行长的工作也越做越好。通过定期向金融系统注入流动性，说不定再也没有必要为遏制危机而将大量流动性注入金融系统。若没有这类特别措施，股价恐怕就不会像在20世纪的10个大牛市年景里那样在短期内迅速上涨。

预言家们的表现

据《华尔街日报》报道，1995年初，经济学家们对经济前景的看法出现了不同寻常的分歧。一切都取决于美联储选择死盯通胀威胁的时长和力度。不过，尽管经济预测涵盖的范围很广，但可以公平地说，投资者几乎没有获得任何暗示有史以来最火爆的牛市之一即将到来的线索。

或许是被1994年的严峻形势吓坏了，一些颇受好评的基金经理怀疑长期的低迷已拉开序幕。黑石另类资产管理公司总裁迈克尔·霍兰德（Michael Holland）说："有可能，从现在开始，过不了多久，人们就会把1994年视为20世纪80年代和20世纪90年代初期的分水岭，此时资金管理公司赶上了证券价格上涨的浪潮。"桑福德伯恩斯坦公司总裁罗杰·赫托格（Roger Hertog）表示，1994年标志着始于1980年的"投资涅槃"的第一次"明显转变"。自1981年以来，他的公司首次采取防御性措施，将客户的10%的股票投资重新配置为债券。

在经纪行业内，也有一些市场人士预计，糟糕的情况还将持续一段时间。

奥本海默金融服务公司的市场策略师麦克尔·梅茨（Michael

Metz)预测,投资者在未来一年内都不会有太好的心情。其源头包括:

- 对共同基金等金融中介机构的幻想破灭。
- 大量涉及可疑投资行为的诉讼。
- 认为在国际新兴市场、货币市场甚至美国市场,不稳定因素都将会加剧。

其他策略师还察觉到一个问题:尽管债市出现了大麻烦,但股市在1994年实现了小幅上涨。持这种观点的人进而推断,固定收益投资者正在发出预计短期利率将进一步上升的信号。这将不可避免地拖慢经济,但股票买家的行动则表明,他们认为企业收益将保持强劲。

两个阵营不可能都是对的,因此股票价格和债券价格必然要保持一致,即不是一起涨就是一起跌。所罗门兄弟的策略师戴维·舒尔曼(David Shulman)认为,普遍存在的通胀担忧排除了债券上涨的可能。因此,他推断,这两个市场的估值更有可能是通过股票下跌这一途径来实现的。舒尔曼认为,美联储进一步收紧货币政策,将使短期固定收益投资与股票相比更具竞争力,从而决定道琼斯工业平均指数的命运。舒尔曼是1995年预期出现大幅回调的几位策略师之一。这个阵营的其他人包括瑞士信贷第一波士顿银行的杰弗里·阿普盖特(Jeffrey Applegate)和雷曼兄弟的凯瑟琳·亨塞尔(Katherine Hensel)。迪隆里德的约瑟夫·麦卡林登(Joseph McAlinden)预计降幅大约为16%。

无疑,这些预测包含了许多很好的分析,但事实证明它们并不正确。投资者非但没有对股市感到失望,反而在1995年向股票共同基金投入了打破纪录的1 165亿美元。根据美国投资公司协会的数据，这一数字打破了1993年创下的911亿美元的纪录。（不过，一些分析师认为，巨额资金流入共同基金的原因是，个人投资者把钱从自己直接持有的股票中转移了出来。）令悲观主义者更加困惑的是，股市和债市经历了好几年的好光景。标准普尔500指数的总收益率为36.89%，30年期美国国债的收益率为34.08%。两个市场最终读到的是同一首赞美诗，而且还凭着悲观主义者们没有预想到的方式实现了和谐。最后，悲观主义者们期待的调整从未实现。1995年全年，道琼斯工业平均指数下降最多的时候也仅比1994年底时的3 834.44点下跌了2个点。

简言之，一大批消息灵通的分析师敦促投资者避开这个即将创下20年来年度最佳表现纪录的市场。这群人甚至对坚守债券这种"稳扎稳打"的投资策略都不怎么看好，而投资债券本来是跟投资股票差不多同样好的建议。

只可惜，正如《华尔街日报》所指出的，在1995年初意见分歧很大。几家知名经纪公司的预测人士持乐观态度。美林证券的查尔斯·克拉夫（Charles Clough）在当年1月调高了股票的推荐权重，并保持看涨。瑞银证券的盖尔·杜达克（Gail Dudack）也预计1995年将是个好年头，部分原因是她预计资金将从墨西哥等陷入困境的海外市场回流美国。杜达克还敏锐地断言，基于公用事业股明显触底，利率即将见顶。IDS咨询集团的投资组合经理詹姆斯·韦斯（James Weiss）同样认为利率已经达到了顶峰。他预计，美联储将推动美国经济实现软着陆，同时生产力提高和海外销售增长将提振企业利润。简言之，1995年初，既有人持熊市预期，也有人持牛市预期。但即便是对经济前景和市场方向做出正确判断的人，也普遍对股市上涨的幅度感到意外。

牛市的理由

添惠公司的经济学家乔·卡尔森（Joe Carson）是少数几个预测1994年经济加速、利率上升的人之一。展望1995年，他又一次踩准了节奏。卡尔森看到了非通胀增长的有力证据。他相信，国会中的共和党人将在未来几年分阶段实施其在《与美国有约》中提出的减税措施，从而避免联邦赤字的增加。

卡尔森表示，在此基础上，利率将会下降，但在此之前，美联储还将最后一次收紧利率，幅度为0.5％。事实证明，这一预测在货币方面是正确的，美联储在2月结束了对通胀的先发打击。因受人怂恿，卡尔森放胆预测了股市前景，他鼓足勇气地提出，道琼斯工业平均指数将上涨10％～15％。

添惠公司的这位经济学家的预测乍一看颇为大胆，毕竟1994年的增长率只有2.1％，但事实证明他还是太保守了：1995年的实际涨幅达到了33.5％。摩根士丹利的市场策略师拜伦·维恩（Byron Wien）的预测比卡尔森稍微准一些，前者在年初预测道琼斯工业平均指数将上涨17％。"去年1月5日，客户们认为这个预测几乎不负责任，"维恩后来回忆说，"结果证明，显然我还不够不负责任。"

读者不应该认为这种回顾性评估是在为看涨的阵营背书。在其他年份，就预测成功率而言，看跌的阵营无疑胜率更高。1995年的命中和失误仅仅表明没有人能够完美地解读未来。

预言家们没有强调（说不定也没有考虑过）1994年底的两起事件可能对美联储的政策产生什么样的影响。根据贝尔斯登经济学家伊丽莎白·麦凯（Elizabeth Mackay）的说法，"如果你看一下货币数据，很明显（美联储）已经提供了流动性，作为对奥兰治县和墨西哥的反应"。如果如她所说，美联储采取了"后门宽松"措施来阻止更大的危机发生,那么股市就会实现专家们未曾预料到的提振。

《巴伦周刊》的兰德尔·W. 福赛思注意到1995年发生的另一起影响巨大的意外事件。"本年年初,"他写道,"美元对日元的汇率以自由落体的速度跌到了1∶80以下,达到了二战后的低点。"世界各地的中央银行纷纷出手相助,买入美元以支撑汇率。它们将手中的美元投资于美国国债,引发了债市的反弹。接着,在夏天,日本央行将短期利率降至几乎为零,以求刺激经济增长。这激发了进一步的美国国债购买行为,因为投资者们廉价地借入日元,并对收益水平高得多的美元市场进行投资。

由于投资基金大量涌入美国固定收益市场,一起会带来熊市的关键事件始终不曾发生。债券收益率并未上升,于是投资于股票的资本没有被债券抽走。相反,利率下跌使得投资者将资金从低收益储蓄工具转移到股市,以期获得更高的回报。

故事结束

"大牛市"除了是本书反复出现的一个让人高兴的提法,也是《巴伦周刊》1995年一篇总结性文章的标题。"美国股市上涨的背后,"该杂志的工作人员比尔·艾博特(Bill Alpert)写道,"是收益扩大、低利率、温和的通胀和美元走强的综合作用。"

就20世纪所有轰动一时的牛市而言,可以给出类似的多方面解释。然而,如果希望识别出一个或多个共同的主题,回顾本书讨论的若干异常强劲年份是有价值的。

金融帝国贝莱德

【德】海克·布赫特（Heike Buchter）著

石建辉 译

被《财富》誉为"华尔街过去10年中最大的成功"
万亿规模全球资产管理巨头成长史
看懂金融世界如何运行

  贝莱德是全球最大的资产管理公司之一，2022年所管理的资产约8.6万亿美元。本书展现了贝莱德的成长史及其创始人拉里·芬克的起落沉浮，呈现了贝莱德崛起背后华尔街的变化，以及美国和欧洲经济金融事件千丝万缕的联系。
  在2008年金融危机中很多金融机构倒闭或凋零，贝莱德却抓住机遇迅猛扩张。华尔街的金融人士如何实现阶层攀登？美国资本如何影响欧洲？养老金投资如何成为新的大生意？普通人的生活如何受到影响？《金融帝国贝莱德》是一本让你看懂金融世界如何运行的书。

奥派投资

拉希姆·塔吉扎德甘、罗纳德·圣弗尔、马克·瓦莱克、海因茨·布莱斯尼克 著

朱海就 译

第一本将奥派理论与投资实践紧密结合的书
理解周期、货币和债务的底层逻辑

　　本书是第一本将奥地利学派经济学与投资实践紧密结合的书。书中深入浅出地介绍了奥地利学派经济学的基本理论,并提炼出这一理论在投资实践中的运用方法。奥地利学派经济学有一些鲜明特点:第一,对货币、经济周期和人的行为有深入的研究;第二,立足长远,立足价值;第三,特别注重区分虚幻的经济繁荣与真实的经济增长。因此,奥派学者往往能够准确预测重大经济危机。这些理论上的优势对于投资者来说特别重要。书中对稳健的资产配置给出了具体建议,作者非常详细地告诉投资者在不同的外部环境下如何选择资产以及不同资产的特征等,详细介绍了每一种投资工具的特征、投资原则与适用场合。

　　中外许多知名学者和投资者都对本书给予了高度评价。对于希望实现财富保值增值,在稳健中追求财富自由的读者,本书具有很好的启发作用;对于希望了解与学习奥地利学派经济学的读者,本书是很好的入门读物。

It Was a Very Good Year: Extraordinary Moments in Stock Market History
by Martin S. Fridson
ISBN: 9780471174004
Copyright © 1998 by Martin S. Fridson

All Rights Reserved. This translation published under license. Authorized translation from the English language edition, published by John Wiley & Sons, Inc. No part of this book may be reproduced in any form without the written permission of the original copyright holders.

Copies of this book sold without a Wiley sticker on the cover are unauthorized and illegal.

本书中文简体字版专有翻译出版权由John Wiley & Sons, Inc授予中国人民大学出版社。未经许可，不得以任何手段和形式复制或抄袭本书内容。

本书封底贴有Wiley防伪标签，无标签者不得销售。